KB122791

보험, 금융을 디자인하다

보험, 금융을 디자인하다

류근옥 지음

교보문고

서문

보험은 21세기 IT 기술 혁신, 생명과학의 발전 등으로 불확실성이 증폭되는 시대에 리스크를 관리해주는 매우 중요한 수단이다. 한편으로 우리 경제 및 금융시장에서 많은 오해를 받으며 저평가되어온 것도 사실이다. 그럼에도 지난 10여 년간 국내 자료를 분석해보면 가계의 금융자산 구성에서 보험이 차지하는 비중이 늘어나고 있다. 인구의 장수화와 저출산 추세 그리고 핵가족화가 질병과 사고에 스스로 대비해야 하고 아울러 긴 노후의 생활비도 스스로 준비해야 행복을 유지할 수 있다는 생각을 국민에게 확산시키고 있기 때문이다. 그래서 오늘날 보험은 어려울 때의 친구이고 '선한 사마리아인'이다. 그리고 우리 경제활동을 왕성하게 촉진하는 '비타민'과 같은 존재다.

반면에 은행 예금의 보유 비중은 금융시장에서 저금리의 장기적 지속 등으로 크게 줄어들었다. 미국과 같은 선진국의 사례에서도 저금리와 인구의 장수화 시대에는 은행 저축보다는 리스크를 관리하는 보험이나 리스크를 활용하는 주식 또는 채권과 같은 위험 자산에 대한 수요가 상대적으로 늘어나고 있음을 볼 수 있다. 그러나 우리나라 국민은 그동안 주식 투자에서 손해를 많이 경험했기 때문에 주식 투자는 피해야 한다고 생각하며, 실제로 우리 가계에서 증권 자산의 보유 비중은 지난 10여 년간 별로 늘지 않았다. 그러나 보험이나 연금처럼 주식도 장기로 투자하면 그 변동성을 관리할 수 있다는 것이 '투자의 귀재' 워런 버핏Warren Buffett의 생각이다. 우리 국민도 이제는 리스크의 속성과 관리를 이해하면서 주식과 같은 위험자산에 대한 투자 비중을 늘려 갈 것으로 기대된다.

그래서 본 저서에서는 우리 경제에서 리스크 관리의 핵심 역할을 하는 보험을 중심으로 은행과 증권을 포함한 금융시장 전체에서 보험이 어떤 역할을 하고 있는지 살펴보고 보험이 설계하는 금융시장의 안전망을 진단해봄으로써 금융시장을 이끌어가는 보험의 숨은 역할도 점검한다. 아울러 보험이 우리 경제를 위해 무엇을 할 수 있는가를 정리해봄으로써 보험에 대한 새로운 이미지와 시각을 독자들과 공유하려고 한다.

집필하면서 가급적 쉽게 쓰려고 노력했지만 솔직히 만족스럽지 못하다. 독자들의 너그러운 이해를 바라며 대학교에서 개설되는 금융이나 보험 과목의 부교재로서 학생들의 사고력을 높여주거나 일반 독자의 금융 상식을 높이는 데 도움이 되었으면 한다. 본 저서가 집필될 수 있도록 재정적으로 후원해주신 한국보험학회에 감사드리며 아울러 출판을 맡아준 교보문고에 큰 감사를 드린다. 이 책이 2019년에 태어난 손녀 하나와 손자 재현이를 포함해 우리 가족 모두가 기쁨을 나눌 수 있는 통로가 되기를 희망한다.

2020년 07월 25일

류 근 옥

| 목차 |

PART 1

오해 속에 성장하는 보험

"금융과 보험은 불확실성을 다루는 학문으로서
우리 경제에서 막강한 힘을 지니고 있다."

• 로버트 실러 •

Robert Schiller 1946~ , 2013년 노벨 경제학상 수상자

INSURANCE

1. 보험은 흙 속의 진주

서자 취급받은 보험

1990년대 초반까지만 해도 남자들이 보험회사에 다니면 장가들기가 쉽지 않았다고 한다. 보험은 왠지 도박이나 사기 같다는 생각을 하는 사람들이 많았고, 사고가 나도 보험회사들이 보험금을 제대로 지급하지 않는다는 부정적 이미지도 있었다. 그래서 다른 사람들 앞에서 보험회사 다닌다고 자랑스럽게 직업을 얘기하기도 어려웠다.

금융시장에서도 보험은 종종 서자庶子 취급을 받았다. 반면에 은행은 관치금융의 비호 아래 언제나 땅 짚고 헤엄치면서 장남 노릇을 했다. 오늘날 보험의 이미지는 많이 달라졌지만, 여전히 부정적인 면이 남아 있다.

다행히 우리나라에서는 소비자들이 금융회사의 부당한 행위나 금융상품에 대한 불만이 있으면 금융감독원에 민원을 제기해 조정이나 구제를 받을 수 있다. 2019년 1~3분기에 제기된 금융 민원 건수는 총 6만 1,000건 정도이며 2018년 같은 기간에 발생한 6만 2,000건 대비 2.4% 감소했다. 금융 민원 중 보험 관련 건이 61.9%(생명보험 24.8%, 손해보험 37.1%)로 압도적으로 많다. 대부분 소비자 불만은 보험에 있다고 해도 과언이 아니다. 반면에 은행 거래 와 관련된 민원은 12.3%로서 보험의 5분의 1 수준에 불과하다. 금융투자 관련 민원은 더욱 낮아 전체의 5.2%다.[1]

그런데 2019년에 은행에 대한 민원 건수가 전년 대비 4.9%나 증가했다. 그 이유는 인터넷 금융 사기의 증가와 파생금융연계 상품(DLF 또는 DLS)[2] 의 불완전 판매의 증가 때문이다. 게다가 2019년 말에는 과거 2008년도 환율 손실 위험을 헤지hedge하도록 은행이 수출업체에 판매한 키코KIKO, knock-in knock-out[3] 상품에 대한 불완전 판매가 다시 금융 적폐로 재론되었다. 2019년 12월, 금융감독원은 과거 KIKO 판매 은행들이 환율 피해 기업들에 추가로 배상해야 한다는 판결을 내렸다.

여기서 금융 소비자 불만 사례 내용을 자세히 살펴보면 저축처럼 상품 구조가 단순하고, 지불하는 가격과 수령하는 급부 사이에 등가等價 관계가 성립하면 민원이 거의 없다. 반대로 보험이나 파생상품처럼 수익 구조가 복잡하고 상황 의존적이면 소비자의 오해로 민원이 많이 발생한다. 이러한 민원 건수만 보고 판단하면 은행이나 금융투자회사들은 높은 수준의 소비자 보호를 하고 있지만 보험 산업에서의 소비자 보호는 형편없다고 생각할 수 있

---

1) 금융감독원(금융소비자보호총괄국), 보도자료(2019년 1~3분기 금융민원 발생 및 처리 동향), 2019년 12월 19일. 머니투데이 방송(2019. 12. 18) : "DLF 사태 영향 1~3분기 은행 민원 증가!"
2) 영국이나 독일의 국채금리 변동에 연계해 만든 파생상품으로 해당 금리가 일정한 범위를 넘어가면 이자는 커녕 원금 손해가 발생하는 상품이다.
3) 환율 하락 위험에 대비해 수출업자를 대상으로 은행이 판매한 리스크 헤지 복합파생상품. 환율이 일정 구간에 머물면 헤지가 되지만 반대로 일정 수준 이상으로 넘어가면 큰 손해가 발생한다. 2008년에 등장한 국내은행의 KIKO는 원달러 환율을 기초자산으로 설계한 콜옵션 두 개를 매도하고 이때 받은 프리미엄으로 다시 풋옵션 하나를 구매해 두 개의 포지션을 동시에 취한 복합 파생상품이다.

다. 과연 그럴까?

보험은 파생상품처럼 조건부 청구 자산으로 사행성 계약(우연한 이득을 얻기 위해 하는 계약)이다. 따라서 보험의 판매에 앞서 보험을 가입하는 당사자의 사고 위험 정도를 분석해야 하며, 보험금을 지급할 때도 청구 이유가 정당한지 평가하고 피해 규모를 심사해야 하는데, 보험 가입자들에게는 여기에 드는 사업비의 구조를 이해하기 힘들고 과정도 고통스럽다. 그래서 보험은 태생적으로 소비자의 오해를 받을 수밖에 없는 운명을 지니고 있다.

보험의 태생적 오해

보험은 은행의 저축상품과 유사하지만, 그 본질은 크게 다르다(보험에도 저축상품이 있지만 이 책에서 저축은 보험과 비교하기 위해 은행의 상품으로만 한정한다). 이 차이를 이해하지 못하면 보험에 대해 불평이 많을 수밖에 없다. 그래서 미국과 같은 선진국에서도 보험 산업을 '가장 오해받는 산업'이라고 평가한다.[4]

세계 금융의 발전사를 보면 17세기 이후 유럽에서는 은행과 채권시장이 이탈리아 르네상스의 물적 기반이었고, 기업금융은 영국과 네덜란드 제국 건설에 필수적이었다. 반면에 20세기 미국의 승리는 보험, 모기지mortgage, 부동산 담보 대출 상품, 소비자 신용의 발전에 기인한다고 평가된다.[5]

4) Howard C. Kunreuther, Mark V. Pauly, and Stacy McMorrow, Insurance and Behavioral Economics: Improving Decisions in the Most Misunderstood Industry, Cambridge University Press, 2013. 한글 번역서(박영사, 2018년)가 연세대 김정동 교수의 번역으로 출간.
5) Niall Fergurson, The Ascent of Money: A Financial History of the World, 2008. 금융의 지배, 김선영 옮김, 민음사, p.9.

미국의 경제 발전에 중요한 역할을 한 보험은 개인이나 기업의 사고 위험과 피해에 대해 보장을 제공하는 것이 그 본래 기능이다. 그러나 생명보험처럼 계약 기간이 길고 보험료를 매년 동일하게 책정해 평준 보험료를 납부하는 경우에는 보험료가 준비금으로 쌓이면서 저축의 효과도 있다.

그럼에도 보험의 구조는 단순한 은행 예금과는 근본적으로 다르다. 우선 보험 가입을 위해서는 보험에 가입하려는 대상의 리스크를 평가하고 그 리스크의 크기에 상응해 차등적으로 보험료를 책정하는 과정이 선행된다. 이것을 보험에서는 언더라이팅underwriting이라고 하는데 이 과정에 관해서는 뒤에 더 자세히 다룰 것이다.

언더라이팅을 통해 리스크가 높은 사람은 보험료도 높아지고 리스크가 낮은 사람의 보험료는 낮게 책정됨으로써 가입자들 사이에 보험료가 공정해진다. 언더라이팅에는 시간과 비용이 들기 때문에 저축에 비해 보험은 사업비가 많이 발생한다. 리스크가 높으면 보험료가 비싸지고 심지어 보험 가입이 거절되기도 한다. 비용이 든다고 보험에서 언더라이팅을 하지 않으면 소위 역선택 문제가 발생한다. 이는 자기에게 유리하게 하려고 상대에게 불리한 것을 고르는 일을 말한다. 보험 계약에서는 보험금을 탈 가능성이 큰 사람이 자신에게 유리한 보험을 선택함으로써 보험회사에 피해를 주는 경우가 생긴다. 그 결과 보험금을 탈 가능성이 높은 사람이 부당하게 낮은 보험료를 내는 모순이 발생한다. 예를 들면 동일한 조건 및 동일한 보험금의 생명보험 계약에서 20대 청년과 70대의 노인에게 동일한 보험료를 부과하면 20대 청년은 손해이고 70대 노인은 부당하게 이익을 본다.

아울러 보험은 저축과는 달리 가입자가 원한다고 아무 때나 돈을 돌려주지 않는다. 보험 계약에서 정한 사고와 피해가 발생해야 보험금을 지급하기 때문에 보험은 상황 의존적이며 조건부 계약이다. 보험금을 지급할 때도 보험회사는 그 청구가 보험 사기인지 아닌지를 판별해야 하고 실손보험의 경우에는 사고 피해액을 산출하는 손해사정을 해야 한다. 저축처럼 가입자가 청구하는 대로 돈을 내주면 보험금이 부당하게 지급되는 경우가 많아질 수밖에 없고 이는 결국 보험료 인상으로 이어진다. 따라서 단순한 저축과 달리 보험은 언더라이팅과 손해사정을 해야 하므로 사업비와 시간이 들고 귀찮다.

한편 보험은 동일한 위험에 노출된 다수의 사람이 함께 보험료를 내서 만든 공동기금으로 사고 피해자를 구제해주기 때문에 공동체성이 요구된다. 즉, 다수의 가입자는 그중 어느 개인이 우연히 사고를 당해 어려움을 겪으면 그 피해액을 공동으로 분담한다. 그래서 계약 기간 보험금을 받은 사실이 없더라도 본인이 낸 보험료가 그대로 남아 있는 것이 아니다. 나는 보험금을 타지 않았어도 다른 사고 피해자들에게 보험금을 지급했기 때문이다.

【표 1】 은행 예금과 보험의 비교: 가입 및 청구 절차

구분	가입	청구	지급액
은행 예금 (무조건 자산)	조건 없음	조건 없음	• 약정금액 지급(통일성)
보험 (조건부 청구 자산)	위험 심사 (언더라이팅) ↓ 차등 보험료 (공정성 확보)	손해사정 ↗↘ ↓ 보험 사기 차단 (공정성 확보)	• 조건 충족 ⟶ 약정금액 지급 • 조건 미충족 ⟶ 지급 거절 또는 약정금액의 일부 지급 ↓ 보험금 부당 누수 방지 & 선량한 제3자 보호

특히 자동차보험이나 국민건강보험처럼 순수 보장성 보험의 경우에는 계약 기간이 지나면 보험료가 소멸한다.

그뿐만 아니다. 보험은 저축과 달리 기간 중에 해약하면 이자는커녕 원금도 돌려받지 못하는 경우가 많다. 보험은 사고나 그 밖의 피해를 당한 사람이 입은 손실을 공동 분담하는 상부상조의 원리, 그리고 언더라이팅 및 손해사정에 따른 사업비의 발생 때문에, 계약을 중도에 해지하면 서로 약속하고 만든 공동기금에서 이탈한 데 따른 불이익이 발생한다. 그 결과 이미 발생한 매몰 비용을 제하고 나면 각 개인이 낸 보험료의 합계액보다 중도해약 환급금이 적어질 수밖에 없다. 보험 가입자가 이를 이해하지 못하면 불평이 있을 수밖에 없고 손해 보는 느낌마저 든다.

이러한 여러 가지 오해와 불만에도 불구하고 보험이 우리 경제에서 지속적으로 존재하는 이유는 무엇일까?

보험은 흙 속의 진주

보험은 금융 산업에서 종종 서자 취급을 받았고 사람들로부터 저평가를 받았다. 그러나 보험이 우리에게 무엇을 할 수 있는지를 이해하면 평가가 달라지고 '흙 속의 진주'라는 생각을 할 수 있다. 보험은 개인이나 기업이 미래 불확실한 상황에서 큰 사고의 피해를 보는 경우 누구보다도 빨리 달려와 대처해주고 재정적 도움을 주기 때문이다. 저축으로도 작은 사고의 피해를 수습할 수는 있지만 큰 사고가 나면 그 피해를 감당하기는 어렵다.

저축이 많지 않으면 은행 대출을 받아 피해를 복구시킬 수도 있지만 그

대출금은 꼭 갚아야 할 빚이다. 게다가 우리가 경제적으로 여유가 있고 현금흐름이 좋을 때는 은행으로부터 대출을 받기 쉽지만, 사업의 실패나 대형 사고로 경제적인 곤경에 빠지면 은행은 오히려 외면한다. 재정적으로 어려운 고객에게는 대출을 꺼리기 때문이다. 이는 마치 맑은 날은 우산을 빌려 줘도 비 오는 날에는 우산을 빌려주지 않는 것과 같다.

그러나 보험은 반대다. 질병이나 큰 사고의 피해로 경제적 어려움에 빠지면 보험은 거액을 보험금으로 지급한다. 그동안 낸 보험료에 비해 훨씬 많은 보험금을 받았다고 하더라도 이것이 나중에 갚아야 하는 빚도 아니다. 미국에서는 페니pennies를 내고 달러dollars를 받는 것이 보험이라고 한다. 1706년 영국 런던에서 처음 설립된 생명보험회사인 애미커블Amicable Society은 가장의 죽음으로 과부나 고아가 된 불쌍한 유족의 생계유지를 위해 출발했다.[6] 그래서 보험은 길에서 우연히 강도를 만나 어려움을 당한 사람을 도와주는 좋은 이웃과도 같다. 어려울 때 친구가 되어주기 때문에 보험은 '선한 사마리아인'이다.[7]

반면에 가진 것이 많거나 배운 것이 많은 제사장이나 레위 사람은 강도 만나 쓰러진 자를 보고도 오히려 못 본 체하고 다른 길로 돌아서 갔다고 성경은 말한다. 강도를 만나 돈을 빼앗기고 쓰러져 있는 사람을 돕는 것은 성가시고 귀찮은 일일 수밖에 없다. 상대가 어려울 때 외면하는 것은 금융의 본체라고 하는 은행의 모습과 다르지 않으며 이는 은행의 태생적 속성이다. 우리가 힘들 때 은행에서 돈을 빌리는 것은 더욱더 힘들다.

요약하면, 보험은 저축과는 그 본질이 다르다. 그런데도 구조가 단순하며

6) The Economist, "The life insurance industry is in need of new vigor", May 17, 2018.
7) 신약성경, 누가복음 10장 30~36절 참조.

일대일 대칭으로 거래가 이루어지는 저축과 비교하면서 보험을 비효율적이고 낙후된 산업으로 저평가하는 사람이 많다. 특히 우리나라처럼 은행 중심으로 금융 산업을 성장시켜온 나라에서는 보험에 대한 오해가 더욱 심각하다. 그렇지만 보험은 21세기에 들어 불확실성이 증폭되고, 저금리·저출산·고령화 사회가 진전되면서 금융 산업을 오히려 선도할 것으로 전망된다.

보험은 금융의 토대

"오늘날 금융의 본질은 리스크 관리다." 이 말은 노벨 경제학상 수상자 로버트 실러Robert Schiller가 한 말이다.[8]

리스크 관리는 위험을 여러 사람이 공유해 분산시킴으로써 각 개인에게 돌아가는 피해의 충격을 최소화시키는 것이다. 이러한 리스크 관리는 전통적으로 가족 또는 씨족을 중심으로 금전 및 사회적 손실 문제를 함께 분담해 개인의 리스크를 줄여왔다. 그러나 가족이나 씨족은 규모가 너무 작아서 리스크를 분산시키는 데 한계가 있다. 그래서 개인의 리스크를 사회 전체 또는 시장 전체로 분산시킬 필요가 있었고 그 결과 금융 제도가 발달하게 되었다. 개인이나 기업의 사업 자금을 대형 금융기관에서 조달함으로써 사업 실패의 리스크를 사회로 분산시킬 수 있다. 이러한 리스크 분산 메커니즘은 보험의 원리에서 출발했다.

오늘날 금융에서는 투자나 보유 자산의 위험을 평가해 가격을 결정하는 것이 매우 중요한 일이다. 이러한 리스크 심사 과정은 앞서 설명한 것처럼

8) Robert Schiller, The New Financial Order, Princeton University Press, 2003, p.1.

언더라이팅이라고 한다. 17세기 영국의 보험 태동에서 시작된 개념으로, 금융의 발전과 함께 은행의 대출 심사나 기업이 발행한 증권의 가치 평가에서도 유용하게 활용되고 있다. 리스크 분산 및 언더라이팅 기능은 언제 어디서 어떻게 시작되었을까?

커피숍에서 출발한 보험과 언더라이팅

1686년에 영국 런던에서는 에드워드 로이드Edward Lloyd, 1648~1713라고 하는 사람이 커피숍을 열었다.[9] 17세기는 네덜란드와 영국이 동인도회사를 설립해 해상 무역을 활발히 전개하던 시기다. 이 당시 로이드가 운영하던 런던 템스강 변에 있는 커피숍은 해상 무역을 떠나는 많은 선원이 몰려와 차를 마시며 출항을 기다리던 장소였다. 여러 선원의 대화 내용을 귀담아듣던 로이드는 이들의 관심사가 이윤이 큰 무역상품과, 해상에서의 날씨나 해적 출몰 지역 등 위험 요소라는 것을 알게 되었다. 선원들의 관심을 토대로 로이드는 1696년 〈로이드 신문Lloyd's News〉을 만들어 다양한 정보를 손님들에게 제공했다.[10] 그 결과 로이드 커피숍은 차별화되었고 다른 가게에 비해 점점 더 많은 선원이 몰려와 성업을 이루었다.

〈로이드 신문〉을 만들어 해상 무역이나 태풍 등 날씨 위험에 대한 정보를 선원들에게 제공해 편리함을 도모하던 로이드는 다음 단계로 상부상조의 보험을 고안했다. 유사한 위험에 노출된 선원들이 태풍이나 해적을 만나

9) Marcus, G. J., Heart of Oak: A Survey of British Sea Power in the Georgian Era, Oxford University Press, p.192.
10) Lloyd's Register 홈페이지(www.lr.org) 참조.

목숨을 잃고 돌아오지 못하는 경우가 적지 않음을 보았기 때문이다. 위험의 공동 인수와 비용 분담을 약속한 종이slip 하단under에 선원들은 각자 이름을 썼는데writing, 바로 이것이 언더라이팅underwriting이었다. 또한 이것은 로이즈 커피숍에서 시작한 보험의 출발이었다. 로이드의 커피숍은 오늘날 세계적인 보험회사인 런던 로이즈Lloyd's of London으로 성장했다. 이때 사용한 종이slip도 역시 오늘날에는 보험 청약서라는 용어로 그대로 사용되고 있다.

보험에서 언더라이팅은 청약자의 위험을 평가해 인수 여부를 결정하고 평가된 위험의 크기에 맞추어 보험의 가격, 즉 보험료를 차등적으로 결정하는 과정이 되었다. 그 후 언더라이팅은 보험에 국한된 기능으로 머물지 않고 은행과 투자은행 같은 다른 금융으로 확산되었다. 은행이 대출 신청자의 신용 위험을 평가해 대출 여부를 결정하거나, 대출해줄 때도 신청자가 가진 리스크의 크기에 따라 대출 이자를 차등적으로 결정하는 것이 언더라이팅이다.

자본시장에서도 자본 조달을 위해 발행된 주식이나 채권에 대한 리스크를 심사해 가격을 결정해야 하는데 이것 역시 언더라이팅이라고 한다. 투자은행은 기업이 발행한 주식을 전부 인수해 언더라이팅을 통해 위험을 평가함으로써 한 주당 인수 가격인 공모가액을 정한다. 그리고 투자은행의 책임 하에 해당 주식을 정한 가격에 매각한다.

21세기에 더욱 중요해진 보험

노아는 홍수가 시작되기 전에 방주를 만들었다. 이것이 보험이다. 2015년

3월 빌 게이츠Bill Gates는 사스SARS나 메르스MERS와 같은 호흡기 전염병의 위험성을 인지하고 세계가 이러한 질병에 대비하는 위기관리 시스템을 미리 만들어야 한다고 호소했다.[11] 그러나 대부분 국가들은 아무 대비 없이 안이하게 지내오다가 2020년 코로나바이러스COVID-19의 세계적 확산으로 큰 고통을 겪고 있다. 이는 21세기 흑사병이나 다름이 없는 대재앙이다.

21세기는 불확실성이 더욱더 증폭하는 시대다. 지진과 허리케인 등과 같은 자연재해는 물론 코로나바이러스와 같은 신종 전염병의 발발로 인류의 생존은 크게 위협받고 있다. 게다가 4차 산업혁명의 빠른 진전으로 우리의 전통적 생업이 급격히 파괴되고 있으며, 유전공학의 발전은 우리의 수명과 건강에 어떠한 변화를 가져올지 알기 어렵다. 이러한 불확실성의 증대는 보험과 리스크 관리의 중요성을 부각시키고 있다. 흙 속에 있던 진주가 이제는 본연의 역할을 하기 위해 밖으로 나오고 있다.

11) Bill Gates, "The next outbreak? We are not ready" TED talks, March 2015.

2. 보험의 본질과 가치

보험은 사전에 리스크를 전가하는 수단

보험은 사고 위험에 노출된 다수의 사람이 각자 겪을 수 있는 미래 손실 발생의 위험을 보험회사라는 제3자에게 전가하는 제도다. 여기서 보험회사의 역할은 각자 겪을 수 있는 손실을 모아 결합함으로써 손실의 통계적 예측을 가능하게 하고 집단 리스크를 효율적으로 관리하는 것이다. 보험 가입자는 보험료를 내고 그 대가로 우연한 보험 사고를 당하면 보험회사에 보험금을 청구할 수 있는 권리를 얻는다. 이러한 보험의 정의 속에 보험의 본질과 속성이 담겨 있다.

보험은 개인이나 기업이 가진 리스크를 직접 관리하는 것이 아니라 외부로 전가하는 수단이다. 리스크를 전가하는 이유는 개인이 보유하면서 스스로 관리하기에는 그 위험이 너무 크기 때문이다. 개인이 부담할 수 있는 역량을 초과하는 위험을 보유하다가 사고가 나면 해당 개인은 경제적으로 큰 타격을 받고 파산할 수 있다. 그래서 보험을 통해서 관리하는 리스크의 대상은 그 속성상 사고의 발생 빈도는 낮지만 사고가 나면 피해의 강도가 큰 경우다. 리스크를 전가하는 또 다른 이유는 개인의 위험 관리 지식이나 역량보다 보험회사가 위험을 관리하는 비결과 전문성이 뛰어나고 효율적이기 때문이다.

그러면 보험회사가 개인이나 개별 기업보다 위험을 더 잘 관리할 수 있는 이론적 근거는 무엇일까? 그것은 위험 또는 리스크의 집단화에 있다. 다수의 개별 리스크를 공동으로 묶어 관리하면 집단의 평균 손실 위험을 축소할 수 있다.

예를 들어보자. 개별 운전자가 특정 기간에 사고를 낼지 여부를 예측하는 것은 매우 어렵고 불확실하다. 그러나 개별 운전자를 모아놓은 집단에서 몇 명이 사고를 낼까를 예측하기는 훨씬 쉽고 정확도 역시 높아진다. 그 비결은 통계학의 '대수의 법칙'에 있다.[12] 개인 한 명에 대한 사고 발생 여부를 예측하는 것보다 집단 내 평균 한 명당 사고 발생 확률을 추정하는 것이 오차가 작다는 뜻이다. 그리고 보험 집단으로 모은 가입자(예: 운전자) 수(N)가 많으면 많을수록 평균 사고 손실의 추정 오차는 더욱 축소된다.

자동차보험에서 운전자의 사고 확률(P)이 3%라고 가정하자. 운전자의 불확실한 미래는 사고가 나거나 나지 않는 두 가지 결과, 즉 이항확률분포로 결과가 나온다. 이항확률분포의 기댓값과 분산값을 산출하는 공식[13]을 이용하면 10명의 운전자로 구성된 집단(N=10)에서 사고 발생의 기댓값은 0.3명

---

12) 정상적인 동전을 던지면 앞이 나올 확률과 뒤가 나올 확률이 똑같이 1/2이다. 그러나 던진 횟수가 적으면 (예 4번 또는 6번) 실제 결과는 반반씩 잘 나오질 않는다. 그러나 던지는 횟수를 늘리면 늘릴수록 그 결과는 거의 반반씩 나오고 이론적 추정에 근접한다.

13) 통계학 교과서를 보면 이항 분포를 가진 확률변수의 기댓값은 $\mu = N \times P$이고 분산값은 $\sigma^2 = N \times P \times (1-P)$이다. 여기 P는 사고 발생 확률이고 N은 집단 내 가입자의 수다.

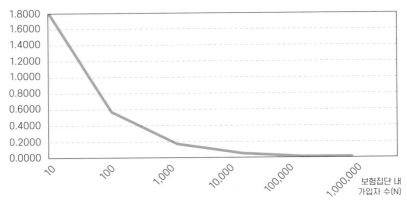

위험(variation) 계수(cv)
=사고 발생 기댓값 한 단위당 불확실성

(=10 × 0.3)이고 위험도, 즉 표준편차는 0.54다. 그 결과 기댓값 한 단위당 위험계수는 1.8(=0.54/0.3)로 산출된다. 그런데 가입자 수를 늘려 1만 명이 되면 (N=10,000), 이 집단의 사고 발생 기댓값은 300명(=10,000 × 0.3)이고 표준편차는 17.06으로 산출된다. 그 결과 사고 발생 기댓값 한 단위당 위험계수는 약 0.06으로 대폭 줄어든다. 즉, 사고 발생 기대 건수 한 단위당 불확실성은 1.8에서 0.06으로 감소해 30분의 1로 크게 축소된다.

불확실성이 줄어들면 예측의 신뢰도가 높아지고 보험 운영의 안정성도 높아진다. 보험에서는 사고 발생 예측의 오차, 즉 미래에 실제 일어난 사고 발생 건수가 처음 예측한 사고 발생 건수에서 벗어나는 정도를 리스크 또는 위험이라고 부른다. 그래서 보험상품을 만들 때는 동일한 위험에 노출된 다수의 가입 대상자가 있어야 한다. 그렇지 않으면 대수의 법칙에 의한 위험 분산 효과가 적기 때문이다.

생명보험도 마찬가지다. 생명보험은 조기 사망이나 장해 등과 같은 위험에 노출된 다수의 사람들이 사고 위험을 분담해 공동으로 대응하는 제도다. 보험료는 가입자 모두(N)가 납부하고 이를 모아 공동기금을 조성해놓고 향후 그중 일부(αN) 사람들이 불행한 사고 당하면 여기에서 보험금을 지급해주는 공동구제 제도다. 각 개인이 생활하면서 향후 사고를 당할지 아닐지 여부는 예측하기가 무척 어렵다. 그러나 모든 가입자(N) 중 몇 퍼센트(α)의 사람이 사고를 당할지 예측하는 것은 훨씬 쉽다는 통계학적 이론에 기초해 보험을 안정적이고 효율적으로 운영할 수 있다. 특히 전체 가입자 수(N)가 많으면 많을수록 그중 사고자가 몇 명(αN) 정도 나올지를 예측하는 것은 더 정확해지고 그 결과 예측의 신뢰도는 더욱 높아진다.

그래서 건강보험 등 사회보험의 경우에는 국민 모두 의무적으로 가입해야 하는 강제보험으로 설계된다. 만약 국민건강보험의 가입 여부를 선택적으로 내버려 두면 건강한 사람이나 젊은 사람들은 보험 가입을 선택하지 않을 것이고 그 결과 가입자는 노인이나 병든 소수의 사람만 남을 것이다. 이렇게 되면 보험을 통한 위험 분산이 어렵게 된다. 보험의 배경 이론인 대수의 법칙은 투자론에서는 포트폴리오 위험 분산 이론으로 활용된다. 투자 원금을 하나의 주식에 몰아서 투자하기보다는 다수의 여러 주식에 나누어 투자해야 전체 평균 수익률의 변동성을 줄일 수 있기 때문이다.

보험의 다른 특징들

보험은 리스크로 인한 손해를 다수가 공동으로 분담하는 제도다. 그래서 보험은 공동체성이 강하다. 즉, 보험은 우연한 사고로 경제적 어려움을 겪는 소수 구성원의 고통을 집단 전체가 분담risk sharing해주는 제도다. 그래서 보험은 상부상조의 철학에 기반을 둔다. 보험의 초창기에는 마을의 계 조직, 특정 집단의 길드guild, 혹은 동종업종에 종사하는 사람들끼리의 조합 형식으로 시작되었다. 특히 보험 중에서 장기 생명보험은 저축의 성격도 있기 때문에 은행 예금과 비교되지만 그 본질은 크게 다르다. 생명보험은 기금의 공동관리라는 특성을 가지는 반면 은행 예금은 개인 계좌를 개별적으로 관리하는 독립적 운영 형태를 취한다. 따라서 예금 가입자는 같은 은행 다른 예금 가입자와는 아무런 관계를 갖지 않는다. 그리고 보험금은 사고를 당한 사람만 수령하지만 은행 예금은 가입자 모두가 조건 없이 인출 권한을 가진다. 그래서 보험은 조건부 청구 자산인 반면 은행 예금은 무조건적 청구 자산이다.

또한 사고를 당한 사람이라야 수령하는 보험금은 납부한 보험료에 비해 월등히 많고 비대칭성을 가진다. 반면 은행 예금은 예치한 원금에 약간의 이자(저금리 시대에는 거의 없다)가 붙을 뿐 예치한 금액과 만기 수령 금액이 거의 동일하다. 그래서 보험은 확률에 의존하는 사행성 계약이고 은행 예금은 등가 계약이다. 보험료와 은행 예금액을 동일하게 납부한 경우에 사고 시 수령하게 되는 보험금은 상대적으로 많기 때문에 손실 복구에 큰 도움이 된다. 그러나 은행 예금의 만기 원리금은 당초 저축 원금과 비교해 거의 그대로이기 때문에 이 돈으로 큰 사고의 손실을 대응하기는 어렵고 경우에 따라 해당 예금자는 파산할 수 있다.

아울러 보험은 우연한 사고로 입은 손실을 보상해주는 제도다. 그래서 보험금을 타기 위해 고의로 저지른 사고의 피해는 보상해주지 않으며 이는 '보

【그림 2】 생명보험과 은행 예금의 비교

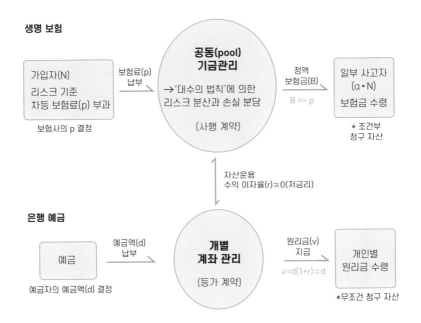

생명 보험

가입자(N)
리스크 기준
차등 보험료(p) 부과

보험사의 p 결정

보험료(p)
납부

공동(pool)
기금관리

→'대수의 법칙'에 의한
리스크 분산과 손실 분담

(사행 계약)

정액
보험금(B)

B >> p

일부 사고자
(α·N)
보험금 수령

＊조건부
청구 자산

자산운용
수익 이자율(r)≅0(저금리)

은행 예금

예금

예금자의 예금액(d) 결정

예금액(d)
납부

개별
계좌 관리

(등가 계약)

원리금(v)
지급

v=d(1+r)≅d

개인별
원리금 수령

＊무조건 청구 자산

험 사기'라는 범죄이기 때문에 적발되면 형사 처벌의 대상이 된다. 만약 고의적인 사고의 피해까지도 보험이 보상해주면 일부러 사고를 유발하는 범죄가 급증하고 보험금의 과다한 누수로 결국 보험료가 올라 선량한 가입자에 피해로 돌아온다. 그래서 보험 사기가 통제되지 않으면 보험 제도가 시장에서 생존하기 어렵다. 바로 이 점이 은행 예금과 다르다.

　보험회사가 보험금을 지급할 때는 우연한 사고의 피해인지 아닌지를 조사해야 하지만 은행 예금을 찾을 때는 이러한 조사 절차가 필요 없다. 보험 사기를 차단할 목적으로 실시하는 보험금 지급 심사 때문에 가입자들의 불만이 발생할 소지는 크다.

보험의 금융적 가치

　보험은 기본적으로 개인이나 기업에 위험 보장 기능을 제공하면서 은행처럼 금융시장에서 중요한 자금 중개 역할도 한다. 특히 보험은 간접금융시장에서 자금의 흐름을 중개한다. 보험 계약자가 보험회사에 납부하는 보험료는 대출 형식으로 가계나 기업에 공급되기도 하며, 더 큰 비중으로 채권 및 주식 등에 투자되어 기업이 필요로 하는 자금을 공급한다. 특히 생명보험이나 연금은 물론 손해보험도 장기보험상품이 많기 때문에 보험회사가 공급하는 자금은 장기자본의 성격을 가진다. 그래서 보험회사는 자본시장의 중요한 기관투자자로서 주식이나 채권에 대한 수요를 창출하고 시장을 안정시켜준다.

　보험은 보장상품인데 재무적으로는 어떠한 성격을 가지고 있을까? 보험은 우선 조건부 청구 자산의 성격을 가진다. 따라서 어떠한 정해진 조건(보험 사고의 우연한 발생)이 충족되어야 계약서(약관)에서 정한 보험금을 청구할 수 있다. 청구 자산이기 때문에 조건이 없는 다른 금융자산에 비해 그 가격이 상대적으로 저렴하다. 그 이유는 조건이 없는 경우와 비교해 조건 충족의 확률이 낮기 때문이다. 조건 충족의 확률이 낮으면 낮을수록 보험 가격은 더욱 내려간다. 예를 들어 보험금이 1억 원인 1년 만기의 생명보험에 가입하는 경우에 20세의 건강한 청년은 청구 조건을 충족시킬 확률이 매우 낮으므로 보험료가 아주 저렴하다. 그러나 동일 상품을 80세의 할아버지가 가입하려면 계약 기간에 사망할 조건 충족 확률이 높은 편이므로 보험료가 높다.

　한편 보험은 복권과 같이 사행성 계약이며 등가 계약인 은행 예금과 다르

【표 2】 정기예금과 생명보험의 가격 비교

1년 만기 1억 원 수령 정기예금	1년 만기 1억 원 급부의 생명보험
$S = \dfrac{B}{1+r} = 1억\,원\,/1.04$ $= 9,615만\,원$	$p = \dfrac{E(B)}{1+r} = \dfrac{Prob \cdot B}{1+r}$ $= (0.00093) \times 1억\,원\,/\,1.04$ $= 89,423원$

다. 예를 들어 현재 40세의 남자가 가입한 1년 후에 1억 원을 타는 은행의 정기예금과 1억 원의 보험금을 탈 수 있는 1년 만기 생명보험 계약을 비교하면 이해가 빠르다. 편의상 시장금리가 4%라고 가정하자. 그러면 [표 2]와 같이 두 상품의 가격을 비교할 수 있다.

표의 기본수식에서 B는 예금 또는 보험의 급부이고 E(B)는 사고 확률에 기초한 보험금 지급 예상액이며 r은 시장이자율(할인율)이다. 정기예금 상품의 가격은 9,615만 원으로 산출되며 이는 거의 1억 원에 상응하는 돈이다. 즉, 오늘 은행에 9,615만 원을 저금하면 1년 후에 1억 원을 수령한다.

반면에 생명보험의 가격인 보험료는 89,423원으로 10만 원도 안 된다.[14] 사망확률이 낮기 때문이다. 그러나 사망 사고가 발생하면 1억 원을 수령하므로 보험료에 비하면 매우 비대칭적이다. 다만 생명보험은 사망사고가 발생해야 1억 원을 청구할 수 있지만, 정기예금은 1년 후 만기가 되면 무조건 1억 원을 청구할 수 있다.

14) 제8회 경험생명표에 의하면 40세 남자가 1년 안에 사망할 확률은 0.093% (0.00093)이다. 확률이 매우 낮기 때문에 보험료가 아주 저렴하게 산출된다. 그러나 110세의 남자가 그해에 사망할 확률은 100%(1.0) 다. 따라서 110세의 노인이 1억 원의 보험금을 받는 1년 만기 생명보험에 가입하려면 정기예금 가격과 거의 같은 9,091만 원을 보험료로 내야 한다. 그러나 이처럼 보험료가 높아지면 이를 보험이라고 할 수도 없을 것이다.

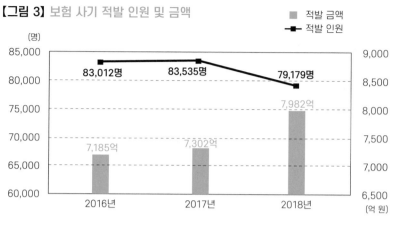

【그림 3】 보험 사기 적발 인원 및 금액

■ 적발 금액
━■━ 적발 인원

(명)

83,012명　　83,535명　　79,179명

7,185억　　7,302억　　7,982억

2016년　　2017년　　2018년

(억 원)

* 출처: 금융감독원 보도자료 (2019. 4. 23)

한편 보험은 조건이 충족되어야 보험금을 청구할 수 있으므로 이러한 조건을 고의로 충족시키려는 충동이 생길 수 있다. 앞서 말한 보험 사기다. 우리나라에서 보험 사기 적발 금액이 매년 증가하고 있다.

세계 보험시장

보험은 어느 정도 부가 형성된 선진국에서 발전하는 보장금융 제도다. 중국을 제외하고는 OECDOrganization for Economic Cooperation and Development: 경제협력개발기구 국가를 중심으로 세계 보험시장이 발전하고 있으며 상위 10개국이 세계 전체 시장의 75.8%를 점유한다. 오늘날 선진국 보험시장은 대체로 성숙 단계에 들어가 있으며 성장 속도가 점점 둔화되고 있다. 손해보험시장의 성장 속도는 더욱 느린 편이다. 반면에 인구의 장수화 현상과 노후생활

【표 3】 세계 보험시장의 규모와 국가별 수입보험료 순위

(단위: 10억 달러)

순위	국가명	총 보험료 (점유율)	생명보험료	손해보험료
1	미국	1,469.3 (28.3%)	593.4	875.9
2	중국	574.9 (11.1%)	313.4	261.5
3	일본	440.6 (8.5%)	334.2	106.4
4	영국	336.5 (6.5%)	235.5	101.0
5	프랑스	258.0 (5.0%)	165.1	92.9
6	독일	241.5 (4.7%)	96.4	145.1
7	한국	179.0 (3.5%)	98.0	81.0
8	이탈리아	170.3 (3.3%)	125.3	45.0
9	캐나다	127.9 (2.5%)	54.0	73.9
10	타이완	121.9 (2.4%)	102.0	19.9
⋮	⋮	⋮	⋮	⋮
	합계	5,193.2 (100.0%)	2,820.2	2,373.0

*출처: Swiss Re, Sigma, No.3, 2019, pp.37~41

보장의 필요성이 강조되면서 생명보험시장은 여전히 성장을 지속하고 있다. 최근에는 보험침투도 1인당 국민소득 대비 보험료 부담비율가 낮은 중국, 인도 등 아시아 신흥국가들의 보험시장이 매우 빠른 속도로 성장하고 있다.

2018년 세계 보험시장에서 5조 1,932억 달러의 보험료 수입이 창출되었다. 이 가운데 28.3%를 차지하는 미국은 세계 1위의 보험 대국이다. 그다음은 신흥국이지만 어마어마한 인구 덕분에 중국(11.1%)이 2위에 올라와 있으며 그다음 일본(8.5%)이 3위다. 우리나라는 시장 점유율 3.5%로서 세계 7위의 보험 강국이다.

3. 워런 버핏이 발견한 보험

워런 버핏은 누구인가?

세계적인 투자의 귀재 워런 버핏을 모르는 사람은 거의 없다. 그는 가치 투자를 통해 성공한 대표적인 기업가이면서 보험을 누구보다도 사랑하는 사람이다. 버핏은 1967년에 내셔널 인뎀니티National Indemnity라는 보험회사를 인수하면서 보험 사업을 시작했고 그 후 1996년에 가이코GEICO를, 1998년에 젠 리Gen Re 등 여러 보험회사를 인수해 보험을 자신의 주력 사업으로 키워왔다. 그는 보험이 자기 사업의 심장이자 영혼이라고 말한다.[15]

버핏은 현재 보험 지주회사인 버크셔 해서웨이Berkshire Hathaway의 회장이며, 2019년 말 기준으로 세계에서 네 번째로 돈이 많은 부자다.[16] 그의 재산은 우리 돈으로 100조 원(889억 달러) 정도 되는데 이 중 99%를 자선사업에

15) Matthew Frankel, "Warren Buffett and the Insurance Business: A 52-Year Story", Fool, April 23, 2019.
16) Forbes, December 25, 2019.

기부하기로 선언했다. 2008년에는 620억 달러의 재산으로 세계 최고의 부자가 된 적도 있었다. 그는 이미 많은 돈을 빌 & 멀린다 게이츠 재단 등을 통해 사회에 환원했고 이러한 기부 때문에 부가 조금씩 줄어들고 있다.

연례행사로 버핏은 2019년 초에 버크셔의 CEO로서 전년도 사업 성과와 금융시장을 회고하면서 금융시장의 참여자들에게 서한을 보냈다. 그 서한의 첫 부분에서 그는 사람들에게 자산관리에서 주식 투자를 굳이 권하지는 않지만 소비 측면에서는 중요하다고 생각하는 것이 몇 개 있다고 했다. 그중 하나가 버크셔의 자회사인 GEICO의 보험 서비스를 통해 가계의 소중한 돈을 절약하라는 것이었다. 그는 미국 자동차 운전자 중 40% 정도가 이미 GEICO를 통해 자동차보험에 가입함으로써 현명한 소비를 하고 있다면서 미국 자동차보험시장에서 매출 2위인 GEICO의 자동차보험료가 어느 보험회사보다도 저렴하고 품질 대비 가성비가 높다고 언급했다.

버핏은 어려서부터 돈 버는 법과 벤처 사업에 많은 관심을 가졌다. 그는 불과 11살에 이미 주식 투자를 시작했다.[17] 고등학교 졸업 후에는 대학 진학을 포기하고 벤처 사업에 뛰어들고 싶어 했다. 그러나 아버지의 강권으로 펜실베이니아 대학교 경영대학인 와튼스쿨에 입학하게 된다. 그는 와튼스쿨에서 2학년을 마치고 고향에 있는 네브래스카 대학교로 편입해 거기서 학부를 졸업했다. 그 후 뉴욕에 있는 컬럼비아 대학교 경영대학원에 진학해 석사과정을 공부하면서 거기서 평생의 스승이자 멘토인 벤저민 그레이엄 Benjamin Graham 교수를 만난다. 또한 그레이엄에게서 '가치 투자'의 원리를 터득하기 시작했다.

17) Robert P. Mills, Warren Buffett and Wealth: Principles and Practical Methods, John Wiley and Sons, 2004, p.26.

버핏과 보험의 만남

버핏은 컬럼비아 대학원을 졸업한 후에 고향인 오마하 돌아와 주식 중개인으로 사회생활을 시작했다. 그러던 중 1952년에 스승인 그레이엄 교수가 GEICO라는 보험회사의 이사회 의장으로 활동하고 있다는 사실을 알게 되었다. 가치 투자의 개척자인 그레이엄 교수가 왜 GEICO의 주식에 그의 소중한 돈을 투자했고 GEICO의 이사회 멤버로 활동하는지가 매우 궁금했던 그는 바로 기차를 타고 워싱턴에 있는 GEICO 본사를 찾아갔다. 그날은 공교롭게도 주말이라 직원들은 없었고 수위 혼자 문을 지키고 있었다.

그래도 다행히 직원 한 명이 회사에 나와 일하고 있었는데 그가 당시 GEICO 부사장 데이비슨Lorimer Davidson으로, 수위의 말을 전해 듣고 버핏을 만나주었다. 대화하는 과정에서 버핏은 보험에 관해 새롭게 이해하게 되었고 중요한 사업의 대상으로 보험에 눈을 돌리게 되었다.

버핏은 사업 초기에 직물회사인 버크셔 해서웨이를 인수했지만 그보다는 보험에 더 관심을 가지고 보험회사를 열심히 인수해 버크셔의 주력 사업으로 키워나갔다. 투자의 귀재인 버핏이 왜 보험에 매료되고 눈을 돌리게 되었을까?

우선 버핏이 보험에 대한 관심을 가지고 접근한 GEICO에 관해 먼저 알아보자. GEICO는 보험을 판매하는 대리점 인력을 쓰는 대신, 우편이나 통신 매체를 통해 고객에게 보험을 판매하는 직판 제도를 도입해 판매원에 대한 수수료 비용을 대폭 절감하고 있었다. 게다가 정부 관료나 교수 등과 같은 양질의 운전자만을 대상으로 보험을 판매함으로써 보험 사기나 도덕적 해이

moral hazard와 같은 시장 문제를 최소화하는 전략을 쓰고 있었다. 그 결과 GEICO는 주력 사업인 자동차보험에서 다른 보험회사에 비해 보험료를 크게 인하할 수 있었다.[18] 이것이 버핏의 마음을 자극했다.

버핏은 그의 개인 재산 중 절반을 GEICO 주식 매입에 우선 투자했고 중간에 팔고 사는 우여곡절도 있었지만 다시 버크셔 지주회사 이름으로 GEICO의 주식을 인수하기 시작했다. 1980년 말에는 GEICO 주식의 약 33%를 소유하게 되었고 투자를 계속 늘려 1995년 말에는 100%를 소유하게 되었다. 버크셔는 불과 15년1980~1995 만에 GEICO의 시가총액이 50배나 상승하는 우량회사로 만들었고 그 결과 매년 평균 30% 이상의 투자수익률을 달성하는 전대미문의 실적을 올렸다.

투자의 귀재가 본 보험의 매력

투자의 귀재인 버핏과 보험이 만나 역사적으로 보기 드문 실적을 올릴 수 있었던 배경은 무엇일까?

우선 보험을 판매하면 보험회사로 들어오는 보험료는 선취인 반면 보험금은 먼 훗날 사고가 발생할 때마다 나누어서 지급되므로 보험료 납입과 보험금 지급 사이에는 매우 긴 시간이 존재한다. 이러한 시간을 투자의 좋은 기회로 이용한 사람이 버핏이다.

보험 가입자가 낸 보험료는 나중에 보험금으로 나갈 돈으로 부채의 성격

18) Billy Duberstein, "Here's How Much Money Warren Buffett Has Made in GEICO", December 29, 2019. www.fool.com/investing/2019/02/22/warren-buffett-and-the -insurance-business.

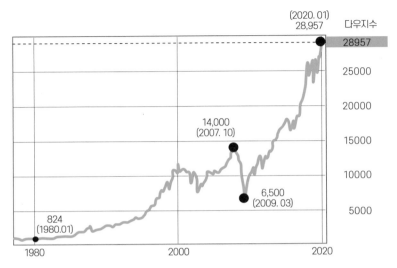

(2020. 01)
28,957

다우지수

28957

25000

20000

15000

14,000
(2007. 10)

10000

6,500
(2009. 03)

5000

824
(1980.01)

1980   2000   2020

* 자료: www.tradingeconomics.com

을 가지지만 준비금으로 보유하면서 장기 투자에 활용할 수 있는 자금이다. 보험료 수입에서 그해 보험금으로 나간 돈을 **뺀** 나머지는 보험준비금으로 적립되어 향후 보험금 지급에 대비하는데 이는 유연하게 투자 재원으로 활용할 수 있는 '보험 플롯float'이다. 사모펀드나 헤지펀드 등의 경우에는 투자금을 모을 때 높은 조달 비용을 지불해야 한다. 하지만 보험 플롯은 그러한 조달 비용을 거의 지불하지 않고도 장기간 투자에 활용할 수 있는 현찰 자금인 셈이다.

　장기자금이어야만 고위험-고수익을 기대하는 주식과 같은 위험자산에 투자하기에 적합하다는 것을 버핏은 알고 있었다. 주식시장은 변동성이 매우 심하기 때문에 단기성 자금으로 투자하는 것은 아주 위험하다. 주식 가격이 폭락해 손해가 나는 시점에도 단기성 자금의 짧은 만기로 인해 해당 주식을 매각할 수밖에 없는 경우가 발생하기 때문이다. 그러나 장기성 자금은 오랜 기간 주식을 보유할 수 있어 중간에 가격이 크게 하락해도 계속 보유하면서 그 고비를 넘기면 장기적으로는 경제 발전에 따라 기업의 성과가 주가에 반영되어 이익을 낼 수 있다.

예를 들어보자. 2008년 세계적 금융 위기가 터지기 직전에 미국의 다우존스 산업평균지수Dow Jones industrial average: 이하 다우지수 가 1만 4,000(2007년 10월)을 넘어가면서 당시 증권가에서는 주식 투자를 하지 않는 사람은 바보라고 했다. 그러나 2008년에 시작된 미국발 금융 위기 속에서 다우지수가 6,500(2009년 3월)까지 떨어지면서 반 토막 이상 추락하고 말았다. 이때 단기자금으로 주식 투자를 한 사람들은 거의 다 망했다. 단기로 조달된 돈으로 주식을 사면 2008~2009년처럼 주식이 폭락하는 상황에서도 주식을 팔아 단기 차입금을 갚아야 하기 때문이다. 그러나 장기자금에는 이러한 폭풍우나 소나기가 지나가기를 기다릴 수 있는 시간적 여유가 있다. 따라서 그냥 보유하고 있었으면 최근 주가에서 보듯이 다우지수가 2만 8,000포인트를 훨씬 넘어가고 있어 큰 이익을 실현했을 것이다.[19] 즉, 2008년 금융 위기 전 최고점인 1만 4,000에서 주식을 너무 비싸게 매입했다 하더라도 그냥 보유하고 있었다면 10년이 지난 지금 가격이 2배 이상 상승해 큰 수익을 낼 수 있다. 그래서 보험이나 연금의 장기 플롯은 자본시장의 위험자산에 투자하기에 적합한 자금이다. 실제로 보험회사들은 주식시장의 중요한 기관투자자로서 수요 기반을 확충하면서 자본시장 발전에 기여한다.

---

19) 2020년 1월 10일 기준으로 다우지수는 28,957이다. 2008년 금융 위기 기간 중 최저점인 6,500과 비교하면 불과 10년 사이에 4배 이상 상승했다.

보험 플롯의 장점을 좀 더 이해하려면 보험회사의 수익 구조를 이해해야 한다. 보험회사는 크게 두 가지의 수익을 얻는다. 우선 보험을 판매해서 들어온 보험료 수입에서 보험금과 운영에 따른 사업비를 지급하면 그 차액이 이익으로 발생하는데 이를 보험영업 이익이라고 부른다. 물론 들어온 보험료 수입에 비해 보험금 및 사업비로 지급된 비용이 더 많으면 보험영업 손실이 발생한다.

그런데 보험회사는 본업인 보험영업에서 손실이 발생해도 회사의 전체 손익이 마이너스로 떨어지는 경우는 거의 없다. 그 이유는 영업이익 이외에 플롯을 운영해 얻는 투자이익이 추가로 있기 때문이다. 자동차보험처럼 시장 경쟁이 매우 치열한 사업 부문에서는 영업이익이 마이너스인 경우가 흔히 발생하지만, 이를 투자수익으로 메꾸면 회사 전체적으로는 이익을 낼 수 있는 구조다.

보험회사의 전체 손익 = 보험영업 손익 + 플롯 투자이익

만약 어느 해의 보험영업 손익이 마이너스가 되어 손실이 발생하면 이것이 자금 조달 비용인 플롯 비용인 셈이다. 그러나 버크셔의 경우에는 판매 비용 절감과 양질의 계약자 확보를 통해 거의 매년 보험영업에서도 이윤을 창출했기 때문에 조달 비용 없이 투자 재원을 모은 셈이며 버핏은 이를 주식을 포함하는 장기 투자에 활용해 큰 이윤을 낼 수 있었다.

오늘날 버크셔는 GEICO를 포함해 70여 개의 보험회사를 세계 도처에 거느린 초대형 보험 중심 지주회사다. 버핏은 자본시장에서 보험기금을 잘 운용해 탁월한 투자수익을 올리면서 회사의 명성과 브랜드 가치를 구축해 세

【표 4】 〈포춘〉 선정 2019년 세계 최고의 존경기업 10곳

순위	기업명	업종
1	애플Apple	컴퓨터
2	아마존Amazon	인터넷 서비스 및 소매업
3	버크셔 해서웨이Berkshire Hathaway	보험(손해보험)
4	월트 디즈니Walt Disney	엔터테인먼트
5	스타벅스Starbucks	식음료
6	마이크로소프트Microsoft	컴퓨터 소프트웨어
7	알파벳Alphabet	인터넷 서비스 및 소매업
8	넷플릭스Netflix	엔터테인먼트
9	JP 모건 체이스JP Morgan Chase	은행
10	페덱스FedEx	배송

* 출처: Fortune, World's Most Admired Companies, 2019

계에서 가장 존경받는 기업을 만들었다.

미국의 유명 경영 잡지인 〈포춘Fortune〉은 매년 세계에서 가장 존경받는 기업을 선정해 발표한다. 매년 상위권에 들어가는 금융기관 중에서 가장 높은 순위를 차지하는 기업은 언제나 버핏의 보험 지주회사인 버크셔 해서웨이다. 〈포춘〉이 매년 상품과 서비스의 질, 기업의 사회적 책임과 윤리, 장기 투자 실적과 가치, 인적 자원 관리 등을 평가지표로 사용해 선정하는 세계에서 존경받는 기업 리스트에서 최상위 10개 기업에 은행이나 증권회사는 몇 년 전만 해도 하나도 없었다. 그러나 보험회사인 버크셔는 늘 10위 안에 든다는 것이 우리나라의 보험회사들에 많은 시사점을 던져준다. 2018년 기준으로 최고 존경받는 기업 리스트에서 제이피 모건 체이스JP Morgan Chase 은행이 늘 10위 밖에 있다가 10위에 진입했으며, 2019년에 9위로 상승했다.

국내 금융시장을 보면 보험회사들에는 부정적 이미지가 항상 있어왔다. 그러나 앞으로는 워런 버핏이 운영하는 GEICO처럼 혁신을 통해 많은 사람들에게 존경을 받는 기업으로 얼마든지 발전할 수 있다는 희망과 목표를 가지고 경영하는 것이 중요하다. 보험회사의 신뢰도가 높아지면 보험상품에 대한 이미지도 개선되고 그동안 받아왔던 오해도 해소될 수 있을 것이다.

워런 버핏의 말처럼 소비자는 품질이 좋고 가격은 저렴한 보험을 원한다. 이는 소비자의 당연한 요구이자 권리다. 가성비가 좋은 보험을 만들려면 GEICO처럼 혁신적인 언더라이팅을 통해 상품의 품질 개선이 선행되어야 한다. 효율화된 금융시장에서 어중간하고 적당한 상품을 가지고 '밀어붙이기식 마케팅'으로 보험을 판매하는 시대는 지났다.

4. 보험경제학의 아버지

괴짜 경제학자 칼 보르히

칼 보르히Karl H. Borch, 1919~1986는 노르웨이 베르겐에 위치한 NHHNorges Handelshøyskole, Norwegian School of Economics 대학교에서 1963년부터 경제학을 강의한 학자로서 오늘날 보험경제학의 아버지라고 불린다.[20]

보르히는 보험의 중요성에도 불구하고 보험이 가지는 딱딱한 인상 때문에 학생들의 관심이 적은 것을 간파하고 전략적으로 보험경제학을 '불확실성의 경제학'으로 이름을 바꾸어 강의했다. 그 결과 유럽과 미국에서 많은 대학생들이 보험에 흥미를 가지고 보르히의 강의를 수강했고 많은 제자들을 배출했다.

보르히는 1938년 고등학교를 졸업하고 보험회사에 다니면서 보험과 인연을 맺게 되었다. 그러다 다시 오슬로 대학교에 입학했다. 당시 노르웨이의

20) Wikipedia, Karl H. Borch 참조

대학교 대부분이 전문대학 수준이었지만 오슬로 대학교는 경제학을 제대로 전공할 수 있는 인프라를 갖추고 있었기 때문이다. 1939년에 제2차 세계대전이 발발하자 그는 학업을 중단하고 영국 런던으로 피신해 노르웨이 임시정부 및 해방군 요원으로 활약했다.

전쟁이 끝난 후에는 노르웨이로 돌아와 공부를 계속해 1947년에 보험계리학 석사학위를 취득했다. 이는 고등학교 졸업 후 거의 10년 만에 이룩한 학업 성과였다. 그러나 그는 석사학위를 받고 보험 분야에 복귀하지 못했다. 그 대신 10년 이상을 중동, 아프리카, 동남아시아 등 후진국과 유네스코United Nations Educational, Scientific and Cultural Organization, UNESCO: 국제연합 교육과학문화기구 유니세프United Nations Children's Fund, UNICEF:국제연합 아동기금 OECD 등의 국제기구에서 다니면서 다양한 봉사활동을 했다. 제2차 세계대전 후 많은 지역들이 가난하고 피폐했기 때문에 그는 학교 대신에 봉사활동에 뛰어든 괴짜였다. 그런 와중에 잠시 시카고 대학교에서 석사 연구원으로 일하게 되었는데, 그때 유명한 수리경제 저널인 〈이코노메트리카 Econometrica〉에 '소득분배의 변화가 소비재의 수요에 미치는 영향'이라는 논문을 발표해(1953년) 비범한 경제학자로서 학계의 주목을 끌기 시작했다.

그는 1959년 40세가 되어서 대학원 공부에 다시 도전했다. NHH의 경제경영대학원에서 재정 지원을 받아 오슬로 대학교 보험경제학 박사과정에 들어갈 기회를 얻은 것이었다. 늦은 나이에 박사과정 공부는 그에게 대단한 모험이었지만, 3년 만에 박사학위를 받고 그다음 해인 1963년에는 NHH 대학교에서 정식 경제학 교수가 되었다. NHH는 노르웨이 수도 오슬로에서 멀리 떨어진 서부 베르겐에 위치한 대학교로, 매우 빠르게 발전했다. 2004년 노벨 경제학상을 수상한 핀 쉬들란Finn E Kydland도 이 학교 출신이다.

노벨상 수상 경제학자를 코치한 보르히

보르히는 시대 상황과 개인적 형편 때문에 만학도가 되었다. 그 탓인지, 경제학에서 일반균형이론을 정립한 공로로 1972년에 노벨상을 수상한 케네스 애로Kenneth Arrow, 1921~2017나 1983년 노벨상을 수상한 제라르 드브뢰Gerard Debreu, 1921~2004와 동시대에 동료로서 연구 활동을 했지만 노벨상을 수상하지는 못했다. 그러나 그는 당시 후배 경제학 대가들과 균형이론 분야의 연구를 선도하면서 노벨상 수상자들이 단지 추상적이고 이론적으로 보여준 경쟁 시장의 균형이론을 실제 보험시장에 적용함으로써 구체적이고 현실적인 모형을 제시했다.

보르히의 이러한 업적은 당대 어느 경제학자보다도 경제학에 대한 그의 이해력이 높았기 때문에 가능했다. 1953년 발표된 모리스 알레Maurice Allais의 논문이나 애로의 리스크 보유의 적정성을 위한 증권의 역할, 1954년에 발표된 애로와 드브뢰의 경쟁 시장의 균형에 관한 논문, 그리고 1947에 발표된 존 폰 노이만John von Neumann과 오스카 모건스턴Oskar Morgenstern의 기대효용이론을 누구보다도 잘 이해했고, 게다가 이러한 창의적 논문들이 가지는 의의는 물론 한계점을 잘 파악했다.[21] 그 결과 보르히는 노벨상 수상자인 애로와 드브뢰보다도 활용성 측면에서는 더욱 유익한 일반균형 모형을 제시했고 여기에서 더욱 실용적이고 현실감 넘치는 시사점을 다양하게

---

21) Knut K. Aase, The Life and career of Karl Borch, 2002, NHH website.

도출했다.

사실 1954년 애로와 드브뢰가 일반균형이론을 발표했을 때 이에 관심을 가지는 경제학자들은 거의 없었고 이를 제대로 이해한 경제학자도 별로 없었다고 한다.[22] 그러나 보르히는 이러한 균형이론에 큰 관심을 가지고 연구하면서 노벨상 수상자들이 사용한 가정들이 너무 추상적이고 비현실적이라는 점을 인지했고 대신 더욱 현실적인 이론으로 발전시키는 데 큰 공헌을 했다.

일반균형이론을 간단히 정리하면 여러 경제주체들이 수없이 많은 개별적 의사결정을 하더라도 결국에는 시장의 수요와 공급 가격이 일치하는 경제균형에 도달할 수 있음을 수학적으로 보여준 것이다. 그래서 애로와 드브뢰의 균형이론은 오늘날 시장경제체제가 가장 효율적인 자원 배분의 수단임을 보여준 연구로 인정받고 있다. 결국 일반균형이론은 애덤 스미스Adam Smith의 국부론과 자유 시장의 자원 배분 원리를 현대 시장 상황에 맞게 만든 이론이라고 할 수 있다.

재보험시장의 균형이론과 자본시장에 적용

보르히는 재보험reinsurance 시장을 이용해 경쟁 시장의 균형이론을 알기 쉽게 설명했다. 보험회사들은 소비자들로부터 인수한 계약의 리스크를 관리

22) NHH, Karl H. Borch, www.nhh.no/en(retrieved on January 20, 2019)

하기 위해 계약상 책임의 일부를 다른 보험회사에 인수시키는 경우가 많은데, 이를 재보험이라고 한다. 재보험시장은 수요자와 공급자 모두 전문성을 가진 기업들이다. 이런 특징으로 인해 재보험 거래는 거래 당사자 사이에 정보 비대칭이 거의 없는 매우 경쟁적인 시장이다. 그 결과 수요와 공급이 만나는 점에서 형성된 재보험의 균형가격은 자원 배분 측면에서 경쟁적 효율성을 가진다는 것을 보여준 현실적 사례다. 즉, 재보험을 통해 보험회사들 사이에 리스크를 재분배함으로써 얻는 이익을 원수보험 재보험에 대한 최초의 보험회사는 상대 보험회사에 재보험료를 지불하는데 바로 이러한 재보험 거래가 시장에서 '최적 상태의 개선'을 보여주는 실제 사례다.

보르히는 1962년 '재보험시장의 균형'이라는 논문을 발표했는데[23] 재보험의 수요와 공급이 만나는 균형점에서 파레토 최적Pareto optimality이 형성되는 조건을 밝혀주었다.

파레토 최적은 오늘날 미시경제학이나 후생경제학에서 자주 쓰이는 용어로 이탈리아 경제학자 빌프레도 파레토Vilfredo F. D. Pareto, 1848~1923의 이름에서 따온 말이다.[24] 사회적 자원이 가장 적합하게 배분된 상태라서 다른 사람에게 손해를 끼치지 않고서는 어떤 사람에게 이득을 주는 배분 변화를 만들어낼 수 없을 때, 이러한 상태를 파레토 최적 또는 파레토 효율이라고 한다. 따라서 다른 사람에게 손해를 끼치지 않으면서 최소한 한 사람 이상에게 이득을 줄 수 있는 배분의 변화가 가능하다면 아직은 파레토 최적에 도달하지 않았음을 의미하며, 그래서 파레토 개선이 가능해진다.

시장의 참여자들이 주어진 균형가격에서 각자 효용을 극대화하려고 노

23) Econometrica, Vol. 30, No.3 (1962), 424~444
24) 그는 이탈리아의 상위 20% 인구가 80%의 부를 소유한다는 사실을 관찰해 8:2의 파레토 법칙을 만들었다.

력하면 해당 시장은 파레토 최적 상태에 도달하지 못하지만 참여자들 사이에 협상이 이루어지는 경우에는 해당 시장이 파레토 최적에 도달할 수 있음을 증명했다. 보르히가 보여준 재보험시장의 균형이론을 주식시장에 적용하면 여기에서도 최적의 리스크 분배에 도달할 수 있다.[25] 즉, 재보험시장에서 개발된 균형이론이 자본시장에도 적용되어 투자 리스크의 최적 분배를 선도해준다.

보르히는 1968년 프린스턴 대학교 출판부에서 《불확실성의 경제학 Economics of Uncertainty》이라는 책을 출간했다.[26] 이 책은 불확실성과 보험경제학 사이에 매우 밀접한 연결이 있음을 보여주는 책이다.

아울러 보르히는 재보험시장의 이론과 재무관리의 핵심 이론인 자본자산평가 모형capital asset pricing model, CAPM을 연결하는 교량 역할도 했다. 자본자산평가 모형은 보르히의 제자인 잰 모신Jan Mossin과 그의 동료들이 개발한 이론으로서 개별 주식과 같은 위험자산의 공정한 균형가격을 산출하는 모형이다.[27]

보르히는 1969년 CAPM의 이론적 출발점이었던 평균 분산 모형이 가지는 장점은 물론 그 한계점을 정확히 파악한 학자로도 정평이 나 있었다.[28] 평균 분산 모형은 효율적인 투자 대상을 선택할 때 유용하게 사용된다. 각 개별 자산 또는 포트폴리오의 기대수익률과 위험을 측정해 주어진 목표

---

25) Borch, 전게서, p.442.
26) The Economics of Uncertainty, Princeton University Press, 1968.
27) 모신은 1987년 겨우 51세의 나이로 안타깝게 사망했다. 그와 함께 CAPM을 개발한 샤프(William F. Sharpe)와 린트너(John Lintner)는 1990년에 노벨 경제학상을 수상했는데 모신이 살아 있었다면 공동수상자가 되었을 것이라는 평이 지배적이다. Wikipedia의 Jan Mossin참조.
28) Karl Borch, "A Note on Uncertainty and Indifference Curves", Review of Economic Studies, Vol. 36 (1969), pp.1~4.

수익률을 달성할 수 있는 자산을 선별하고 그중에서 위험이 가장 낮은 자산을 선택하는 것이 효율적이다. 반대로 감내할 수 있는 위험 수준이 먼저 주어지면 이를 충족하는 자산 중 기대수익률이 가장 높은 자산을 선택하는 것이 역시 효율적이다. 이는 해리 마코위츠Harry M. Markowitz가 정립한 포트폴리오 선택 모형이며[29] 그는 이 공로를 인정받아 1990년 노벨 경제학상을 수상했다.

평균 분산 모형이 발표되었던 당시에 역시 노벨 경제학상 수상자인 예일대학교의 제임스 토빈James Tobin은 이 모형에 매료되어 이를 거시경제학에 적용해 대형 프로젝트를 진행할 계획이었다. 그러나 보르히가 밝힌 CAPM의 한계점을 보고 깜짝 놀란 토빈이 프로젝트를 포기했다는 일화도 있다.[30] 토빈이 이해하지 못한 것을 보르히가 귀띔해준 사례다.

보르히가 오랜 기간 경제학 교수로 재직했던 노르웨이 NHH 대학교에서는 2002년부터 보르히를 기념하기 위해 '칼 보르히 강의 시리즈'를 연례행사로 개최하고 있다. 첫해에는 2016년 노벨 경제학상 수상자인 벵트 홀름스트룀Bengt Holmstrom이 초청 연사였고 그다음 해인 2003년에도 역시 2016년 노벨상 수상자인 올리버 하트Oliver Hart가 초대되었다. 그 외에 마크 루빈스타인Mark Rubinstein, 스티븐 A. 로스Stephen A. Ross 등 세계적인 경제학 또는 금융 분야의 대가들이 강의자로 선정되었다. 최근 2018년에는 1997년 노벨상 수상자인 로버트 머튼Robert Merton이 강의자로 초대되어 '경제 성과를 증진시킨 금융과 보험의 혁신'이라는 주제로 강의했다.[31] 보르히의 업적을 기념

29) Markowitz, Harry M., "Portfolio Selection", Journal of Finance Vol 7 No.1 (1959), 77~91.
30) Aase(2002), 전게서, p.3.
31) Karl Borch Lecture 2018 : "Observations on Finance Science and Insurance Innovation in Improving Economic Performance", September 20, 2018. NHH 홈페이지 참조.

하는 강의에 연사로 초대되는 경제학자들의 면면을 살펴볼 때 보험경제학 분야에서 칼 보르히의 업적이 얼마나 대단했던가를 알 수 있다.

5. 노벨 경제학상 수상자가 본 보험

애로에 의한 보험의 재인식

"보험은 선진국 경제에서 매우 중요한 금융상품이지만 경제학자들이 그동안 보험에 대해 별로 언급하지 못했던 것이 솔직한 고백이다."

이는 1972년 존 힉스John Hicks와 공동으로 노벨 경제학상을 수상한 케네스 애로가 한 말이다.[32]

애로는 사회선택이론social choice theory을 제시했고 경쟁 시장에서 경제의 일반적 균형이론을 정립한 경제학자다. 그는 보험에 대해 돈을 주고 재화나 용역을 구매하고 끝나는 일반 상품이 아니라 돈을 내고 나중에 돈을 받는 금융상품이라고 정의했다. 따라서 보험은 돈의 흐름을 중개하는 중요한 금융 역할을 하는 것으로 평가되며 돈과 돈의 교환이라는 의미에서 채권과 유

---

32) Kenneth J. Arrow, "Insurance, Risk and Resource Allocation", Applied Economics, Collected papers of Kenneth J. Arrow, volume 6, The Belknap Press of Harvard University Press, 1985.

사한 성격을 가진다고 했다. 그러나 보험은 미래에 우연한 사건의 발생에 의존하는 수익 구조를 가지므로 채권과 유사하면서도 또한 채권과는 크게 다르다고 했다.

애로에 따르면 우리 경제에는 많은 불확실이 산재해 있기 때문에 리스크 전가를 핵심 기능으로 하는 보험의 역할이 매우 중요하지만, 아직은 보험의 역할이 제한적이라 경제 시스템도 절름발이 걸음을 하고 있다는 것이다. 그래서 안정적이고 효율적인 경제 발전을 위해서는 리스크에 대한 이해를 높이고 아울러 보험 역량을 확장할 필요가 절실하다고 했다.

보험은 소비 상품으로서 매우 특이한 속성을 가지고 있다. 애로에 의하면 보험은 물질적 재화가 아니다. 또한 많은 사람들이 보험을 통상 서비스로 분류하지만 소비자들에게 주는 가치를 보면 운송이나 의료 같은 서비스와도 분명히 다른 성격을 가진다고 한다. 보험은 이처럼 복잡하고 난해한 성격 때문에 소비자의 오해가 다분하고 또한 많은 경우에 잘못된 인식과 평가를 받는다.

실러의 혁신적 보험 아이디어

2013년 유진 파마Eugene Fama와 함께 노벨 경제학상을 수상한 로버트 실러는 보험이 우리 경제에서 아주 중요하고 핵심적인 금융상품으로, 사회 안전망을 확보하고 경제의 불평등을 해소하는 데 매우 중요한 역할을 한다고 주장한다.[33]

33) McKinsey & Company와의 인터뷰, "Livelihood Insurance", January 5, 2015

특히 21세기에는 4차 산업혁명의 진전과 인공지능Artificial Intelligence, AI의 획기적인 발달로 미래 경제가 더욱 불확실해졌으며, 그 결과 리스크 관리와 보험의 역할이 더욱 중요해졌다는 것이 실러의 생각이다. 인공지능은 전통적인 상품과 직업을 파괴하고 기존 형태의 고용을 줄이는 등 전대미문의 폭풍으로 다가올 가능성이 크기 때문이다.

실러는 미국 예일 대학교에서 금융시장론을 강의하면서 금융과 보험은 불확실성을 다루는 학문으로서 우리 경제에서 막강한 힘을 지니고 있다고 언급했다. 또한 실러는 〈비즈니스 인사이더Business Insider〉와의 인터뷰에서 금융과 보험은 불확실한 미래에 관한 경영관리 학문으로서 사람들이 지닌 리스크를 분담하거나 헤지하는 수단이라고 역설했다.[34]

실러가 2014년 초 〈월스트리트 저널Wall Street Journal〉과 인터뷰할 때 대담 진행자는 연이은 금융 위기 및 금융기관의 도산, 그리고 경기 침체 등으로 인한 '금융의 부정적 이미지'가 매우 큰데 이를 대체할 수 있는 새로운 대안으로 안전성을 강조하는 보험을 거론했다.[35]

실러는 자신의 저서 《새로운 금융질서: 21세기의 위험》[36]에서 과학기술의 발전은 리스크를 급속도로 진전시키고 있기 때문에 이에 대응하는 금융과 보험이 더욱 필요하다고 말했다. 특히 보험은 위험을 여러 사람이 공유하고 분산시키는 제도로서 개인의 피해를 최소화하는 역할을 하며, 금융 역시 보험의 리스크 관리 기능을 한다고 한다. 예를 들면 기업은 신규 사업 자금을 주식이나 은행을 통해 조달함으로써 사업 실패에 따른 부담을 사회 전

---

34) Business Insider, Robert Shiller: This Is What Finance Actually Is, Nov 24, 2014.
35) Wall Street Journal과의 인터뷰, "Insurance against future turmoil", March 28, 2014.
36) Robert Schiller, The New Financial Order: Risk in the 21st Century, Princeton University Press, 2003.

반에 분산시킬 수 있다고 한다. 즉, 주식처럼 한 주당 액면가를 작게 해서 증권상품으로 만들면 다수의 사람이 투자에 참여하므로 위험이 여러 명에게 분산되고 해당 주식을 발행한 기업이 파산해도 투자가 한 사람당 받게 되는 손실 충격은 적어진다. 마찬가지로 다수의 예금자가 저축한 돈을 모아 이를 기업에 공급하면 불량 대출이 발생해도 예금자 한 사람당 손실 충격은 상대적으로 적다. 오늘날 예금의 경우에는 이러한 작은 손실 충격도 막아주기 위해 예금보험 제도가 마련되어 있다.

실러는 개인 삶의 안정성을 보장해주기 위해 생계보험이나 주택지분보험의 개발을 제안한다. 예를 들면 유전공학과 같은 새로운 학문을 전공하는 사람이 설령 좋은 결과를 내지 못하고 실패한다 하더라도 그의 생계가 유지될 수 있는 보험이 있으면 성공 여부에 대한 불안 때문에 유망한 신종 직업을 포기하는 것을 막을 수 있다는 것이다. 그래야 부가가치가 큰 첨단 산업과 벤처에 인재를 모을 수 있고 국가 경제가 발전한다는 것이 실러의 견해다.

아울러 미래에는 소득 양극화가 심각한 경제 리스크가 부상할 가능성이 크므로 실러는 불평등해소보험의 개발을 주장한다. 예를 들어 소득 불평등을 나타내는 로렌츠Lorenz 곡선[37]이 매년 비슷하게 유지되도록 세액을 조정하면 소득 불균형이 심화되는 것을 막을 수 있다는 것이다. 또한 현재 근로 세대와 연금 수령 세대 사이의 갈등과 리스크가 심화되고 있는 점을 고려해 세대 간 사회보장 제도의 도입을 제안한다.

---

37) 미국의 통계학자 로렌츠가 창안한 소득분포의 불평등 정도를 측정하는 곡선이다. Lorenz, M. O. (1905), "Methods of measuring the concentration of wealth", Publications of the American Statistical Association, Vol. 9, No. 70 : 209?219.

실러의 생계보험

실러는 기존의 고용보험 대신에 생계보험의 개발을 주장한다.[38] 고용보험은 근로자가 실직하면 새로운 일자리를 구할 때까지나 일정 기간 동안 보험금을 지급해 그 사람이 생활할 수 있도록 해주는 사회보험이다. 그래서 고용보험은 본인의 의사와는 무관하게 실직했느냐가 보험금 지급을 위한 중요한 단서가 된다.

반면에 생계보험은 인공지능이나 로봇의 발달 등으로 어느 직종 전체가 파괴적으로 사라지는 불확실한 상황에 대비하는 보험이다.[39] 즉, 인공지능 때문에 발생하는 실직이나 소득 감소 등을 보전해주는 보험이다. 따라서 생계보험은 개인별 실직 여부가 아니라 고용시장의 지수로 어느 직업이 일정 수준 이상으로 일자리를 잃었느냐 여부로 보험금이 지급된다. 어느 직종이 호황이면 개인이 관련 직종에서 해고당했어도 곧 다른 직장을 쉽게 구할 수 있기 때문에 개인별 해고 자체가 경제적으로 큰 손실이 아니라는 논리다. 이것이 고용보험과의 차이다. 그러나 기술 변화로 어느 직종에서 대량 실직이 발생하면 그 영역 내에서는 다른 직장을 구하기 어렵기 때문에 해당 직종의 사람들이 업종 전환을 준비할 수 있도록 보험금을 지급하는 것이다.

생계보험은 현행 고용보험과는 달리 직종의 시장지수를 기준으로 보험금 지급 여부를 결정하기 때문에 개인이 고의로 직장을 그만두거나 일자리를 열심히 찾지 않는 도덕적 해이가 적다는 장점이 있다. 특히 업종의 고용지수

---

38) Robert Shiller, How to stop 'extremely disruptive' AI from harming society, CNBC, January 18, 2018.
39) 영국 옥스퍼드 대학교의 연구(2013)에 따르면 로봇이나 자동화 기술의 발전으로 미국 내 일자리의 47%가 20년 내에 기계로 대체되고 사라질 것이라고 전망한다.

를 기준으로 보험금 지급 여부가 결정되기 때문에 개인이 새로운 직장을 구하는 과정에서 게으름을 피우는 도덕적 해이도 줄일 수 있다. 특정 직종의 고용지수가 높아지면 어느 개인이 아직 직장을 못 구했어도 보험금을 지급하지 않기 때문이다.[40)]

게다가 생계보험은 직장을 가진 사람들이 다 같이 보험료를 내고 향후 기술 변화 등으로 쇠퇴하거나 없어지는 직종의 근로자들에게는 보험금을 통해 재정적으로 도와주기 때문에 소득 재분배 효과도 있다. 그 결과 생계보험은 소득 양극화 또는 경제적 불평등의 심화를 줄여줄 수 있고 한 나라 경제에서 직업과 고용의 안정성을 높일 수 있다. 그러나 생계보험은 특정 직종에 위기가 닥쳐 많은 사람이 직장을 잃으면 보험금을 지급하므로 직장을 가지고 있는 개인들에게까지 보험금을 지급해야 하는 한계점을 지닌다. 따라서 이 문제점을 보완해야 하는 과제가 남아 있다.

---

40) Alex Tabarrok, What does Dr. Robert Shiller mean when he talks about livelihood insurance?, Quora, January 28, 2015.

6. 핀테크를 견인하는 보험

4차 산업혁명의 진행

오늘날 우리 경제의 패러다임을 바꿀 산업혁명이 진행되고 있다. 정보통신기술information and communications technologies, ICT에 기반을 둔 4차 산업혁명이다. 4차 산업혁명의 특성을 요약하면 스마트smart와 연계성connectedness이다. 사물인터넷internet of things, IoT을 통해 모든 사물은 연계되고 있으며 인공지능 및 빅데이터big data 분석 등을 통해 스마트한 의사 결정과 편리성이 높아지고 있다.

4차 산업혁명의 핵심 기술은 블록체인blockchain이다. 이 기술의 가장 큰 특징은 기존의 중앙 집중 방식이 아닌 분산형 데이터베이스로, 거래 내용이 모두 블록에 기록되어 사슬처럼 연결되는 공개거래 장부public open ledger다. 블록체인으로 연결되어 있는 모든 분산 거래 참여자들은 서로 알지 못해도 신뢰를 갖고 개인peer to peer, P2P거래가 가능하다. 분산형 데이터의 특성상

거래에 참여하는 수많은 사람의 계정을 동시에 해킹하지 않고서는 시스템 전부를 망가뜨릴 수 없기 때문이다. 중앙 집중식 데이터베이스에서는 중앙 서버 하나만 해킹하면 시스템 전부에 문제가 발생하고 정지된다. 이를 보완하는 기술 블록체인은 가상화폐, 금융 거래 또는 군사 및 의료 분야의 중요 문서를 주고받고 기록할 때 발생할 수 있는 해킹, 불법 복제, 이중거래 등을 막아주는 핵심기술이 되고 있다.

4차 산업혁명의 핵심기술은 금융 분야 전반에 걸쳐 접목되고 응용되면서 핀테크fintech = finance + technology, 보험테크insutech = insurance + technology, 로봇투자자문robo-adviser =robot + (investment) adviser 등과 같은 신조어를 만들어내고 있다. 그 결과 은행의 고유 업무인 지급결제 서비스가 이제 더는 은행의 독점물이 아니게 되었다. 오히려 IT 기반 신규 제조기업들이 은행보다 더 효율적이고 간편한 지급결제 수단을 개발해 은행의 전통적 업무를 잠식하고 있다. 페이팔Paypal, 애플페이Applepay, 알리페이Alipay, 삼성페이Samsungpay 등이 대표적인 사례들이다.

은행의 대출 업무도 렌딩클럽Lending Club 같은 새로운 플랫폼이 대체하면서 예금자와 대출자를 연결해 훨씬 빠르고 유리한 이자로 자금을 빌릴 수 있도록 해준다. 게다가 은행은 장기적인 저금리의 지속으로 예대預貸마진이 더욱더 축소되고 있다. 그래서 많은 전문가들은 현재 영업 중인 은행 중 절반 이상이 조만간 사라질 것이라는 전망도 한다.[41] 이와 같은 직업 파괴 현상이 금융 산업에서는 은행권에 가장 심각하게 나타날 것으로 판단되기 때문이다.

41) Francisco Gonzalez(BBVA 온라인 은행 회장 겸 CEO)의 견해. John Straw, "Disrupted Banking (again)-half of the world's banks will be disrupted by digital", Disruption(disruptionhub.com), February 13, 2015.

보험은 핀테크 수요의 견인차

4차 산업혁명의 기술 발전은 핀테크 시장을 키워나가고 있다. 지급결제와 대출 분야에서는 전통적 은행업을 파괴하면서 IT 스타트업들이 더욱 편리한 서비스를 제공하고 있다. 세계 최대 은행인 미국의 JP 모건 체이스의 제이미 디몬Jamie Dimon 회장은 실리콘밸리 혁명이 오고 있으며 수많은 IT 스타트업들이 새로운 두뇌와 자금을 가지고 은행의 전통적 업무를 대체해갈 것이라고 전망했다.[42] 또한 스페인 최대 은행인 BBVA의 회장 프란시스코 곤살레스Francisco Gonzalez는 세계에 있는 은행의 절반이 4차 산업혁명의 디지털 파괴 때문에 사라질 것이라고 전망한다.[43]

보험은 양상이 좀 다르다. 4차 산업혁명 덕분에 보험의 많은 시장 왜곡 현상 및 비용 발생 문제들이 오히려 해소되고, 그러한 과정에서 보험은 새로운 기술이나 제품에 대한 최대 수요자 중에 하나가 될 전망이다. 특히 보험의 계약 심사, 즉 언더라이팅과 보험금 청구 분야에서 나타나는 정보의 비대칭 문제와 비용 낭비를 크게 줄여줄 것으로 기대된다. 4차 산업혁명 시장에서 새로 나온 기술과 제품에 대한 수요가 많아야 기업가 정신으로 무장한 창업가들이 기술과 제품을 신나게 개발하고 발전시킬 수 있다. 그런 점에서 보험은 핀테크를 비롯한 4차 산업혁명의 주요 수요자로서 이 분야의 발전을 견인할 것이다.

타인의 리스크를 인수해 관리하는 보험의 시작은 언더라이팅이다. 즉, 보험 고객의 위험을 평가해 그 크기에 따라 위험을 분류하고 보험료를 차등적

---

42) CNBC, October 19, 2018.
43) finextra.com, February 4, 2015.

으로 적용하는 것이 보험 산업의 출발이다. 언더라이팅이 잘못되어 불량한 보험을 인수하거나 적정한 보험료를 받지 못하면 보험회사의 부실은 불가피해진다. 그래서 보험 사업의 성공 여부는 언더라이팅에 달려 있다고 해도 과언이 아니다. 그러나 다른 사람이 지닌 사고 위험의 속성과 크기를 판별하기는 쉽지 않다. 게다가 보험 청약자들은 보험료와 연계된 자기 위험을 고의로 숨기려 한다. 다행히 4차 산업혁명의 혁신적 기술 덕분에 보험 계약자의 평소 행동을 관찰하고 파악해서 더욱 객관적이고 정확한 리스크 평가와 언더라이팅을 할 수 있게 되었다.

예를 들면 오늘날 거의 모든 사람들이 스마트폰을 휴대하고 다니듯이 자동차 운전자들의 대부분은 텔레매틱스telematics라는 기기를 차에 장착해야 할 것으로 전망된다. 자동차보험에서 사물인터넷, 텔레매틱스 등은 운전자의 태도 및 습관 등 중요 정보를 보험사에 실시간으로 전달해 운전자의 리스크를 정확하게 평가할 수 있는 자료를 제공해준다. 텔레매틱스 덕분에 보험사들은 언더라이팅[44]을 좀 더 합리적이고 과학적으로 할 수 있게 되는 것이다. 소비자가 텔레매틱스 정착을 거부하는 경우에는 고위험 운전자로 분류되어 매우 높은 보험료를 내야 한다. 보험료를 절감하려면 텔레매틱스를 차에 부착할 수밖에 없고 이 기기를 차에 부착한 순간 안전 운전을 하게 된다. 세상의 수많은 차가 예외 없이 자동차보험을 들어야 하듯이 보험에서 텔레매틱스의 부착도 불가피해지면, 4차 산업혁명 기술 개발과 제품에 대한 폭발적인 수요를 유발하게 될 것이다.

전통적으로 보험회사들은 운전자의 나이, 결혼 여부, 교통법규 위반 여

---

44) 언더라이팅은 보험회사의 매우 중요한 리스크 관리 기능으로써 보험 가입자의 리스크를 평가하고 이를 토대로 보험 판매 여부, 보험 판매 시 차등적 보험료 산출 등을 하는 작업이다.

부, 사고 유무 등을 토대로 운전자의 사고 리스크를 평가해왔다. 물론 나이가 운전 습관을 대략적으로 설명한다고 볼 수 있지만 그 오차는 심하다. 젊은 운전자 중에도 보수적으로 조심스럽게 운전하는 사람이 있고 나이가 들고 결혼을 해도 천방지축 난폭하게 운전하는 사람도 있다. 텔레매틱스가 정착되면 운전자의 운전 속도, 교통법규 준수 여부, 급브레이크를 밟는 빈도, 불법 유턴 사례 등, 실제 일어나고 있는 운전 행동을 전부 데이터로 전송해주므로 보험사는 이를 분석해 운전자의 사고 리스크를 더욱 정확하게 판단할 수 있다. 게다가 빅데이터 분석 기법의 발달로 방대한 양의 중요 정보를 쉽게 검토해 활용할 수 있다. 또한 사고가 발행하면 어떠한 이유로 그리고 누구의 과실로 사고가 발생했는지를 알 수 있으므로, 그다음 사고 예방을 위한 장치나 제도를 마련하기도 용이해진다.

미국에서는 이미 프로그레시브Progressive, 올스테이트Allstate 등 자동차보험사들이 4차 산업혁명의 새로운 기술에 기초해 언더라이팅을 하는 상품을 제공하고 있다. 이러한 보험사들은 전통적인 위험 분류 기준(연령, 운전 경력) 대신 사물인터넷, 빅데이터 분석을 통해 운전자의 잘못된 운전 습관을 찾아내 개선을 요구한다. 게다가 사고 발생 자동 알림, 비적격 운전자 자동 확인, 도난차량 위치 알림 등을 통해 사고 대응 및 보상 프로세스를 혁신적으로 개선하고 운전자의 안전 운전을 유도한다. 대중교통 활용도가 높으면 보험료를 할인해주기도 한다. 4차 산업혁명 기술 덕분에 언더라이팅의 정확도가 높아지면 고의로 사고를 내기도 어렵고 함부로 운전하기도 어렵다. 아울러 보험 산업은 4차 산업혁명을 더욱 촉진하는 역할도 한다.

생명보험에서도 언더라이팅은 중요하다. 생명보험사들의 경우에는 다양한 신체 착용기기, 즉 웨어러블wearable의 최대 수요자가 될 것이다. 지금까지 생명보험 가입 시 가장 중요한 위험 평가 요소는 나이·성별·비만·병력·직업 등이었다. 그러나 혈압이나 맥박 등 인간의 건강 상태를 실시간으로 점검해 보험회사나 의료센터에 전송하는 웨어러블은 훨씬 더 정확하게 보험 청약자의 건강 리스크를 파악할 수 있게 해준다.

미국 벤처기업 코벤티스Corventis는 픽스PiiX라고 하는 밴드를 개발했는데 이를 가슴 위에 부착하고 다니면 맥박·체온·체액·호흡 속도 등 생체의 다양한 징후를 감지해 보험회사에 데이터로 전송한다. 보험회사는 이러한 데이터를 분석해 더 객관적으로 계약자의 건강 상태를 파악하고 합리적인 보험료를 책정할 수 있다.

보험이 아니더라도 이러한 웨어러블 기기는 향후 핵가족화 사회에서 독거노인에게는 필수품이 될 것이다. 심장 박동이 이상하거나 멈추면 의료센터로 해당 데이터가 바로 전송되고 긴급출동 조직은 신속하게 대응팀을 파견할 수 있기 때문이다. 그러면 외로운 독거노인이나 환자가 사망해 몇 달간 방치되는 고독사가 크게 줄어들 것이다.

미국을 대표해온 생명보험사 중 하나인 존 핸콕John Hancock 사[45]는 더 이상 전통적인 생명보험 상품을 판매하지 않고 이제는 착용기기로 하루 운동량, 건강 데이터 등을 받아 언더라이팅할 수 있는 상품만 판매하겠다고 선언했다.[46] 존 핸콕은 2019년에 자회사인 바이탈리티Vitality를 통해 판매 상품 구성을 IT 기반의 새로운 상품으로 대체했다. 착용기기의 활용은 고객의 건강 이상을 미리 점검하거나 지속적인 건강관리를 유도할 수 있다. 따라서 고객에게도 유리하고 보험회사 입장에서도 사망률이 떨어져 보험금 지급이

---

45) 존 핸콕은 2004년 캐나다의 Manulife 보험사가 인수했다.
46) Enrique Dans, "Insurance, Wearables And The Future Of Healthcare", Forbes, September 21, 2018.

【표 5】 아비바의 빅데이터 예측 모형에 의한 계약 심사 비용 절감 사례

검사 항목	요구 비용	언더라이팅에 필요한 활용도	
		전통적 계약 심사	아비바 빅데이터 예측모형
준 의료적(paramedical) 보건 검사	$55	50%	0%
침 등 구강 액체 검사	$25	20%	0%
혈액 및 소변 검사	$55	70%	0%
심장(MVR) 검사	$6	70%	75%
면담 의사 진단 및 소견서	$100	20%	0%
기본 의료 검진	$120	20%	0%
심전도(EKG) 검사	$75	10%	0%
스트레스 검사	$450	1%	0%
제3자 제공 의료 데이터	$0.50	0%	100%
보험 청약자 1인당 총소요 비용		$130	$5
보험 청약자 1인당 절감 비용 (S)		$125	
연평균 보험 청약 건수(N)		5만 건	
연간 절감액(Y=S × N= 625만 달러의 30~50%)		최소 200~300만 달러	

*출처: Deloitte, 2010

줄어들기 때문에 이윤이 늘어나는 상생win-win이 가능하다.

영국의 다국적 보험회사인 아비바Aviva는 고객-마케팅 데이터를 이용해 건강위험예측 모형을 개발해 언더라이팅에 활용하고 있다. 그 결과 과거 전통적인 방법에 비해 청약자의 리스크 예측이 더욱 정확해지고 리스크 평가 비용도 현저하게 줄었다고 한다. 전통적 방법으로 보험 계약을 심사하는 경우 청약자 1인당 130달러(15만 원 정도) 소요되던 비용이 5달러(6,000원 정도)

【그림 5】 사물인터넷을 이용한 생명보험 요율 산정의 변화

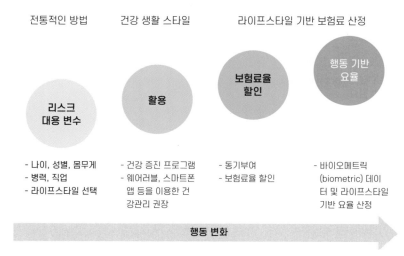

* 출처: Willis Towers Watson Inc., 2014

로 줄었다고 한다.[47)]

이처럼 생명보험이나 건강보험 분야에서도 보험 계약자의 리스크 측정을 위해 대용변수에 의존하던 전통적인 방법에서 벗어나 사물인터넷, 웨어러블 등을 이용해 더 정확한 리스크 측정 및 요율 산정을 모색하게 되었다. 아울러 보험사는 보험 계약자의 올바른 생활 스타일과 건강 증진 프로그램을 권장해 이를 요율 할인에 연계함으로써 서로가 상생하는 방법으로 나아가고 있다.

최근 구글Google의 영국 자동차보험모집사beathatquote.com 인수, 캐나다 매뉴생명Manulife의 존 핸콕 생명보험사 인수, 그리고 일본 전자상거래업체인 라쿠텐Rakuten의 생명보험 판매 등에서 보듯이 보험 사업 주체의 성격이나

47) Deloitte Consulting LLP, Predictive Modeling for Life Insurance, April 2010, p.12.

판매 시장의 패러다임이 분명히 변하고 있다.[48)]

보험 사기를 막고 보험금 신속 지급

한편 보험에서 중요한 것은 사고가 발생했을 때 보험금을 신속하고 정확하게 지급하는 것이다. 신속하고 정확한 보험금 지급을 위해서는 사고와 연계된 다양한 당사자들과 관련 정보들이 서로 잘 연계되어 있어야 한다. 예를 들어 자동차 사고가 나면 나와 상대방이 있고 또한 각자의 보험회사가 있다. 거기에다 사고 원인에 교통법규 위반 등의 문제로 경찰이 개입될 수도 있다. 그리고 다친 사람은 병원으로 빠르게 호송되어야 하므로 의료기관과 구급차 회사도 관여한다. 이렇게 다양한 참여자를 가진 보험금 지급 과정에서 신속한 사고 처리와 정확한 보험금 지급이 이루어지려면 사물인터넷에 의해 서로가 연계되어 정보 및 데이터의 기록과 관리, 그리고 공유 기능이 필수적이다. 또한 데이터를 신속하게 분석해 상황을 판단해주는 인공지능이 필요하다. 게다가 언어가 다른 외국인과의 다툼이라면 각자 자국어로 정확하게 의사소통하는 인공지능 기반의 챗봇chatbot도 필요하다. 그래서 보험의 사고 처리와 보험금 지급의 정확성 및 신속성을 확보하려면 블록체인, 인공지능, 빅데이터 분석, 드론 등이 종합적으로 필요하다.

또한 오늘날 보험 사기로 인한 보험금의 부당 청구나 과잉 청구도 시장의 주요 정보 비대칭 문제인데, 이것도 반드시 차단해야 한다. 미국에서는 연간

---

48) Nicholas Chen, Name Two Transformative Disruptors, Willis Towers Watson Inc., December 17, 2014.

보험 사기금액이 800억 달러(약 90조 원)나 된다고 한다.[49] 보험 사기를 예방하려면 우선 보험회사 사이에 정보 교환과 긴밀한 협조가 필요하다. 또한 보험 사고 및 보상 환경에서 일어나는 다양한 거래와 행동에서 수상한 행태나 범죄 패턴을 찾아낼 수 있는 인공지능이 필요하다. 아울러 거래와 데이터의 신뢰성 확보를 위해서는 블록체인 기술의 활용이 필수적이다.[50] 블록체인 기술을 활용하면 보험 사고에 개입된 모든 이해 당사자들이 관련 서류를 직접, 그리고 디지털 방식으로 플랫폼에 올려서 함께 보고 관리할 수 있다. 그 결과 문서의 범죄적 변형, 가해자와 피해자의 뒤바뀜, 터무니없는 과잉 청구 등이 드러나게 된다. 신뢰성이 확보된 플랫폼에서 보험회사들은 스마트 계약smart contract을 통해 보험금 산정 및 지급 절차를 자동화할 수 있다.

　　대표적인 사례로 미국 뉴욕에 있는 IT 기술기업 레모네이드Lemonade는 블록체인의 스마트 계약과 인공지능 기술을 이용해서 보험금 청구를 즉시 확인해 보험금이 신속하게 지급되도록 해준다. 파리에 있는 피지Fizzy 사는 세계적 보험사인 악사AXA의 자회사인데 블록체인 기술을 이용해 항공기 출발이 2시간 이상 지체되면 보험 가입 승객에게 보상금을 바로 지급해준다. 이더리움Ethereum 기술이 지원하는 이더리스크Etherisc 사도 항공기 지연에 대한 보상보험을 판매한다. 런던에 있는 다이나미스Dynamis는 고용보험을 관리하면서 블록체인 기술에 기초해 실업 상태를 정확히 파악함으로써 보험금 청구의 진정성 여부를 확인해준다.

49) Lukas Hofer, "How blockchain and AI will impact the insurance industry", The Blockchain Land, October 4, 2019.
50) Naveen Joshi, "How blockchain and AI will impact the insurance industry", Allerin, March 10, 2019. www.allerin.com 참조.

7. 가계의 금융자산과 보험의 강세

부동산을 좋아하는 우리 국민

한국 사람들은 금융자산에 비해 부동산 등 비금융자산을 훨씬 더 선호한다. 한국에서는 부동산 가격 상승이 빠르고 안정적이라고 믿고 있으며 그 수익률도 금융자산보다 더 높다고 생각하기 때문이다. 2017년 말 기준으로 우리나라 가계의 비금융자산 보유 비중은 전체 자산의 75.4%를 차지한 반면에 금융자산은 24.6%에 불과하다. 그러나 우리나라에서도 부동산이 가계자산에서 차지하는 비중은 점점 줄어드는 추세(2008년 82.9%, 2011년 79.2%, 2016년 75.8%)다. 반면에 금융 선진국 미국에서는 가계의 비금융자산 보유 비중이 34.8%에 불과하고 대부분 자산이 금융자산(65.2%)에 투자되어 있다.[51]

51) 한국은행 및 통계청, 2017년 국민대차대조표(잠정치), 2018년 6월 19일.

【그림 6】 국가별 가계의 순자산(채무 제외) 구성 비율(2017년 기준)[52]

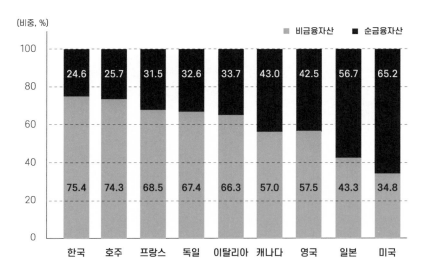

(비중, %)

■ 비금융자산   ■ 순금융자산

	한국	호주	프랑스	독일	이탈리아	캐나다	영국	일본	미국
순금융자산	24.6	25.7	31.5	32.6	33.7	43.0	42.5	56.7	65.2
비금융자산	75.4	74.3	68.5	67.4	66.3	57.0	57.5	43.3	34.8

부의 양극화 현상

2017년에 한국은행, 금융감독원 및 통계청이 공동 실시한 가계금융·복지조사에 따르면 2017년 3월 말 기준으로 가구당 평균 자산은 3억 8,164만 원이고 부채는 7,022만 원이다.[53] 그 결과 가구당 순자산은 3억 1,142만 원으로 산출된다. 그러나 우리나라는 가구당 빈부 격차가 심해 총가구를 순서대로 나열했을 때 그 중앙의 순자산은 1억 8,252만 원에 불과하다.

순자산의 크기를 1억 원 단위로 나누어 구간을 분류했을 때 자산이 영(0)

---

52) 통계청, 보도자료, 2018. 6. 19. 통계청이 OECD 자료를 기초로 작성했으나 나라별 기준 연도가 다소 다르다. 한국은 2017년, 캐나다, 미국, 호주는 2016년, 나머지 국가는 2015년 기준 자료다.
53) 통계청, 금융감독원, 한국은행, 보도자료: 2017년 가계금융·복지조사, 2017. 12. 21 참조

이하의 마이너스로 빚더미 위에서 생활하는 가구도 전체 가구의 2.9%나 된다. 순자산이 플러스인 가구 중에서도 최하위 구간인 0~1억 원을 보유한 가구가 전체의 31.2%로 그 비중이 가장 높다. 그다음 하위 구간인 1~2억 원 사이의 순자산을 보유한 가구도 18.5%다. 반대로 순자산이 10억 원 이상인 최상위 부자 가구는 5.1%다. 자산의 양극화 현상이 심각한 수준이다. 이러한 부의 양극화는 사회적 불안으로 이어지고 경제 성장을 저해한다. 그나마 다행히 건강보험이나 국민연금과 같은 사회보험이 소득 양극화를 해소하거나 소득 재분배 효과를 창출한다. 건강보험은 가입자의 건강 리스크를 기준으로 보험료를 산정하는 대신 소득을 기준으로 산정하기 때문에 고소득자는 보험료가 높고 저소득자는 보험료가 아주 낮다. 물론 건강보험으로부터 얻는 급부는 누구에게나 동일 기준으로 적용한다. 국민연금의 경우에는 소득이 높아 불입액이 많은 사람은 많은 연금을 타지만 그 안에는 소득재분배 효과가 있다. 소득이 낮은 사람은 불입액 대비 연금 수령 비율이 좀 더 높게 산정되고 고소득자는 불입액 대비 연금 수령 비율이 상대적으로 낮게 책정되기 때문이다.

금융자산 보유 변화와 보험의 약진

그러면 우리나라 국민은 금융자산을 어디에 투자하는 것을 선호한다고 응답했을까? 통계청 등 공동조사에 의하면 2017년도 기준 응답자들은 은행 예금을 절대적으로 선호하고 있으며 그 비중은 75%를 차지하는데, 2016년에 비해 0.6% 감소했다. 그다음으로 선호하는 투자 방법은 보험으로 11.2%

【표 6】 금융자산 투자로 선호하는 운용 방법(단위: %, %p)

선호 방법 연도	예금 및 보험			개인연금	주식	계(契)	기타
	은행 예금	저축은행 예금	보험				
2016	75.6	6.0	9.9	1.9	4.0	0.1	2.4
2017	75.0	5.7	11.2	1.8	4.1	0.1	2.2
전년 대비	-0.6	-0.3	1.3	-0.1	0.1	0.0	-0.2

* 출처: 통계청, 2017 가계금융·복지조사 결과, 2017. 12. 21

이며 은행 예금에 비해 크게 낮지만 전년 대비 1.3% 증가했다. 이어서 저축은행 예금이 5.7%이고 전년 대비 0.3% 감소했다. 주식 투자는 4.1%로 아직은 낮은 수준이지만 전년 대비 0.1% 증가했다. 저축은행 예금이 은행 예금에 비해 크게 낮은 것은 가계 구성원이 투자의 안전성을 매우 중요하게 여기기 때문인 것으로 해석된다.

실제 한국 가계의 금융자산 구성은 설문 조사 응답과는 다소 차이가 난다. 우리나라 가계의 금융자산 구성을 연도별로 보면 [그림 7]과 같이 변하고 있다. 우선 가계 금융자산 중 은행의 예금은 저금리 등으로 인해 점점 줄어들고 있다. 2002년 54.3%에서 2015년 43.1%로 감소했다. 주식이나 신탁에 투자하는 비중은 금융자산 중 19% 내외로 2002년 이후 거의 대동소이하다.

반면 보험 및 연금과 같은 보장상품의 비중은 점점 늘어나는 추세다. 연금 및 보험자산 비중은 2002년 21.4%였지만 계속 증가해 2015년 말 기준으로 31.1%가 되었다. 이는 미국이나 유럽연합European Union, EU 국가들의 보험연금 비중과 거의 비슷한 수준이다. 한국은행에 따르면 2013년 말 가계 및

【그림 7】 우리나라 국민의 금융자산 보유 내역 변화

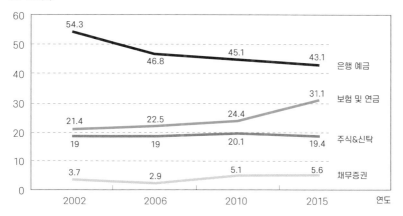

보유 비중(%)

* 출처: 한국은행 자금순환동향(2011 및 2015년) 등

비영리단체의 연금보험자산은 814조 원으로 처음으로 전체 금융자산(2,636 조 원)의 30%대에 진입했다.[54)]

결론적으로 우리나라에서 가계의 자산 구성을 보면 부동산 등 비금융자 산 비중이 선진국에 비해 매우 높지만 줄어드는 추세에 있다. 상대적으로 늘어나고 있는 금융자산의 세부 구성을 보면 은행 예금 비중은 줄어드는 반 면 보험 및 연금과 같은 보장 자산은 빠르게 늘고 있다. 이는 21세기 고령화 와 핵가족화, 그리고 저금리 상황을 맞이해 금융자산의 구성 비율이 변동하 고 있음을 보여준다. 이는 우리 경제에서 불확실성이 커지고 보험의 중요성 이 높아지고 있다는 방증이다.

54) 헤럴드경제, 2014년 11월 3일 기사. "가계 금융자산도 고령화".

8. 외로운 노후생활의 친구

장수의 축복과 딜레마

동서고금을 막론하고 대부분 인간은 오래 살기를 원했다. 그래서 장수하는 것이 축복이라고도 했다. 이스라엘 백성이 하나님으로부터 받았다는 모세의 십계명[55]에서도 '네 부모를 공경하면 네 생명이 길리라'라고 장수를 축복의 하나로 보았다. 그러나 오늘날 사회 전체적으로 보면 오래 사는 것이 꼭 축복은 아니다. 오히려 오래 사는 것이 사회에 재정적으로 큰 짐이 되고 삶의 질을 떨어뜨릴 수도 있다. 오래 살기를 원하는 개인별 소원이 모두 이루어지면 사회 전체적으로는 큰 재앙이 될 수 있다. 그래서 인간의 수명도 '구성의 모순fallacy of composition'[56]이라는 문제를 일으킨다. 더구나 오늘날은

---

55) Exodus 20:12 (Honor your father and your mother, so that you may live long in the land).
56) 개인별로는 바람직한 제도나 현상이지만 이것을 모아놓으면 사회 전체적으로는 바람직하지 않은 것을 '구성의 모순'이라고 한다. 예를 들어 개인 또는 가계별로 저축은 필요하지만 그렇다고 모든 국민이 소비는 별로 하지 않고 저축만 하면 시장 전체에는 경기 침체(1990년대 일본의 장기 경기 침체의 경우)가 온다.

핵가족화되어 자녀가 늙은 부모를 모시고 사는 일은 흔치 않다. 그래서 노후의 생활 자금 마련은 물론 질병 관리도 노인 스스로 해결해야 한다.

21세기에는 의학, 생명과학 및 의료공학 등이 눈부시게 발전해 과거 난치병 또는 불치병을 치료할 수 있게 되었다. 2017년 영국 임페리얼 칼리지가 세계보건기구World Health Organization WHO와 함께 OECD 35개국의 2030년 기대수명을 예상한 보고서를 발표했다.[57] 이 보고서에 따르면 한국 여성의 기대수명이 빠르게 늘어나면서 세계에서 가장 먼저 90세를 돌파해 2030년에 90.82년이 될 것으로 추정한다. 한국 다음으로 프랑스와 일본 여성도 바로 뒤이어 90세 시대에 진입할 것으로 전망했다.

또한 2011년 기획재정부가 발표한 '2040년 한국의 삶의 질' 보고서에 따르면 우리 국민으로 새로 태어난 아기는 2040년이 되면 그 수명이 89.4세로 여덟 살가량 늘어나 인생 90세 시대가 열린다고 한다. 바야흐로 21세기에는 의료기술의 발달, 삶의 질 개선과 건강관리, 그리고 식생활 개선 등으로 한국인의 수명이 크게 늘어날 전망이다.

그러면 최근 우리 국민의 평균 수명은 얼마일까? 통계청이 발표한 2017년 생명표에 의하면 한국인의 기대(평균)수명은 82.7세. 이를 성별로 세분하면 2017년 태어난 남자 아기의 기대수명은 79.7년이고 여자 아기는 85.7년으로 전년 대비 남자는 0.4년, 여자는 0.3년 증가했다. 남녀 간 기대수명의 격차는 6.0년으로 1985년 8.6년을 정점으로 매년 감소하는 추세다.[58]

연령대별 기대여명도 빠르게 증가하고 있다. 1970년에는 남자 나이 60세가 되어 환갑을 맞으면 기대여명이 12.7년으로 추정되었으나 2017년에는

---

57) 진중언, "기대수명 90세, 한국 여성이 가장 먼저 넘을 것", 조선일보, 2019.04.30.
58) 통계청, 2017년 생명표, 보도자료, 2018년 12월 3일.

【그림 8】 2017년 기준 OECD 주요국의 기대수명 비교

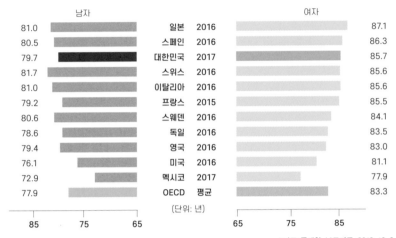

	남자				여자	
81.0		일본	2016			87.1
80.5		스페인	2016			86.3
79.7		대한민국	2017			85.7
81.7		스위스	2016			85.6
81.0		이탈리아	2016			85.6
79.2		프랑스	2015			85.5
80.6		스웨덴	2016			84.1
78.6		독일	2016			83.5
79.4		영국	2016			83.0
76.1		미국	2016			81.1
72.9		멕시코	2017			77.9
77.9		OECD	평균			83.3

(단위: 년)

85   75   65   65   75   85

* 자료: 통계청, 보도자료, 2018. 12. 3.

22.8년으로 10년 이상 증가했다. 여자의 경우에는 60세 환갑이면 1970년에는 기대여명이 18.4년이었으나 2017년에는 27.4세로 9년 증가했다. 따라서 한국에서는 남성의 기대여명 증가 속도가 여성보다 약간 빠르다.

그러나 고령화 추세와 달리 우리나라의 출산율은 매우 낮다. 즉, 우리나라 인구 구조로 새로운 젊은 피가 별로 안 들어오기 때문에 고령화가 빨라질 수밖에 없다. 인구의 장수화와 출산율 저하가 서로 맞물려 있기 때문에 우리나라 총인구는 2010년 4,959만 명에서 2020년에는 5,065만 명으로 늘어나지만 2030년에는 5,030만 명으로 줄어들고 2050년이 되면 4,434명으로 더욱 줄어들 것으로 추산된다. 결국, 노동 가능 인구는 줄고 은퇴 생활자는 늘어나기 때문에 정부가 일반세금을 거두어 노인층을 부양해야 하는 일은 점점 더 어려워질 것이 뻔하다.

장수화 현상을 세분화해보면 2000년에 우리나라는 고령인구 비율(65세

이상의 구성 비율)이 7%를 넘어섰기 때문에 '고령화 사회'가 되었다. 또한 다른 선진국에 비해 고령화 진전이 유난히 빨라 2017년에 인구의 14%가 고령인구인 '고령 사회'가 되었다. 고령인구 비율이 20%가 넘으면 '초고령 사회'라고 하는데 우리나라는 그 시기가 2026년 정도가 될 것으로 추정된다.

기나긴 노년의 동반자

인구의 장수화는 은퇴 후 생활자금 마련 문제, 건강관리와 병원비의 급증, 그리고 황혼기의 장기 간병 문제 등으로 매우 심각한 사회 문제를 일으키고 있다. 게다가 긴 은퇴 기간에 일하지 못하면 무엇을 하며 시간을 보내야 하나도 걱정거리다. 이러한 상황에서 젊은 노동인구 비율은 많이 줄어들기 때문에 세금을 거두어 노후를 보장해주는 공적 사회보장 제도는 한계에 부딪히게 마련이고 결국 개인별 자구 노력이 필요하다. 즉, 노후의 소득에 대한 불안과 다양한 보장 욕구 때문에 은퇴설계의 필요성과 노후생활을 보장하는 보험 및 연금에 대한 수요는 크게 늘어날 수밖에 없다.

2011년 보험연구원의 발표[59]에 따르면 국민연금의 경우 몇 차례의 개정을 통해 40년 가입한 평균 소득자 기준의 보상 수준을 70%에서 40%로 크게 낮추는 등 지출을 줄이려고 노력했음에도 불구하고 2046년이 되면 국민연금의 재정수지가 적자로 전환될 전망이다. 이는 대부분 OECD 국가들에서 나타나는 딜레마다.

2020년은 우리나라 베이비부머의 시작인 1955년생이 65세가 되는 해다.

59) 윤성훈 외 6명, 저출산·고령화와 금융의 역할, 보험연구원, 2011년 7월, p.7.

55년생 약 71만 명 중 45.8%인 32만 명 정도가 국민연금을 수령하는데 월평균 수령액은 52만 원(남자62만 원, 여자 33.8만 원)이라고 한다.[60] 노후에 부부의 최소생활비가 200만 원 정도는 되어야 함을 고려할 때 새로운 보완책이 절실히 필요하다.[61]

우리나라에서는 턱없이 부족한 노후생활 준비를 보강해줄 수 있는 사적 연금이 우선 활성화되어야 한다. 고용 관계를 통해 얻을 수 있는 퇴직연금 또는 자영업자나 개인이 스스로 준비하는 개인연금시장은 21세기 대형 시장이 될 것으로 전망된다. 2018년 말 기준 사적 연금시장의 적립액은 이미 325조 2,000억 원이나 된다. 이는 우리나라 정부의 2018년 세출 예산[62] 428조 8,000억 원의 75.8%에 해당하는 어머 어마한 숫자다. 특히 2005년 말에 도입된 퇴직연금시장은 고용주와 종업원이 함께 보험료를 분담하면서 적립액이 매우 빠르게 성장해가고 있으며 은행·보험·증권 등 거의 모든 금융기관이 기업연금 유치를 위해 뜨거운 경쟁을 벌이고 있다.

우선 퇴직연금(기업연금) 적립액을 보면 본격적인 제도 시행 첫해인 2006년 말에 7,600억 원이었으나 2016년에는 147조 원으로 늘어나 불과 10여 년 사이에 200배 정도로 크게 성장했다. 2018년에는 퇴직연금 적립액이 190조 원이 되었으며 이 중 은행이 50.7%, 보험회사가 28.8%, 그리고 금융투자회사가 19.3%를 차지하고 있다.[63] 따라서 퇴직연금시장에서는 선두 권역이 은행이다.[64] 그러나 금융기관별 실적을 보면 삼성생명이 전체 적립액의 13.0%

---

60) 중앙일보, 2020. 01. 07. "55년생 46%만 국민연금… 그나마 월평균 52만 원 그쳐".
61) 우리나라 부부의 최소생활비를 절대적인 수치로 정하기는 어렵다. 국민연금연구원은 176만 원을 제시했고 보험개발원은 265만 원을 제시했는데 평균하면 200만 원 정도다.
62) 국회예산정책처, 대한민국재정 2018, 2018년 3월, p.194.
63) 금융감독원, 금융감독정보, 제2019-13호 (2019), p.26.

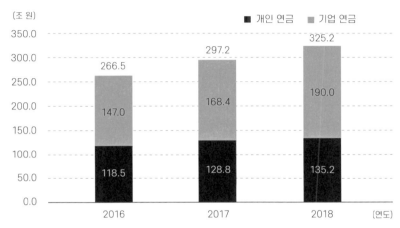

* 자료: 금융감독원, 금융감독정보, 2019년 4월

로 1위이고 그다음으로 신한은행(10.0%)과 국민은행(9.0%)이 상위 3개사에 포함된다.

한편 2018년 말 기준 개인연금시장의 적립액은 135조 2,000억 원으로 퇴직연금시장보다는 적다. 이 중 보험이 차지하는 비중은 74.3%로 압도적으로 크며, 이어서 은행 신탁이 12.7% 그리고 증권회사의 펀드가 9.0%를 차지하고 있다.[65] 퇴직연금과 개인연금을 합쳐서 보면 사적 연금시장에서 보험이 가장 큰 역할을 하고 있다.

그러나 우리나라 국민의 노후소득 보장은 여전히 불안한 상태다. 2011년 기준, 우리 국민의 퇴직연금에 의한 노후소득 보장은 12.5% 정도이고 개인

64) 은행은 금융시장에서 기업 대출의 주요 공급자이며, 이러한 대출 과정에서 기업과의 유기적인 관계를 활용해 유리한 고지에서 기업연금을 가장 많이 유치하고 있다.
65) 금융감독원, 금융감독정보, 제2019-14호 (2019), p.30.

연금에 의한 노후소득 보장은 7.5%로 이 둘을 합쳐도 20.0% 정도에 불과하다. 이처럼 사적 연금에 의한 소득보장 수준이 아직은 크게 낮아서 국내 연금시장의 성장 잠재력은 크다고 평가된다. 미국, 영국 및 일본 등 선진국의 경험을 보아도 우리나라 사적 연금시장의 비중은 더 큰 폭으로 증가할 것으로 추정된다. 영국의 경우 연금시장의 규모가 1996년 대비 2007년(140억 파운드)에는 3배로 증가했다.[66] 미국은 연금시장 비중이 꾸준히 증가해 자본시장의 수요 기반 확충에도 큰 역할을 했다.

노후에는 건강관리 및 질병 치료 비용이 많이 든다. 국민건강보험도 노인층에 대한 급여비 지급이 빠른 속도로 증가하고 있어 재정 문제가 이미 심각해지고 있다. 2008년부터 국가가 시행하고 있는 노인장기요양보험은 치매 및 뇌혈관질환 등 노인성 질환자와 중증환자를 대상으로 지원하고 있다. 그러나 이런 지원은 혼자 독립적으로 일상생활을 하기 곤란한 노인으로 한정하고 있으므로 수혜 대상이 매우 제한적이다. 그 결과 민영 의료보험이나 장기간병보험을 포함한 건강 관련 시장도 크게 확장될 것으로 전망된다.

그러나 여기에 한 가지 문제가 있다. 국민건강보험과는 달리 민영 의료보험은 사적 보험으로 가입이 선택적이다. 따라서 나이가 들면서 일단 병을 앓은 기록이나 병원 수술을 받은 기록이 있는 경우에는 민영 보험에 가입하는 것이 어렵다. 민영 의료보험 청약자들이 고혈압, 당뇨 등 노인성 질환이 있어도 보험사들이 세부적인 언더라이팅 기법을 이용해 보험료를 차등화하면서 가입을 허용해야 하지만, 많은 민영 보험사들이 건강한 사람만 받고 유병자는 거부하는 등 매우 배타적인 선택을 하고 있다. 이러한 관행이 개선되지 않으면 병원에 갈 필요성이 적은 사람은 보험을 구매할 수 있지만 정작

66) 윤성훈 외 (2011), 전게서, p.15.

보험이 필요한 사람은 보험을 구매할 수 없는 모순에 빠진다.

아울러 정부는 국민 스스로 노후를 잘 준비할 수 있도록 보험이나 연금 가입자들에게 세제 혜택을 좀 더 늘려주는 것이 필요해 보인다. 예를 들면 연금 가입 후 장기적으로 계약을 유지해야 은퇴 후 노후생활 연금으로서 제 기능을 다 하기 때문에 가입 기간(예, 5년, 10년, 15년, 20년 등)이 길면 세제 혜택을 더 주는 차등적 세제 혜택 제도를 도입하는 것이 효과적일 것이다.

9. 인간의 행복과 보험

인간의 행복과 측정 방법

인간은 누구나 더 행복해지고 싶어 한다. 고전경제학에서는 행복의 정도를 효용으로 측정한다. 효용은 소비를 통한 행복의 정도 또는 만족의 정도라고 정의할 수 있다. 그런데 인간의 행복을 효용의 절대 수치로 측정하기는 사실 어렵다. 각자 행복을 느끼는 정도는 매우 주관적이기 때문이다. 그러나 효용의 증감을 통해 상대적으로 더 행복하게 느끼느냐, 상대적으로 덜 불행하게 느끼느냐를 비교할 수는 있다.

옛날 어느 정당의 대통령 후보가 국민에게 "현 정권하에서 더 행복해지셨습니까?" 아니면 "살림살이 더 나아지셨습니까?" 하고 TV에 나와 토론하는 것을 보았다. 어쨌든 정치인들이 내놓는 새로운 제도나 정책으로 국민의 행복감이 전보다 더 높아졌다면 그것은 사회적 효용이나 가치를 인정받을 수 있을 것이다.

2008년부터 프랑스 정부는 여러 통계조사를 할 때 국민 각자의 주관적 행복subjective sell-being, SWB 정도를 조사하는 문항들을 설문지에 추가해 넣었다. 당시 프랑스 대통령이었던 니콜라 사르코지Nicolas Sarkozy가 여러 가지 정책 변화로 인해 달라지는 국민의 행복이나 삶의 질을 평가해보고 싶었기 때문이었다. 이는 중요한 발상이었지만 사람들의 행복은 매우 주관적이기 때문에 객관적으로 수치화하기는 어려웠다. 그래서 SWB는 설문조사를 통해 개인 각자가 본인의 전체적인 행복에 대해 자발적으로 응답하는 형식을 취한다. 그 이후 SWB는 개인의 행복 또는 삶의 질을 측정하는 수단으로 점점 더 큰 호응을 얻고 있다.

오늘날 SWB는 자신의 삶에 대한 인지적 평가는 물론 즐거움과 고통의 경험을 아울러 포착하는 웰빙well-being의 측정 수단이 되었다. SWB가 과연 인간의 행복 정도를 측정하는 수단으로 타당한가를 검토하기 위해 행복의 결과로 나타나는 다른 행태 변수, 즉 개인의 웃음 횟수, 친구들에 의한 행복 평가, 긍정적 감정을 말로 표현하는 횟수, 사회성, 수면의 질, 건강, 소득, 종교 활동, 긍정적인 환경 변화 등 다른 변수들과의 상관관계를 행태학적으로 검증했는데 그 상관관계는 매우 높게 나왔다. 게다가 SWB와 개인의 삶의 의지 및 개성을 좌우하는 뇌의 왼편 전액골피질prefrontal cortex, PFC의 활동성과의 관계도 검증했는데 역시 상관관계가 매우 높은 것으로 나왔다. 그래서 SWB는 주관적인 행복의 정도를 측정하는 수단으로 오늘날 사회과학에서 널리 활용되고 있다.

행복에 기여하는 보험의 역할

보험이 사람들의 행복을 증진시키는가는 매우 중요한 질문이다. 최근에는 건강보험과 인간의 행복 증진 여부와 관련해 재미있는 연구들이 많이 나오고 있다. 우선 김성욱과 고강혁(2018)은 미국 시장 데이터를 이용해 건강보험이 주민들의 건강과 행복 증진에 기여하는가를 실증 분석했는데 기여도가 매우 높은 것으로 나타났다.[67] 미국은 2010년에 제정된 오바마 케어 Obamacare 시행 이전에는 주마다 건강보험 체계가 달랐고 보장 범위도 제한적이었다. 그러나 몇몇 주가 우리나라 건강보험처럼 의무가입을 전제로 보장 범위를 확대했는데 그중에 한 곳이 매사추세츠주다. 김성욱과 고강혁의 연구에서는 매사추세츠주가 다른 주와는 달리 건강보험의 보장을 확대하는 개혁(2006)을 추진한 것이 주민들의 행복감에 영향을 주었는지를 검토했다. 미국의 행태위험요인 조사 시스템Behavioral Risk Factor Surveillance System으로부터 얻은 데이터를 이용해 주민들의 SWB를 측정해 분석한 결과 주민들의 정신건강과 전체적 행복감이 증진되었음이 확인되었다.

한편, 미국 테네시주의 경우에는 2005년 개혁을 통해 건강보험의 보장 범위를 오히려 축소했는데 주민들의 전체 행복감이 줄어든 것으로 분석되었다. 상반된 개혁을 한 미국 두 개 주에 대한 분석 결과는 건강보험의 확대가 주민들에게 마음의 평화를 높여주고 행복감을 증진시켜준다는 사실을 보여준다.

다른 연구에서도 비슷한 결과를 보이고 있다. 찰스 쿠르트망슈Charles J.

---

67) Seonghoon Kim and Kanghyock Koh, "Does Health Insurance Make People Happier? Evidence from Massachusetts' Health Reform", Discussion Paper Series, IZA Institute of Labor Economics, October 2018.

Courtemanche의 공동연구(2014)에서도 매사추세츠주의 건강보험 보장 확대가 주민의 건강 증진에 기여했고 그 결과 행복감이 높아졌음을 보여준다.[68] 아울러 대만, 중국, 그리고 한국 시장에 대한 분석도 있었는데 모두 건강보험의 확대가 각국 국민의 건강 증진과 행복의 향상을 가져오는 것으로 나타났다.[69]

  그러면 건강보험이 인간의 행복을 높여주는 배경은 무엇일까? 우선 보험은 사람들에게 불확실성이나 불안감을 제거하고 '마음의 평화'를 주기 때문이다. 불안하게 걱정하며 살얼음판 위에 사는 것보다 단단한 바위 위에 집을 짓고 사는 것이 당연히 마음이 편하고 행복할 것이다. 특히 건강보험이 없이 지내다 중병에 걸리거나 크게 다치면 병원비가 너무 많이 나올 텐데 하는 걱정을 하게 된다. 다른 리스크의 보험도 마찬가지 역할을 한다. 그래서 보험은 사고 발생의 빈도는 낮지만 사고가 나면 피해 규모가 커서 개인이 혼자 재정적으로 감당하기 어려운 리스크를 주요 대상으로 한다.

  건강보험이 인간의 행복을 높여주는 또 다른 통로는 개인의 건강 증진을 관리해주는 데 있다. 보험을 들면 건강관리를 위한 다양한 프로그램이 함께 제공된다. 우리나라에서는 국민건강보험에 가입하면 건강검진을 주기적으로 받을 수 있기 때문에 예방적 건강관리가 가능하다. 민영 건강보험에서도 보험 가입자가 운동을 규칙적으로 하고 금연과 금주를 하면 보험료를 낮추어주는 인센티브를 제공한다. 개인이 열심히 몸을 관리해 건강해지면 삶에 활력이 생기고 행복감이 높아지는 것은 당연한지도 모른다. 게다가 건강한

68) Charles J. Courtemanche and Daniela Zapata, "Does universal coverage improve health?", Journal of Policy Analysis and Management,Vol. 33, No.1 (2014), pp.36~69.
69) Liubao Gu, Huihui Feng and Jian Jin, "Effects of Medical Insurance on the Health Status and Life Satisfaction of the Elderly", Iran Journal of Public Health, Vol. 46, No. 9 (2017), pp.1,193~1,203.

사람은 자신감도 생긴다. 반대로 건강하지 않은 사람은 금강산 구경도 귀찮을 뿐이다. 그래서 우리 인간에게는 건강이 가장 중요한 행복의 요소이기도 하다.

게다가 보험은 소득 효과를 통해서 인간을 더욱 행복하게 해준다. 특히 종신보험, 자동차보험이나 건강보험 등 보장성 보험은 국가의 사회보장 제도를 보완해주는 효과가 있기 때문에 정부는 가계별 연간 납부 보험료에 대해 일정한 한도 내에서 소득공제 혜택을 준다. 이는 개인이 연말 정산을 할 때 소득세 부담을 줄여줌으로써 세후 소득을 높여주는 효과를 가져온다. 그 결과 개인들은 절세된 금액을 가지고 추가 소비를 하거나 부채를 줄이며 행복감을 느낄 수 있다. 또한 직장건강보험에 가입된 사람의 경우에는 소득 효과가 더욱 크다. 고용주가 종업원의 건강보험료 전부 또는 일부를 부담해주기 때문이다.

미국에서는 오바마 케어의 도입 이후 기업 고용주들의 보험료 부담이 커져서 새 제도에 대해 불평이 많이 나왔다. 특히 보험의 소득 효과를 논할 때 부정적인 우려도 지적된다. 왜냐하면, 미국에서는 오바마 케어로 건강보험이 의무가입으로 바뀌었고 고용주(기업)의 보험료 부담이 커지면서 정규직을 줄이려 하기 때문이다. 오바마 케어의 소득 효과가 기업 고용 효과의 축소로 일부 상쇄될 수 있다.

보험은 가입자들에게 마음의 평화를 주고 불안감을 해소해주기 때문에 인간의 행복을 향상시키는 중요한 요소라고 실증 분석되고 있다. 불안감의 해소는 또한 노동의 생산성도 높여준다.

우리가 필요한 보험을 합리적으로 선택했다면 원천징수나 자동이체와 같은 방법으로 보험료를 납부하는 것이 좋다. 행동경제학을 개척한 공로로

2018년 노벨 경제학상을 수상한 리처드 탈러Richard Thaler 교수는 이러한 작은 기법을 '넛지nudge'라고 표현했다. 주머니에 들어온 소득에서 보험료를 내려면 갑자기 마음에 부담이 생겨 보험 계약을 중도에 해약할 수 있기 때문이다. 보험을 중도해약하면 처음부터 아예 가입하지 않은 것보다 못할 수 있다. 탈러 교수는 노후에 꼭 필요한 연금을 젊은 시절에 가입하도록 유도하려면 처음에는 보험료를 대폭 낮추어주고 향후 그의 소득이 올라감에 따라 보험료를 올리는 방법을 사용함으로써 가입자의 심리적 부담을 줄여주는 것이 매우 효과적이라고 한다.

PART 2

보험의 가치와 사명

"노아는 홍수가 땅을 덮기 전에 고페르 나무로
방주를 만들었고, 아들들과 아내와 며느리들과 함께
대홍수를 피해 방주에 들어갔다."

• 《성경》 •
'창세기' 6장 14절, 7장 7절

INSURANCE

1. 보험은 도박인가?

보험은 사행성 계약

보험은 우연한 사고의 발생이라는 조건이 충족되어야 보험금을 청구할 수 있다. 따라서 보험금 수령 여부는 조건 충족의 확률에 의해서 좌우된다. 대부분 보험의 수익 발생 여부는 확률에 의존하기 때문에 사행성 계약이라고 부른다. 사행성이라는 말이 부정적으로 들릴 수 있지만 사기와는 다르다.

사행성은 복권처럼 확률에 의해서 수익이 결정된다는 뜻이다. 복권에 당첨되는 사람은 매우 극소수이고 참가자의 대다수는 돈만 날리고 만다. 그러나 복권이 사기는 아니다. 복권에 당첨될 확률은 매우 낮아서 한 장당 구매 비용은 매우 싸다. 그래서 사람들은 부담 없이 복권을 구매해 일확천금을 꿈꾼다. 특히 가난한 사람들은 인생 역전의 꿈을 품고 복권 게임에 참가한다.

복권에 당첨된다는 것은 확률적으로 기적에 가까울 정도로 아주 희박하므로 대부분 사람은 당연히 낸 돈을 날릴 수밖에 없는 구조다. 복권의 당첨자가 거액을 가져갈 수 있는 것은 대부분(약 98%) 복권 구매자가 한 푼도 가져가지 않기 때문이다. 즉, 다수가 극소수의 행운아를 밀어주는 도박 게임이다.

보험은 복권과 다르다

복권과 보험은 둘 다 확률에 의존하는 사행성 계약이지만 그 기능과 목적은 전혀 다르다.

우선 복권은 운 좋은 사람에게 다수가 돈을 몰아주고 본인은 희생되는 제도다. 반면에 보험은 동일한 위험에 노출된 다수의 사람 중에서 실제 불행을 당한 일부를 공동의 힘으로 구제해주는 상생의 제도다. 자동차보험이나 의료보험 등 소멸성 보험에서 대부분 가입자는 사고나 병이 나지 않기 때문에 이 돈이 모여 사고나 질병으로 큰 불행을 당한 사람을 구제할 수 있는 재원이 된다. 보험은 요행으로 일확천금을 노리는 도박이 아니며, 투자나 투기처럼 가진 자의 부를 더욱 불려주는 수단도 아니다.

어떤 보험은 소멸한다

자동차보험이나 건강보험처럼 보장성 보험의 경우에는 소비자가 낸 보험료는 보험 계약 기간이 종료되면 소멸한다. 이러한 점 때문에 소비자의 오해와 불만이 발생하기도 한다. 저축은 내가 맡긴 돈을 내가 도로 찾아갈 수 있는데 보장성 보험은 만기가 지나면 보험료가 다 없어지므로 보험 사고를 당하지 않은 가입자는 찾아갈 돈이 하나도 없다.

소멸성 보험은 물론 보험료가 매우 저렴하다. 그럼에도 소멸성 보험의 경우에는 사고를 당하지 않은 사람은 손해가 아니냐는 의문이 든다. 그러나 다음과 같은 이유로 사고를 당하지 않는 것이 남는 장사다.

첫째, 보험은 사고로 인한 피해를 원상 복구시켜주는 제도이지 사고의 결과로 이윤을 창출해주지는 않기 때문이다. 즉, 보험은 사고 전의 상태로 파손된 재산이나 신체를 원상복구 시키는 데 필요한 돈을 지급해줄 뿐이다. 예를 들어 사고 없는 멀쩡한 다리와 사고로 다친 다리를 치료한 경우를 비교해보자. 사고로 다리가 부러져 깁스를 하고 장기간 불편하게 목발을 짚고 다니며 치료한들 더 튼튼한 다리가 되지는 않는다. 오히려 다리를 치료하는 과정의 육체적 고통, 시간 낭비가 따를 뿐이다. 그런 이유로 사고가 나지 않고 보험금을 타지 않는 것이 정상이고 다행이다.

둘째, 사고가 나지 않는다는 것을 확실하게 알 수 있다면 물론 보험을 들지 않는 것이 보험료를 절감할 수 있기 때문에 유리하다. 그래서 소멸성 보험 가입자는 계약 기간에 아무 사고가 없으면 만기에 후회할 수도 있다. 하지만 미래에 사고가 나지 않는다는 것을 사전에 알 수 있는 사람은 아무도 없다. 예를 들어 자동차를 운전하면서 나는 올해 절대로 사고를 당하지 않는다고 확신할 사람이 있겠는가? 알 수 없기 때문에 불안하고 그래서 보험을 드는 것이다. 특히 자동차 사고는 상대방에게도 피해를 줄 수 있기 때문에 배상 책임 문제가 발생한다. 특히 상대를 다치게 하거나 사망에 이르게 하면 그 배상 책임은 어마어마하게 커진다. 이때 보험에 가입되어 있으면 이러한 리스크를 보험회사에 전가할 수 있고 그 결과 가입자들은 대형 사고의 불안감을 해소하고 생활할 수 있다. 그래서 사고를 당하지 않은 사람이 손해를 보는 것이 아니다.

2. 보증보험과 신용 창출

약속과 신뢰

동서고금을 막론하고 경제활동 과정에는 약속이나 계약을 하는 경우가 많다. 이러한 계약은 신뢰를 바탕으로 이루어진다. 특히 오늘날에는 약속에 기초한 외상 또는 신용거래가 많아졌고 이들이 상거래를 촉진하는 매우 중요한 수단이 되었다. 그런데 약속이 잘 지켜지지 않으면 상대에게는 커다란 정신적 또는 경제적 손실을 준다. 자동차나 핸드폰을 외상으로 사거나 돈을 신용으로 빌리고 갚지 않는 경우, 또는 용역 및 건설공사를 수주하고 약속대로 일을 수행하지 않고 계약을 위반하는 경우에는 상대에게 큰 손해가 발생한다. 그래서 신용을 보장하는 담보 또는 보증 제도가 발생하게 되었는데, 보증보험surety bond이 대표적인 제도다.

성경의 창세기에도 담보와 보증에 관한 기록이 있다. 이스라엘 백성의 조상인 야곱은 12명의 아들을 두었다. 그중 하나인 요셉이 형들의 시기와 미움 때문에 아랍 상인에게 팔려 가고 결국 애굽(이집트)이라는 타국에서 종노릇을 하게 된다. 요셉은 정직하고 성실하며 특히 꿈을 잘 해석하는 재능이 있어 왕의 총애를 받게 되고 결국 나중에는 총리 자리에까지 오르게 된다. 그러나 그의 아버지는 아들 요셉이 죽은 줄로만 알고 있었다. 그러던 중 야곱이 살고 있던 가나안 땅에 심한 가뭄이 들었다. 식량이 다 떨어지자 야곱은 식량을 구하고자 아들들을 애굽으로 보낸다. 이때 야곱은 아들들에게 재난이 닥칠까 두려워 막내인 베냐민만은 빼고 보낸다. 일종의 리스크 분산 행위였다. 식량을 구하러 애굽으로 온 형제들을 보고 요셉은 그들이 자기를 팔아넘긴 형들이라는 것을 알아차린다. 요셉은 내심 기뻐하면서도 그들을 정탐꾼으로 몰아, 가나안 고향으로 다시 돌아가서 친동생 베냐민을 데려와야 식량을 구하러 온 사람들로 믿겠다고 한다. 염탐이 아니라 순수하게 '식량을 구하러 온 사람들'임을 증명하라는 얘기였다. 형제들은 요셉의 말대로 고향에 가서 베냐민을 데려오겠다고 약속하지만 요셉은 그 약속을 담보하기 위해 형제 중 한 명은 이집트에 인질로 남아 있도록 요구한다. 이때 담보로 잡힌 사람이 시므온이다. 만약 형제들이 약속을 어기면 시므온을 죽이겠다는 것이다. 야곱의 아들들이 가나안으로 돌아와 이를 설명하자 야곱은 베냐민에게 재난이 닥칠까 두려워 오랜 시간 망설인다. 그러자 야곱의 넷째 아들 유다가 이번에는 아버지에게 베냐민의 안전을 담보하면서 책임지고 같이 돌아오겠다고 약속을 한다. 야곱은 유다의 약속을 믿고 요셉이 보고 싶어 하는 베냐민을 애굽 땅으로 보냄으로써 야곱의 아들들은 요셉과의 약속을 지킬 수 있었다.

이처럼 약속과 약속은 서로 이어지고 신용이 창출된다. 그러나 한 약속이 지켜지지 않으면 다른 약속도 지켜지기 어려워지는 속성, 즉 상호 연계성을 지닌다.

성경 외에서도 보증계약의 초기 형태를 찾을 수 있다. 고대 그리스의 역사가 헤로도토스는 그의 저서 《역사The History of Herodotus》에서 기원전 2750년경 메소포타미아에도 보증계약이 이미 있었다고 서술하고 있다. 당시 메소포타미아 지역 아카드와 수메르의 왕이었던 살곤 1세의 도서관에는 평판이 하나 있었는데 거기에 다음과 같은 기록이 남아 있다.[1] 당시 아카드 교외 지역에 한 농부가 자기 밭을 경작하다 왕의 군대로 소집 명령을 받았다. 농부는 당분간 밭을 경작할 수 없게 되자 이웃에 사는 다른 농부에게 군복무 기간에 농지를 맡기는 대신 수확물은 반반씩 똑같이 나누기로 약속했다. 그리고 이 약속이 잘 지켜지도록 그 지역 상인 중 하나를 보증인으로 세웠다.

함무라비 법전기원전 1792~1750년에도 보증에 관한 기록이 있으며, 기원전 670년의 바빌론에서도 금융성 보증financial guarantee이 있었다는 기록이 나왔다.[2] 금융성 보증은 오늘날 대출 보증이나 회사채 보증과 같은 것이다.

담보와 보증보험

19세기에 들어 영국에서는 1837년에 런던보증협회Guaranty Society of London 가 설립되어 기업이 신용을 바탕으로 보증을 서는 사업이 시작되었고, 1908년에는 회원사가 14개로 증가했다. 미국에서는 1865년에 '피델리티 보험사

---

1) Willis D. Morgan, "The History and Economics of Suretyship", Cornell Law Quarterly, Vol. 1926-1927, p.153.
2) Danielle Rodabaugh, Surety bonds time line, SuretyBonds.com.

Fidelity Insurance Company'라는 보증보험사가 처음으로 뉴욕에 설립되었다. 그 후 미국에서는 연방정부 자금으로 발주하는 모든 공사 계약에 대해 반드시 보증보험을 제출해야 한다는 법을 제정했는데, 이것이 유명한 허드법the Heard Act of 1894이다. 정부의 용역 또는 건설공사가 성공적으로 진행되지 않으면 그로 인한 경제적 피해가 모두 국민의 세금 부담으로 귀착되기 때문에 연방정부는 공공사업에 대한 계약을 체결할 때 이행보증을 요구했다. 허드법은 1935년에 연방 밀러법The Miller Act으로 대체되어 정부가 진행하는 계약액 10만 달러 이상의 대형 공사에 대해 이행보증 및 지급보증을 세우도록 했다. 그 후 미국의 각 주에서도 유사한 주법이 제정되어 공공사업 프로젝트에는 보증보험을 들도록 요구했는데 이러한 주 단위의 법을 '작은 밀러법Little Miller Act'이라고 부른다.

우리나라에서도 보증보험이 활성화되어 경제적으로 취약한 개인이나 중소기업의 경제 활동을 도와주는 매우 중요한 역할을 하고 있다. 예를 들면 대학생들은 가정 형편이 어려운 경우 학업을 중단하는 대신 학자금 대출 보증을 이용해 학업을 계속할 수 있는 등록금을 차입할 수 있다. 경제적으로 어려운 가정은 전세자금 대출 보증을 통해 전세자금을 마련할 수 있고 나중에 전세금 반환에 대해서도 보증을 받을 수 있다. 2018년부터 시작된 도시의 주택 가격 하락은 전세금에 비해 주택 가격이 낮아져 소위 '깡통전세'가 발생할 수 있는데 이 경우 세입자들은 집주인에게 맡긴 전세금을 반환받지 못할 위험이 있다. 그래서 세입자들에게는 보증이 필요하게 되었다.

한편 기업들은 각종 이행보증을 통해 용역 계약이나 건설공사 계약에 참가할 수 있다. 신용보증을 통해 기업은 자사 제품을 외상으로 거래하면서 매출을 확대하는 한편 대금 회수를 걱정하지 않아도 된다. 심지어 피의자로 구속된 사람들은 거액의 보석금을 예치하는 대신 보증보험을 법원에 제출하고 보석을 신청할 수 있다. 그 결과 피의자 신분이지만 경제 활동을 지속하면서 재판을 받을 수 있다. 영국에서는 1678년 하비스 코푸스법Habeas Corpus Act을 제정해 형사 피의자가 재판 시 반드시 출석한다는 약속을 받고 치안판사가 석방시켜줄 수 있는 제도를 마련했다. 이때 피의자는 그 약속 이행의 담보로 보석금bail을 걸어야 했다.

보증보험이 발달하기 전에는 개인이 신원보증이나 재정보증을 서는 경우가 많았다. 그러나 채무 불이행이 발생하면 채무자는 물론 보증을 선 사람까지도 함께 재정 파탄에 이르고 집안이 다 같이 망하는 일도 적지 않았다. 개인이 선 보증으로 인한 불행과 가정 파탄은 사회적 문제로 비화하기도 했다.

우리나라에서는 1969년 대한보증보험주식회사가 설립되었고 1989년에 한국보증보험주식회사가 설립되어 양 사가 보증 업무를 전담했다. 물론 보증보험사 이외에도 은행이나 공제조합에서도 이행보증 등 일부 보증 업무를 하고 있다. 그런데 1997년 외환 위기가 발생하면서 두 보증 전문 보험사가 모두 파산했다. 보증의 무거운 책임을 제대로 인식하지 못하고 보증수수료에 눈멀어 대기업이 발행하는 회사채를 무분별하게 지급보증해준 결과였다. 정부는 1998년 11월에 도산한 두 개의 보증보험사를 합병해 서울보증보험주식회사라는 이름으로 다시 출범시켰다.

보증은 보험과는 달리 우연한 사고의 피해를 보상해주는 것이 아니다. 대신 채무자가 약속한 계약의 불이행에 따른 채권자의 피해를 보상해주는 것이기 때문에 약속 불이행을 고의로 저지르는 도덕적 해이 문제가 훨씬 심각하게 발생할 수 있다. 그 결과 보증에서는 채무자의 계약 불이행이 발생하면 해당 피해액을 보증보험사가 채권자에게 우선 보상해주고 그다음 보증보험사는 구상권을 행사해 채무자로부터 보험금을 회수할 수 있다. 따라서 보증보험사가 대신 빚을 갚아주어도 채무자는 자신의 채무를 공짜로 면제받는 것은 아니라는 것이 상법의 규정이다. 우연한 사고와는 달리 사람 사이의 약속은 꼭 지켜져야 신용거래가 유지될 수 있기 때문이다.

우리나라의 대표적 기업가인 정주영 씨는 현대 그룹이 성공할 수 있었던 이유 중 가장 중요한 것이 신용이었다고 회고했다. 공사를 맡아 진행하다 보면 큰 손해가 나기도 하는데 아무리 밑지는 공사라 하더라도 약속대로 공사를 마무리해주었다고 한다. 작은 사업에서부터 약속과 신용을 철저히 지킴으로써 점차 큰 사업을 맡을 수 있었다는 것이다.

신용이나 약속이 잘 지켜지는 신뢰 사회에서는 남을 믿고 각자 자기 일에 전념할 수 있다. 그 결과 경제 활동 참여자들의 생산성도 높아진다. 그러나 신뢰도가 낮은 사회에서는 약속이나 계약이 잘 지켜지고 있는지 아닌지 걱정하면서 늘 계약 상대를 감시해야 하므로 막대한 감시 비용이 발생한다. 기업의 경영활동 과정에서 감시 비용이 많이 발생하면 그 회사의 생산성이나 효율성은 떨어진다. 게다가 고비용으로 생산된 상품이나 서비스는 가격이 높기 때문에 시장에서 경쟁력을 유지하기 어렵다. 그래서 일본계 미국의 경제학자 프랜시스 후쿠야마Francis Fukuyama[3]는 신뢰가 아주 중요한 사회적 자본이라고 한다. 이는 한 나라의 경제 발전에 필요한 돈이나 노동력 못지않게 중요한 생산 요소다.

3) Francis Fukuyama, Trust, Simon & Schuster, 1995.

3. 중소기업을 살리는 채권보험

중소기업을 위한 매출채권보험

오늘날 상거래는 외상으로 이루어지는 경우가 많다. 개인과 기업 간에도 그렇고 기업과 기업 간에도 그렇다. 외상 거래는 편리하고 거래를 활성화하는 데 크게 기여하지만 신용 위험이 수반된다. 예를 들면 개인이 신형 스마트폰을 외상으로 구매하고 편리하게 사용하지만 그 대금을 다 갚지 못하는 경우가 발생할 수 있다. 또한 어느 기업이 다른 기업에 외상으로 제품을 판매함으로서 매상이 높아지지만 그 대금을 못 받기도 한다. 특히 자금 사정이 넉넉하지 않은 중소기업 간 거래에는 외상이 많은데 그 대금을 제대로 받지 못하면 매출 기업도 재정적인 어려움에 봉착하기 쉽다.

우리나라 정부에서는 중소기업 간 거래를 활성화하고 현금이 당장 없어도 외상으로 경제활동을 할 수 있도록 매출채권보험이라는 제도를 도입했다. 아울러 민영 서울보증보험도 매출채권보험을 만들어 판매하고 있다. 이

제도는 신용 위험을 담보하는 보험 제도로서 판매 기업은 신용보증기금을 통해 50억 원 보장 한도 내에서 보험을 구매할 수 있다. 기업 간 외상 거래에서 물품을 판매한 기업이 신용보증기금이라는 보험기관에 보험료를 내고 보험을 구매하는 형식인데 보험료는 판매 기업의 신용도가 아니라 구매 기업의 신용도에 따라 정해진다. 즉, 구매 기업의 신용도가 높으면 판매 기업이 부담하는 보험료는 저렴하지만 반대로 구매 기업의 신용도가 낮으면 보험료가 높아진다.

구매 기업이 외상 대금을 갚지 못해 판매 기업에 피해가 발생하면 판매 기업은 신용보증기금에 보험금을 청구해 피해금액을 보험금으로 수령하게 된다. 보험금은 피해액의 80%로 한정하므로 판매 기업이 대금 회수를 위해 최선을 다하지 않으면 손해액의 20%는 본인 부담으로 돌아간다. 피해액 전체가 아닌 80%만 보상하는 것은 보험 계약자인 판매 기업의 도덕적 해이를 줄이기 위한 장치다. 또한 상품별 보상에 상한선(예를 들면 2억 원 한도)을 두는 경우도 있다.

일반적으로 거래 기업의 폐업, 부도, 기업회생, 그리고 대금 지급 약속 기한으로부터 12개월 이상 지연된 경우에 보험금을 청구할 수 있다. 미납된 외상 대금을 대지급해준 신용보증기금은 채권자인 판매 기업의 권리를 인수해 구매 기업에 대해 구상권을 행사하는데 이를 대위代位의 원칙이라고 한다.

이 원칙은 피보험자인 구매 기업의 도덕적 해이를 차단하기 위한 조치다. 즉, 대위의 원칙에 기초한 구상권이 존재하지 않으면 구매 기업은 고의로 외상 대금을 갚지 않는 일이 자주 발생할 수 있다. 보증보험사나 신용보증기금이 있으니까 안 갚아도 그만이라고 하면 보증기관은 쉽게 무너지고 만다. 자동차보험이나 화재보험과 같은 일반 보험에서는 우연한 사고로 인한 피해가 발생하면 보험회사는 피해 보상을 해주고 사고는 종결되며, 보험회사에는 통상 구상권을 인정하지 않는다. 그러나 약속 이행 또는 의무 이행의 위반으로 거래 또는 계약 상대방에게 피해가 발생한 것을 보상해주는 보증에서는 대체로 구상권을 인정한다.

이러한 매출채권보험에 가입할 수 있는 기업은 중소기업, 중소기업협동조합, 중견기업으로 진입한 지 3년 이내이면서 연평균 매출액 3,000억 원 이내인 기업으로 한정하고 있다. 또한 창업한 지 7년 이내의 기업인 경우에는 우대하고 있다.

보험을 통한 매출채권의 유동화

매출채권보험이 있으면 중소기업이 가지고 있는 외상매출채권은 거의 확실히 회수되는 자산이므로 이를 담보로 해당 기업은 은행에서 대출을 미리 받아 필요한 자금을 쓸 수 있고 중소기업의 자금난을 해소할 수 있다. 즉, 보증 덕분에 매출채권이라는 자산을 유동화할 수 있다. 그러나 매출채권보험이 없으면 중소기업의 매출채권은 매우 불확실한 자산이기 때문에 은행 등 금융기관이 이를 담보로 해당 기업에 대출을 해주기 어렵다.

신용보증기금은 2019년에 'B2B Plus+보험'이라는 신상품을 개발한다.[4] 판매 기업은 전자 방식 외상매출채권을 보험에 가입하고, 보험금 청구권을 은행에 담보로 제공해 대출을 받아 판매대금을 조기에 현금화할 수 있도록

---

4) "신용보증기금, 외상매출채권 담보 대출 전용 매출채권보험 출시", 매일경제, 2019. 5. 20.

하는 상품이다. B2B Plus+보험이 있으면 담보로 제공한 매출채권이 결제되지 못하더라도 신용보증기금이 손실액의 최대 80%까지 보험금을 지급해주기 때문에 판매 기업이 대출금을 상환하는 부담을 크게 줄여준다. 은행도 B2B Plus+보험의 보험금청구권을 담보로 취득하므로 상환 불능에 따른 위험을 줄일 수 있다.

정리하면, 외상은 상거래를 촉진하고 활성화하지만 신용 리스크를 유발한다. 이때 매출채권보험이 외상 신용 리스크 등 거래의 불확실성을 해소해줌으로써 계약 및 약속의 신뢰도를 높여준다. 그 결과 외상매출채권은 신뢰할 수 있는 자산으로 격상되고 기업은 이를 담보로 은행에 가서 필요한 돈을 빌릴 수 있다. 보험 덕분에 새로운 대출 금융이 창출되고 자금이 융통된다. 이처럼 보험은 상거래를 촉진해줄 뿐만 아니라 시장에서 외상매출채권을 유동화해 자금을 융통할 수 있는 새로운 금융 기회도 만들어준다.

4. 보험은 국제무역의 동반자

보험은 국제 무역의 필수품

자본이 부족하고 부존자원이 적은 우리나라는 수출만이 살길이었다. 그래서 1961년 5·16 군사 정변 후 집권한 공화당 정부는 여러 차례의 경제개발계획을 추진하면서 특히 수출을 강조했다. '수출의 날'(오늘날은 '무역의 날'로 부름)도 생겼고[5] 수출을 통해 외화를 많이 벌어들이는 기업에는 정부가 포상을 하는 전통이 이어져 왔다. 오늘날에도 우리나라의 대표적 기업인 삼성전자나 현대자동차 모두 해외 수출로 큰돈을 벌어들이고 있다. 우리나라 경제는 수출 의존도가 높기 때문에 거대 시장을 가진 중국이나 미국 등의 경기가 나빠지면 우리 경제도 비상이다. 하여간 수출이 우리 경제 발전의

5) 우리나라 정부는 수출 실적이 1억 달러가 되는 날을 '수출의 날'로 정하기로 했는데 그날이 1964년 11월 30일이었다. 그 후 1990년에는 '수출의 날'을 '무역의 날'로 이름을 바꿨다. 그다음 2011년 12월 5일 우리나라가 마침내 1조 달러의 무역 규모를 달성하게 되었고 이 날을 기념해 2012년부터는 '무역의 날'을 12월 5일로 변경했다. 인터넷 지식백과 참조.

핵심 역할을 하고 있음은 분명하다.

그런데 수출이 이루어지는 과정에서 보험은 필수적 동반자다. 해외에서 주문을 받아 수출하는 기업은 상대방 수입업자의 신용을 모르는 경우가 많다. 즉, 수출업자는 주문받은 물품을 잘 만들어 보내주었는데 수출대금을 제대로 받을 수 있을지 불확실하다. 그래서 만들어진 제도가 신용장이라는 지급보증 제도다.

외국에서 어느 수입업자가 물건을 주문하려면 그는 먼저 본인이 거래하는 현지 금융기관에 가서 수출대금에 대한 지급보증서인 신용장을 발급받아 상대 수출업자에게 보내주어야 한다. 신용장의 용도는 수입업자가 주문한 물품의 대금을 지급하지 못하고 부도를 내면 신용장을 발급한 금융기관이 대신 지급해주겠다고 약속한 보험이다. 수출업자는 신용장을 일단 받으면 대금 지급에 대한 불확실성이 없어지기 때문에 이때부터는 마음 놓고 제품을 생산할 수 있다. 필요한 원자재를 구매하고 사람을 고용해 해당 물품을 만드는 과정에서 운영자금이 부족하면 해당 수출 신용장을 기초로 은행에서 돈을 빌릴 수도 있다. 물품 생산이 완료되면 틀림없이 대금을 받을 수 있고 그것으로 차입금을 갚을 수 있기 때문에 운영자금을 빌려주는 은행도 안심할 수 있다. 그래서 신용장은 원만한 무역 거래와 함께 물품 생산에 필요한 운영자금의 차입에 따른 불확실성도 제거해주는 보험이다.

보험은 여기서 그치지 않는다. 수출업자가 만들어 보낸 제품을 수입업자가 받을 때까지 문제가 없어야 한다. 물품을 싣고 바다를 항해하는 선박은 좌초할 수도 있고 해적을 만나 물품을 도난당할 수도 있다. 이렇게 심각한 위험 상황은 아니더라도 물품이 파도의 흔들림으로 파손될 수도 있고 장시간 항해로 변질될 수도 있다. 그래서 수출업자는 물품을 보낼 때 운송보험 또는 적하보험 등 필요한 보험을 가입해 위험 요소를 제거한다. 바다에서 사고가 잦았던 옛날에는 해상보험이 더욱더 필요했다. 오늘날에는 항공기나 기차를 이용해 수출품을 보내는 경우도 있는데 역시 운송 과정에서 보험이 필요하기는 마찬가지다.

수출은 경제 발전의 매우 중요한 견인차이기 때문에 많은 나라에서는 민영 보험회사 이외에 국가가 수출보험공사를 만들어 물품 및 용역 수출 그리고 해외 투자에 필요한 다양한 보험을 제공한다. 특히 경제력이 취약한 중소기업의 경우에는 이러한 보험공사 보증에 대한 의존도가 더욱더 높다. 우리나라에서는 1992년 무역보험공사를 설립해 수출보험은 물론 수입에 필요한 보험도 제공한다. 수입보험의 경우에는 해외에서 물품을 수입할 때 국내 기업들이 부담하는 선금의 미회수 위험을 담보해준다. 무역보험공사는 보험 이외에 중소기업과 중견기업에 수출 관련 컨설팅을 해주는 특별지원 서비스를 진행하고 있다.

노예무역과 보험의 악연

국제무역과 관련해 옛날에는 반인륜적이고 부정적인 상행위와 보험도 있었다. 예를 들면 과거 미국과 유럽에서는 흑인 노예도 중요한 수출품이었다. 노예는 사람이었지만 당시에는 화물로 취급되었다. 그래서 거래 당사자들은 생명보험이 아닌 운송화물 보험을 이용해 노예를 수출입했다. 특히 미국에서는 노예 해방 이전에 노예를 주인의 사유재산으로 보았고 많은 보험회사들이 노예 소유주들에게 노예의 죽음·도주·손상으로 인한 피해를 보상해주는 보험을 판매했다. 따라서 노예보험은 손해보험의 한 종류였다.

최근 미국에서는 1852년에 인쇄된 신문 전단이 발견되었는데 여기에는 노예보험을 광고하는 보험사 및 은행의 이름이 나와 있다. 내셔널대부기금생명보험사National Loan Fund Life Assurance Company와 같은 보험회사와 상인가죽제조은행Merchants Bank, Leather Manufacturers Bank과 같은 은행들도 노예 소유주들이 사고로 인해 노예재산에 손실이 발생하는 경우에 보상받을 수 있는 상품을 선전했다.

노예보험의 유형은 다양했다. 그러나 대개 매년 11달러 25센트의 보험료를 내고 보험에 가입한 후 사고로 인해 피해가 발생하면 500달러 한도의 보상을 해주는 보험이 주류였다. 켄터키, 미주리, 테네시주에서는 100달러의 사망보험금을 지급하는 1년 만기 노예보험은 보험 대상이 10세 어린이인 경우에는 2달러에, 45세 장년이 보험대상인 경우에는 5달러 50센트에 판매되었다는 기록도 있다.[6]

2000년 9월 30일 캘리포니아 주지사 그레이 데이비스Gray Davis는 과거 노예를 보험목적물로 해서 잔혹하고 부당한 이득을 취하고 이를 통해 자본을 축적한 보험사들이 현존해 있다고 주장했다. 이에 캘리포니아주에서는 노예보험을 판매해 인류를 짓밟고 이윤을 취한 보험회사들이 어느 정도 현존해 있는지를 조사할 권한을 보험감독 당국에 부여하는 법안을 제정했다. 아울러 캘리포니아 주지사는 캘리포니아 주립대학교로 하여금 '노예 경제학'을 주제로 세미나를 개최할 권한을 부여하고 도덕적 문제점들을 찾아내도록 했다.

6) Virginia Groark, "Slave Policies", New York Times, May 5, 2002.

노예를 통해 부당 이득을 취한 보험회사를 색출하는 작업이 뉴욕 및 일리노이 등 다른 주에서도 확산되어 관련 기록들을 찾아 공시하도록 했다. 노예보험을 판매한 보험회사에는 오크생보사Oak Life Insurance, 에트나생명Aetna Life Insurance, 뉴욕생명New York Life Insurance, 유에스뉴욕생명US Life Insurance Company of New York, 펜상호생명보험Penn Mutual Life 등이 포함되어 있다.[7] 이런 보험사들은 과거 반인륜적인 노예보험 발급이 잘못이었음을 인정하고 유감을 표명했다.[8] 노예보험과 관련해 런던 로이즈Lloyd's of London도 자유롭지 못하다. 당시 로이즈가 노예수송 선박에 대해 해상보험을 많이 판매했기 때문이다.[9]

한편 석탄 채굴의 역사 자료를 검토해보면 미국에서는 생명보험을 이용해 탄광 노예들에 대해 보험을 들고 탄광 주인들 사이에는 리스크가 없는 노예 리스lease 거래를 했다. 그러나 노예의 입장에서는 자기의 의사와는 무관하게 리스로 팔려 가 극도로 위험한 탄광 속에서 강제로 석탄을 캐는 일이 리스크가 없는 거래라고 볼 수 없었다. 이때 보험회사들은 12살밖에 안 된 노예 소년이 리스로 팔려 가 다른 지하 탄광에서 강제 노역을 할 수 있도록 보험을 판매한 기록도 발견되었다.[10]

노예보험은 이처럼 많은 문제점을 가지고 있었다. 흑인 노예가 장애를 입어 일하기 어렵거나 사망하면 보험금을 노예의 가족이 아니라 그 노예의 주인이 수령했다. 따라서 노예가 맘에 들지 않거나 병들어 일을 제대로 하지

7) http://insurance.illinois.gov/Consumer/SlaveryInformation/SlavePoliciesReports. pdf.
8) Michael Sean Quinn, "Slavery & Insurance Examining slave insurance in a world 150 years removed", Insurance Journal, May 15, 2000.
9) James Cox, "Insurance firms issued slave policies", USA Today, February 21, 2012.
10) Nancy C. Frantel, "Chesterfield County Virginia Uncovered the Records of Death and Slave Insurance", Records for the Coal Mining Industry, 1810~1895, Heritage Books, 2008.

못하면 주인은 노예를 물건처럼 바다에 던져 보험금을 수령하기도 했다.[11] 노예보험 때문에 주인의 도덕적 해이가 심했을 뿐만 아니라 노예를 협박하는 수단으로도 사용했다. 또한 노예가 자유를 찾아 도망쳐도 주인은 보험금을 청구할 수 있었고 보험사 입장에서도 노예가 자유를 찾아 탈출하는 것을 도와줄 입장이 못 되었다. 노예 제도와 보험, 이것은 미국 역사와 수출의 부끄러움이자 아픔이었다.

요약하면, 오늘날 무역은 국제간 중요한 상거래이며, 경제 발전의 주요 견인차다. 무역에서 우리 제품을 주문하는 타국 수입업체의 신용을 알기도 어렵고 신뢰할 수도 없기 때문에 신용장이라는 보험 제도가 생겨났고 이는 국제간 무역 장벽을 제거해주는 중요한 역할을 한다.

또한 우리 수출업체는 상대국 금융기관이 발행한 신용장의 보증 기능 덕분에 수출대금 수령에 대한 불안감이나 의문을 해소하고 물품의 생산 과정에서 수출대금 자산을 담보로 필요한 운영자금을 빌릴 수 있다. 이처럼 신용장이라는 보증 제도는 금융시장에서 자금 융통에도 커다란 기여를 한다.

신용장 이외에 수출입 과정에서는 물품의 안전한 수송과 변질이나 파손에 대비한 보험도 필요하다. 주문 상품에 하자가 있으면 수입업체는 대금 지급을 거절할 수 있기 때문이다. 해상보험 또는 운송적하보험 등이 이러한 위험에 대비하는 대표적인 보험이다.

물품을 선적해 보내고 나면 수출업체는 그 수출대금을 받을 때까지 오래 기다려야 하지만 수출신용장, 선하증권, 그리고 운송보험증권을 첨부해 수출환(수출대금) 어음을 은행에 가서 할인받아 돈을 미리 인출해 쓸 수 있다.

11) New York Times, May 5, 2002. 1781년 노예선박 종(Zong)에서는 133명의 병든 노예를 바다에 던져 죽이고 주인이 보험금을 수령했다고 한다.

즉, 수출대금이 들어오는 날까지 이자를 제하고 그 나머지 대금을 찾아 쓸 수 있다. 이것은 수출신용장이라는 지급보증과 해상사고나 제품 파손 또는 변질 등에 대비한 운송적하보험이 있기 때문에 가능하다. 이처럼 무역 관련 보증과 보험은 금융시장에서 자금 융통을 활성화시켜 준다.

5. 곰탕의 고기와 보험금

보험금 산정 논란

2019년 8월 23일 KBS 〈추적 60분〉 프로그램에서는 우리나라 최대 보험사의 암보험금 지급에 대한 고발이 방영되었다. 암보험에 가입한 환자들이 보험금을 청구해도 거절되거나 청구금액을 제대로 주지 않는 경우가 많다는 것이었다. 다른 생명보험사의 경우에도 형편은 거의 비슷하다고 한다. 물론 이러한 언론 방송은 재벌 대기업을 비판하기 위해 다소 과장되거나 자극적으로 편집되기도 하지만 보험사 입장에서는 제기된 문제가 기업의 명예와 신뢰를 훼손하기 전에 소비자의 권익 보호를 환기해준다는 차원에서 귀담아들을 필요가 있다.

비판의 초점은 생명보험사의 암보험 약관에 대한 해석이나 보험금 지급 결정이 고무줄 식이고 매우 자의적이라는 것이다. 그래서 방송 인터뷰에 나온 사람들의 주장은 보험금을 제대로 타기 위해서는 보험회사와 싸우지 않으면 안 된다는 것이었다. 소비자가 가만히 있으면 이를 악용해 보험회사가 보험금을 제대로 지급하지 않는다는 얘기다.

또한 많은 계약자들이 금융감독원 앞에 모여 피켓을 들고 암보험금을 지급하라고 외치는 시위의 모습도 방영되었다. 게다가 소비자를 보호해야 할 금융감독원이 보험회사 편만 들고 있다는 얘기들도 한다. 금융감독원의 인건비 등 예산이 은행과 보험사 등 금융기관들이 부담하는 회비에 전적으로 의존하기 때문에 감독원이 보험사 편을 든다는 얘기다. 대부분의 해외 국가에서도 금융감독원의 예산 수입은 금융기관들이 낸 회비, 즉 분담금에서 나온다. 그래서 유독 한국의 금융감독원만이 금융기관에 매수되어 있고 감독의 공정성과 독립성이 훼손되어 있다고 보기는 어렵다.

동일한 보장의 암보험에 가입한 후 어느 환자는 보험금을 많이 타는데 다른 환자는 아예 못 타거나 반만 받으면 얼마나 억울하겠는가? 은행에 맡긴 예금은 일률적으로 군소리 없이 찾을 수 있는데 보험은 도대체 왜 이리도 복잡하고 보험금도 들쭉날쭉해 소비자들의 불만을 일으킬까? 일반 고객의 입장에서는 매우 답답하고 중요한 의문들이다.

보험금 지급의 공정성과 한계점

앞서 강조했듯이 보험에서는 보험금 청구가 있으면 먼저 약관이 정한 지급 사유에 해당되는지를 파악하는 손해사정이 필요하다. 손해사정 결과 약관에 부합하면 약정된 보험금을 수령하지만 그렇지 않으면 보험금 지급이 거절되거나 약정금액의 일부만 지급한다. 보험에서 손해사정을 하는 이유

【표 7】 암의 유형과 보험금 지급의 차이 사례

암 진단 보험금			암 치료 보험금
일반암	소액암 (약정금액의 10~20% 지급)		암 보험금은 통계청이 고시한 암의 질병분류기호가 C로 시작하면 약정금액의 100%를 보상하지만, D로 시작하면 일부만 지급함. 그런데 예를 들어 요로 상피암은 C코드가 맞다는 의학적 견해와 D코드가 맞다는 다른 견해로 나누어지는 등 분쟁의 여지가 있음. 일반적으로 C는 중증(하층까지 침투), D는 경증(하층까지 침투되진 않음) 암을 의미함.
약정 금액 100% 지급	영(0)기 암	상피내암: 암세포가 피부 상피층 내에 있는 암	
		제자리암: 암세포가 퍼지지 않고 제자리에 있는 암	
	경계성 종양: 암인데 악성이 아닌 경우		
	갑상샘암 등		

는 부당하게 보험금을 청구하거나 피해액을 부풀리는 보험 사기를 예방하고 아울러 선의의 다른 보험 계약자를 보호하기 위함이다. 보험금이 부당하게 지급되면 보험기금이 빨리 고갈되어 보험료 인상으로 이어지고 이는 선의의 제3자에게 피해를 주는 결과를 낳는다.

보험의 손해사정은 당연히 공정해야 하고 보험금 지급도 일관성이 있어야 한다. 그런데 과거 일본의 예 등을 보면 보험회사가 이윤을 챙기기 위해 보험금 지급을 거부하거나 줄이는 사례도 있다. 부당하게 보험금을 지급하지 않는 것은 소비자의 권익을 침해하므로 마땅히 감독기관이 개입해 필요한 조치를 취해야 한다.

최근 문제가 제기된 암보험의 경우 가입자가 암으로 진단받고 병원에 입

원해 의사가 정상적으로 수술하고 치료한 것에 대해서는 모두 보험금을 지급한다. 이것을 직접 치료라고 하며, 이에 대한 보험금을 지급에는 별로 불만이 없다. 그러나 암 환자 중에는 병원 치료 후에 퇴원해 요양원 등에 가서 보충적으로 처치를 받는 경우가 많다. 이 간접 치료의 경우에 보험 약관이 정한 치료에 속하느냐 아니냐를 놓고 분쟁이 있다.

예를 들면 어느 암 환자가 방사능 치료를 받으면서 몸이 너무 약해져 자기 판단으로 보신탕을 사서 먹거나 보약을 지어 먹었다면 이는 간접적인 치료 효과가 있을지 모르지만 보험금으로 보상받기는 어려울 것이다. 누가 봐도 치료가 아니면 보험금을 주기가 어렵다. 그러나 암과 관련한 치료인지 아닌지가 불분명하고 애매한 처치가 현실 속에는 많이 존재한다. 그래서 보험사와 계약자 사이에 분쟁이 발생한다. 게다가 보장되는 암의 정의와 진단이 모호하기 때문에 분쟁이 발생하기도 한다. 대표적인 예로 상피내암은 일반암과 달리 치료가 쉽고 비용도 적게 드는데 이를 영(0)기암이라 한다. 그래서 이런 상피내암은 보험사들이 소액암이라고 분리해 일반암 진단 보험금의 10~20%만 지급하는데, 여기에서도 고객과 보험사 간에 이견과 분쟁이 많다.

보험금 결정의 일관성과 인공지능

그런데 이러한 분쟁 문제가 보험에서만 발생할까? 오늘날 일반 법률에 기초해 사회적 사건을 해석하고 판단할 때도 종종 유사한 문제가 생긴다. 그 이유는 법이나 약관에 우리 인간 생활에서 일어날 수 있는 것들을 구체적으로 다 나열하지 못하고 원칙적인 규정만을 해놓았기 때문이다. 그래서 같은 다툼 사건을 놓고도 판사마다 해석이 다르고 판결이 전혀 딴판인 경우도 많다. 1심에서 유죄로 판결 난 재판이 상소심에서 원심 판결이 잘못되었다고 파기환송되는 사례가 그렇다. 법원마다 생각과 판결이 이처럼 다를 수 있다. 그래서 법률에 대한 해석을 놓고 다수설과 소수설이 나뉘기도 한다. 재판 당사자 사이에는 1심, 2심, 그리고 3심 판결을 진행하면서 희비가 교차하고 억울함도 느낀다. 성범죄 사건이나 살인 사건에 대해서도 판사들이 내리는 형량은 천차만별이라는 비난도 많다.

그래서 4차 산업혁명이 진전되면서 인공지능에 판결을 맡기자는 의견이 많이 나온다. 인공지능을 활용하면 사람인 판사보다 법 조항도 더 정확히 알고 있고 다양한 판례를 습득하고 빠르게 분석할 수 있기 때문이다. 게다가 개인의 감정과 성격에서 오는 편차도 줄일 수 있어 해당 사건에 대한 법리 파악, 법률 적용과 해석 등이 인간보다 정확하고 개관적이며, 그 결과 판결에 일관성을 유지할 수 있다는 것이다.

보험회사의 손해사정에도 일관성 결여 문제가 심각하다. 동일한 보장의 암보험에 대해 어느 보험사는 보험금을 제대로 주는데 어느 보험사는 보상 대상이 아니라며 보험금 지급을 거절하는 편차가 존재하는 것이 사실이다. 보험회사마다 보상이 다를 뿐만 아니라 같은 보험사 내에서도 보험금 청구 건을 어느 손해사정사가 맡느냐에 따라 보험금 지급액이 달라진다. 재판에서 판사를 잘 만나야 이긴다는 말이 있듯이 보험금 청구에서는 손해사정사를 잘 만나야 보험금을 타기가 쉽다. 그래서 보험금 청구에 대한 심사도 일관성과 객관성, 공정성을 유지할 수 있는 대책이 필요한데, 그 대안의 하나로 인공지능의 도입을 생각해볼 수 있다. 이미 법조계나 의료 분야에서도 공정성이나 진단의 정확성을 위해 인공지능을 활용하고 있다.

실제로 2019년 8월 29일 변호사와 인공지능 알파로Alpha Law의 법률 자문 대결에서 인공지능이 승리했다. 변호사 아홉 팀과 인공지능 세 팀이 겨뤄 1~3위를 인공지능팀이 휩쓸었다. 알파로가 근로 계약서 10여 개 조항을 분석하는 데 걸린 시간은 최대 10초이며, 근로기준법과 관련 판례들을 검색하고 비교해 계약 기간이나 최저임금법 위반 등 구체적인 문제점을 순식간에 지적했다.

한편 의료기술 분야에서는 병을 정확히 진단하는 데 어려움을 겪는데 인공지능에 의한 진단과 치료가 빠르게 도입되고 있다. IBM은 100년 역사의 명운을 걸고 창사 이래 최대의 거액(150억 달러)을 투자해 왔슨Watson이라는 인공지능을 개발했고 이를 계속 발전시켜 나가고 있다.[12] 인공지능은 매일 쏟아져 나오는 8,000여 개의 의학 및 건강 관련 논문을 읽고 소화해서 지식으로 활용하지만, 사람은 세계적 명의라 하더라도 하루에 논문 하나 보기가 어렵다. 새로운 의학 정보와 지식의 터득 면에서 명의가 인공지능을 따라가는 것은 불가능하다. 그래서 의사들은 매뉴얼화된 표준 치료를 시행하는데, 이 방법으로 치료가 되지 않은 환자들을 인공지능이 고치는 경우도 많다고 한다. 그리고 의사들의 표준 치료에 비해 30% 이상 개선된 새로운 처방을 인공지능이 제시한다고 한다. 의사가 포기한 치명적 질병을 앓는 환자를 인공지능이 고치는 세상이 되었으니 법원의 재판도, 보험회사의 손해사정도 인공지능에 맡기는 것이 현명해 보인다.

보험의 본래 목적은 불확실성을 제거해 가입자에게 마음의 평안을 주는

---

12) CBS Evening News, "Artificial Intelligent positioned to be a game-changer", 60 minutes, Oct. 9, 2016.

것이다. 그러나 보험금 지급 여부가 너무 자의적이면 소비자 입장에서는 불확실성이 여전해 불안을 느낄 수밖에 없다.

아무튼 보험금 지급에 대한 약관 해석이나 판단이 모호하면 약자인 소비자에게 유리하게 판결해주는 것이 오늘날 법원의 추세다. 이를 작성자 불이익의 원칙이라고 한다. 보험 계약서를 보험회사가 작성해 표준적으로 모든 계약자에게 적용하므로 애매하게 작성된 조항에 대해서는 보험회사가 먼저 책임을 져야 한다는 것이다.

곰탕의 고기

손해사정과 보험금 지급 과정에서 보험회사와 소비자들 사이에 갈등이 자주 발생한다. 보험 약관에 대한 해석과 적용이 서로 다를 수 있기 때문이다. 약관 해석이 모호하면 작성자 불이익의 원칙에 따라 소비자를 먼저 보호하거나 보험금을 제대로 지급하는 것이 맞다.

옛날 뉴욕 맨해튼에 있는 한식당에서의 일화다. 주인과 주방장의 갈등으로 서로 사이가 나빠지자 주방장이 주인을 난처하게 하려고 곰탕에 고기를 넉넉하게 듬뿍 넣어 제공했다. 그런데 후한 고기 인심이 소문으로 퍼지고 손님들이 더 많이 몰려와 곰탕집이 망하기는커녕 더욱더 번창하게 되었다고 한다.

보험사는 보험금 지급에서 너무 인색하지 않은 것이 현명한 전략인지도 모른다. 소비자들이 보험에 대한 고마움과 가치를 느낄 때 보험에 대한 수요를 더욱 창출하게 되기 때문이다. 그러나 보험회사의 인색함으로 인해서 소비자들이 보험을 들고도 보험금을 제대로 못 받을 수 있다는 불안감이 생기면 보험은 아예 외면당하고 소비자의 사랑을 받을 수 없다. 뉴욕의 곰탕집이 왜 번창했는가를 생각해볼 필요가 있다.

6. 미국도 샘내는 한국의 건강보험

미국의 건강보험

미국은 세계에서 병원비가 가장 많이 드는 나라 중 하나다.[13] 그래서 오바마 대통령 시절에 소위 오바마 케어법Obama Affordable Care Act 또는 The Patient Protection and Affordable Care Act 을 제정해 우리나라 건강보험과 유사하게 국민 모두가 보험의 혜택을 받을 수 있도록 했다. 그러나 2017년 공화당의 도널드 트럼프Donald Trump 대통령이 집권하면서 오바마 케어를 철폐시키려 하고 있다.

미국은 제2차 세계대전 이후 세계 경제를 주도하면서 탄탄한 기업과 높은 고용률을 보였다. 그래서 미국은 살기 좋은 나라였고 직장에 취업하면 대부분 기업이 건강보험을 종업원들에게 지원해주었다. 반면에 소득이 매우

---

13) Stephanie Armour, "American Voters Have a Simple Health-Care Message for 2020: Just Fix It!" Wall Street Journal, June 2, 2019.

【그림 10】 미국의 건강보험 체계

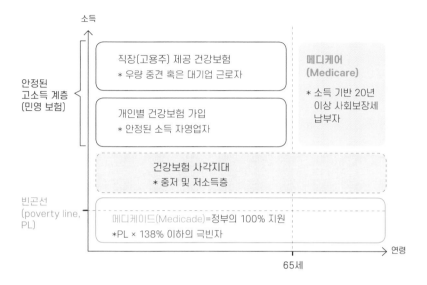

소득

안정된
고소득 계층
(민영 보험)

직장(고용주) 제공 건강보험
* 우량 중견 혹은 대기업 근로자

개인별 건강보험 가입
* 안정된 소득 자영업자

메디케어
(Medicare)

* 소득 기반 20년
이상 사회보장세
납부자

건강보험 사각지대
* 중저 및 저소득층

빈곤선
(poverty line,
PL)

메디케이드(Medicade)=정부의 100% 지원
*PL × 138% 이하의 극빈자

65세

연령

낮은 빈곤층에게는 메디케이드Medicaid라는 사회보장 프로그램을 통해서 연
방정부와 주정부가 공동으로 의료비 전액을 지원했다. 아울러 젊은 시절 소
득에 비례해 사회보장세를 20년 이상 납부하면 65세 이상 노인이 된 후에는
정부가 의료비의 50%를 지원하는 메디케어Medicare 프로그램도 운영하고 있
다. 따라서 미국에서는 건실한 직장에 다니며 소득이 안정적인 사람이나, 반
대로 아주 극빈자들은 건강보험에 문제가 없었다.

그러나 1970~1980년대에 미국의 경제가 나빠지기 시작하면서 의료건강보
험 체계에는 많은 사각지대가 생기게 되었다. 직장이 있어도 회사가 건강보
험을 지원해주지 않는 경우가 많아졌고, 스스로 건강보험에 가입할 능력이
안 되는 중산층이 많아졌다.

그 이유는 무엇일까? 미국은 1980년대 초 공화당 레이건 정부가 집권하

면서 법인세 인하와 작은 정부를 지향했다. 공화당은 경제에서 자유 시장의 원리에 충실했고 시장 경쟁을 통한 효율성 제고를 기본 정책으로 추진했다. 그 결과 민주당이 추진하던 무상 복지정책welfare이 대폭 축소되었고 대신에 저소득층도 공짜 대신 일work을 통해 행복을 얻는 새로운 복지workfare 개념을 시도했다. 공화당 정책 입안자들은 저소득층에게 아무리 재정적 지원을 해보았자 그들이 일하지 않는 한 가난의 굴레를 벗어나기 어렵다고 생각했다. 오히려 정부는 기업 활동을 촉진하고 세금을 낮추어줌으로써 고용을 창출하도록 도와주면 저소득층도 직업을 구해 일해서 먹고살도록 바뀐다는 구상이었다.

그러나 게으르고 공짜로 얻어먹는 것에 익숙해진 사람들은 일자리가 생겨도 일하려는 노력 대신 더 쉽고 편하게 돈을 버는 방법을 본능적으로 찾게 되었다. 그래서 공화당 집권 시절에는 빈곤자들이 일자리를 구하는 대신 마약 밀거래나 총을 들고 남의 가게를 터는 범죄가 부쩍 늘어나기도 했다. 공화당의 시장 중심 경제와 노동을 통한 인간의 행복 추구 정책은 미국의 경제 성장을 촉진했지만, 빈부의 격차는 더욱 늘어났다.

빈부의 격차와 개혁

자유 시장 원리를 기조로 하는 미국 경제에서 빈부의 격차가 점점 늘어났다. 그 결과 중산층은 줄어들었고 부유층과 빈곤층은 늘어났다. 퓨 리서치Pew Research의 조사에 의하면 1971년 미국 국민의 61% 정도가 중산층이었으나 2011년에는 51%로 그 비중이 크게 떨어졌다.[14] 소득 분포를 기준으로 매년 미국 중산층을 산출하는데 최근에는 연평균 가계소득이 7만 5,000달러 내외의 집단이다.

21세기 의료기술의 발달과 함께 미국에서는 의료비가 많이 올랐고 건강보험료도 덩달아 많이 오르자 중산층 이하의 소득자들이 보험료를 감당하기가 점점 어려워졌다. 건강보험 가입을 아예 포기하는 사람들도 늘어났다. 오바마 대통령이 새로운 건강보험법안을 마련하던 2009년에 건강보험이 없는 미국인이 4,600만 명 정도로 추산되었다. 이 중 900만 명이 어린이였다. 종업원들에게 의료보험을 제공하는 기업은 59% 정도에 불과했고 건강보험에 가입했지만 보장이 불충분한 사람이 2,500만 명 정도로 추산되었다.[15]

그래서 미국인 중에는 병이 나서 아파도 병원에 가지 못하는 사람들이 늘어 삶의 질이 크게 떨어지게 되었다. 2018년을 기준으로 4인 가구의 연소득이 3만 4,638달러(약 4,000만 원) 이하인 경우에만 극빈자로서 메디케이드 혜택을 받을 수 있다.

이러한 문제점을 고려해 오바마 대통령은 건강보험의 사각지대를 대폭 줄이기 위해서 오바마 케어법을 2010년에 도입했다. 우선 주별로 경쟁 보험시장 사이트를 구축해 사람들이 가격을 비교하면서 건강보험을 좀 더 저렴하게 가입할 수 있는 기반을 넓혀주었다. 그리고 그동안 건강보험이 없던 사람들은 소득 수준에 따라 주정부의 재정 지원을 받아 민영 건강보험을 가입하도록 했다. 오바마 케어를 기반으로 미 국민의 건강보험 가입 여부는 더 이상 개인의 자유로운 선택이 아니라 우리나라처럼 의무적으로 가입해야 하는 사항이 되었다. 실제로 오바마 케어 덕분에 그동안 건강보험 사각지대에

---

14) Rakesh Kochhar, The American middle class is stable in size, but losing ground financially to upper-income families, Pew Research Center, September 6, 2018.
15) 조 기자의 미국정치 이야기(chogija.com), "벼랑 끝으로 내몰린 미국인", 2019. 5. 3.

있던 2,000만 명 이상이 보험을 새로 가입하게 되었다고 한다.[16] 게다가 오바마 케어는 메디케이드 보장 범위도 확대해주었다. 가난한 사람들을 위해 연방정부가 정한 빈곤 기준의 138%까지는 무료로 건강보험을 수혜할 수 있도록 자격을 확대했다. 게다가 50인 이상의 정규직 종업원을 가진 기업은 종업원들에게 건강보험을 제공해야 할 의무가 생겼다.[17] 그래서 건강보험의 사각지대가 거의 해소되는 추세였다.

오바마 케어를 반대하는 공화당

그런데 공화당의 트럼프 정부는 이런 오바마 케어를 철폐하려고 안간힘을 쓰고 있다. 왜 그럴까? 첫째, 그동안 보험이 없던 주민들에게 건강보험을 제공하려면 세금을 추가로 걷어 보험료 부담을 줄여주어야 하는데 주정부의 반발이 심했다. 이는 결국 주마다 소득이 높은 사람들이 가난한 사람들을 위해서 세금을 더 내야 하는 것을 의미한다. 특히 가난한 사람의 비중이 많은 주에서는 부자들의 세금 부담이 가중되었다. 부자들은 이미 보험에 가입되어 있는데 세금을 더 내서 소득이 낮은 사람의 건강보험을 지원해주는 것을 좋아할 리가 없었다.

둘째, 보험의 가입 여부는 개인의 선택이었는데 정부가 오바마 케어를 기초로 건강보험을 강제로 제도화해 가입하도록 의무화하고, 가입하지 않으면 벌금을 부과하는 것이 미국의 자유주의 사상에 어긋난다는 것이다. 총기

---

16) Adrianna McIntyre and Zirui Song, "The US Affordable Care Act: Reflections and directions at the close of a decade", PLOS Medical Journal, Vol. 16, No. 2, February 2019.
17) Why is Obamacare so controversial? European Heart Journal, Vol. 35 (2014), pp.2,433~2,440.

소지도 개인이 자유롭게 선택할 수 있는 나라에서 건강보험을 강제로 가입하라는 것이 헌법 위반이라며 이를 받아들이기 어렵다는 것이다. 국민의 선택권을 침해한다는 오바마 케어의 위헌 여부에 대한 법원의 판단은 최종적으로 결정되지 않았다.

셋째, 오바마 케어에 대해 보험회사들도 반발한다. 오바마 케어법은 보험 가입자들이 이미 질병을 가지고 있어도 이를 이유로 보험회사가 보험료를 인상하지 못하도록 규정하고 있기 때문이다. 이는 리스크의 크기에 따라 보험료의 차등 부과라는 보험의 기본 원리에 어긋난다는 것이었다.

넷째, 50인 이상 종업원을 가진 사업장은 종업원들에게 건강보험을 의무적으로 제공하라는 규정은 기업 경영을 어렵게 하고 고용 위축으로 이어질 수 있다는 것이다. 그래서 트럼프 대통령과 공화당은 오바마 케어를 '고용의 살인자 job killer'라고 부른다.

이상과 같은 이유로 트럼프 대통령이 오바마 케어를 철폐하려 하고 있지만 아직은 완전히 성사되지 못했다.

미국도 부러워하는 한국의 건강보험

오바마 케어를 철폐하려는 트럼프 대통령의 주장은 우리나라 국민에게는 어떻게 들릴까? 아마 우리 정서상으로는 받아들이기 어려운 논리인지도 모른다.

우리나라 건강보험은 사회보험으로서 가입자의 질병 유무나 연령 등 건강 리스크를 따지지 않고 오로지 가입자의 소득 또는 재산 수준에 따라 보험료가 차등적으로 정해진다. 부자는 보험료를 많이 내고 소득이 적은 사람은 적게 내는 것이 기본 원칙이다. 그러나 건강보험을 통한 보장 내용은 누구에게나 동일하다. 2008년부터는 노인장기요양보험도 건강보험에 추가했다.

미국이나 캐나다 등에서 살아본 사람들은 우리나라 건강보험이 얼마나 좋은지 알고 있다. 그러나 해외 생활 경험이 적은 사람 중 일부는 우리나라 건강보험에 대해서 불평이 많다. 우리나라는 상대적으로 의료비 단가가 낮은 국가이기 때문에 건강보험료도 저렴하고 보장도 상당히 좋은 편이다. 물론 큰 병에 걸리면 본인 부담금이 큰 것은 사실이다. 그러나 최근에는 암 수술 등 중증질환자들에게는 본인 부담금을 대폭 내려주고 있다. 예를 들면 일반인은 진찰 검사 수술 등에서 본인 부담이 20%인데 비해 중질환자들은 본인 부담이 5%에 불과하다.

우리나라 건강보험에서는 은퇴 후 소득은 적지만 노후에 병이 많아 병원을 자주 가는 사람들에게는 보험료가 아주 싸다. 반면에 젊고 건강하고 소득이 높은 사람은 리스크가 낮음에도 불구하고 높은 보험료를 내야 하므로 공정성 측면에서 문제가 있다고 주장할 수 있다. 우리나라 건강보험은 개인의 건강 리스크를 따지지 않고 오로지 국민의 소득 수준에 따라 비용을 분담하는 제도로 설계되어 있다.

또 우리나라의 건강보험은 사회보험으로서 전 국민이 의무적으로 가입해야 한다. 그러나 우리 국민 중에는 강제 가입을 두고 자유권 침해라고 주장하는 사람이 거의 없다. 만약 강제 보험이 아니면 병이 많은 노인들은 보험을 들려고 하겠지만 돈 잘 버는 젊은이들은 건강보험을 가입하지 않으려는 역선택이 심각하게 발생하고 그로 인해 건강보험 제도가 제 기능을 못 할 수 있다.

오늘날 건강보험은 국민 삶의 질을 유지하고 인간답게 살아가는 데 필수적인 경제 제도다. 특히 모든 국민과 국내 거주 외국인도 보장해주는 우리나라 건강보험은, 리스크 배분과 효율성 측면에서는 다소 한계가 있지만 공동체성과 상부상조의 이웃 사랑을 강조하는 제도로서 많은 미국인이 부러워한다. 경제적 효율성만이 능사가 아니라는 것을 보여주는 제도다.

PART 3

은행의 금융 중개와 한계

"당신이 돈이 필요하지 않다는 것을 증명하면,
당신에게 돈을 빌려주려는 곳이 은행이다."

• 밥 호프 •

Bob Hope 1903~2003, 미국의 희극 황제

INSURANCE

1. 은행의 자금 중개와 가치

은행의 자금 중개

은행은 금융시장에서 자금의 공급자와 수요자를 연결하는 대표적인 중개 기관이다. 여기서 우리가 은행이라고 하는 것은 상업은행commercial bank, CB 이며 이를 우리나라에서는 시중 은행이라고 부른다.

미국과 같은 금융 선진국에서는 투자은행investment bank, IB이라는 또 다른 유형의 은행이 있다. 투자은행은 기업이 자금을 조달하기 위해 주식이나 채권을 발행할 때 자본시장에서 기업의 미래 수익과 리스크를 평가하고 이를 기초로 유가증권의 가치를 평가해주는 역할을 한다. 투자은행의 고객은 대부분 기업이므로 어린이와 노인 등 일반인이 거래하는 상업은행에 비해 정부 규제가 약하다. 투자은행의 예로는 미국의 골드만삭스Goldman Sachs나 모건스탠리Morgan Stanley 등이 있으며, 우리나라에서는 아직 이러한 전문성을 갖춘 투자은행이 없다. 다만 우리나라 증권회사들이 투자은행 업무의 일부를 담당하고 있다.

금융시장에는 우선 자금의 공급자가 있다. 그들은 소득에서 필요한 소비를 하고도 돈이 남는 잉여 주체이며 다음 소비를 할 때까지 그 잉여금을 어디에다 저축하고자 하는 자금의 공급자다. 반대로 현재 가진 소득으로는 필요한 소비를 제대로 하기에는 돈이 모자라는 부족 주체도 있다. 이들은 자금의 수요자들이다. 자금의 수요자들은 통상 시중 은행이나 보험회사 또는 저축은행으로부터 돈을 빌린다.

은행과 같은 금융기관이 존재하지 않으면 자금의 잉여 주체는 돈을 굴릴 수 있는 마땅한 상대를 찾기 어렵다. 자금의 부족 주체도 누구에게서 돈을 빌릴 수 있을지 알기 어렵다. 금융시장에서 은행은 자금의 중개기관으로서 양자를 연결해주는 매개 기능을 한다. 이러한 자금 매개 기능은 우리 경제의 생산(또는 투자)과 소비를 적정하게 만드는 데 매우 중요하다.

은행의 경제적 역할과 가치

은행과 같은 금융이 존재함으로써 우리가 얻는 경제적 이점을 구체적인 예로 설명해보자.

A는 효율적 세차가 가능한 친환경 로봇 기술을 개발했지만 세차장을 만들 돈이 없다. A가 은행에 가서 사업 아이디어와 기술을 설명하니 지점장이 장사가 잘될 것 같다며 돈을 빌려주었다. 그러면 A는 그 돈으로 자신이 개발한 로봇 기술을 적용한 최첨단 세차장을 만들어 개업하고 돈을 벌 기회를 얻는다. 로봇 자동화로 기존의 세차장보다 가격도 낮추고 더욱 깨끗하게

세차해준다면 손님은 더욱 행복해질 것이다. 그 결과 손님이 붐벼서 일할 사람을 더 고용하면 일자리도 늘어난다. 장사가 잘되어 매달 수입과 이윤이 높아지면서 국가에 세금도 많이 내게 된다. 그러면 정부도 세수가 늘어 좋고 A에게 모범납세자 표창을 줄지도 모른다. 이처럼 A 주변 여러 사람이 경제적으로 행복해지는 기회가 은행 대출을 통해서 시작될 수 있다.

A가 개발한 기술을 사업화할 수 있도록 대출시장이 존재함으로써 세차 고객의 만족도 향상, 깨끗한 차를 보는 주변 사람들의 상쾌함, 새로운 일자리 창출과 고용 증대, 세차장의 소득 증대와 세금 납부 증가 등 우리 경제의 여러 이해 당사자들이 다 같이 즐거워진다. 그러나 은행과 같은 금융이 없으면 이렇게 서로 상생하는 경제적 장점을 살리기 어렵다.

오늘날에는 은행과 같은 금융이 존재하므로 각 개인은 그들의 생산 활동과 소비 행위를 분리해 각각의 활동을 최적화할 수 있다. 그 결과 각 개인은 투자의 생산성을 높이면서 소비를 통한 행복 혹은 만족을 더욱 높일 수 있다. 금융시장 덕분에 개인의 생산 활동과 소비 행위를 분리해 최적화하는 의사결정을 '피셔의 분리이론Fisher separation theorem'이라고 한다.[1]

금융시장이 존재하면 각 개인은 그의 소비 취향과는 무관하게 생산 활동에 필요한 자금을 은행에서 차입해 그 돈으로 적정 생산에 도달할 수 있다. 각 개인은 은행에서 생산이나 투자 활동에 필요한 돈을 차입할 때 지불하는 이자(이를 금융 조달 비용이라고 함)보다 높거나, 아니면 적어도 같은 수익을 가져다주는 생산 기회를 시장에서 찾아 투자하면 가장 높은 수확을 얻는 적정 상태에 도달할 수 있다.

---

1) Copeland Thomas E. and J. Fred Weston, Financial Theory and Corporate Policy, Addison-Wesley Publishing Company, 1988, pp.3~15.

그러나 금융시장이 존재하지 않으면 투자와 생산을 위해 본인이 현재 가지고 있는 재원 중 일부를 줄여 그 절약분을 가지고 투자해야 하는 한계가 있다. 그 사람이 오늘의 소비 중 일부를 포기하고 그것으로 투자나 생산 활동에 참여하려면 투자의 수익률이 오늘의 소비를 포기한 것에 대해 요구하는 보상율(이를 시차 선호율이라고 하며 오늘의 소비와 미래 소비의 교환비율 혹은 돈의 시간 가치를 의미함)보다 크거나, 적어도 같아야 한다. 따라서 금융시장이 존재하지 않으면 개인의 미래 소비를 위한 투자나 생산 활동이 시차적 소비, 즉 오늘의 소비와 미래의 소비 사이의 선호도에 근거한 소비 선택과 맞물리게 된다. 미래 소비를 위한 생산이나 투자의 결정이 오늘의 소비 선택에 의존하는 것이다.

오늘의 소비를 선호하는 사람은 많은 보상(이자)을 해주지 않으면 오늘의 소비를 쉽게 포기하려고 하지 않는다. 반대로 미래를 생각하며 저축을 좋아하는 사람은 오늘의 소비를 포기한 대가로 얻는 보상(이자)이 그다지 크지 않아도 오늘의 소비를 쉽게 줄이고 저축한다. 예를 들면 전자는 오늘이 중요하고 미래를 별로 걱정하지 않는 낭만적인 흑인들이고, 후자는 미래에 대한 걱정과 불안이 많은 일본인이나 유대인에 비유할 수 있다. 실제로 1980년대 초반 미국 시카고의 한 병원에서 어느 간호사가 관찰한 바에 따르면 사람들이 몸이 이상해 병원을 찾아와 진단을 받았는데 암으로 판정되어 몇 개월 못살 것 같다고 의사가 이야기하면 유대인이 가장 괴로워하고 흑인이 가장 쉽게 죽음을 받아들인다고 한다. 흑인은 주머니 속에 돈이 있으면 우선 쓰고 사는 스타일이라 갑자기 죽는다고 해도 여한이 별로 없다. 그러나 유대인은 오늘 안 먹고 안 쓰고 해외여행 한번 못 가보고 미래를 위해 저축을 주로 했는데 조만간 죽게 된다고 하면 억울해서 몸부림을 친다고 한다. 개인별 시차적 소비 취향이 민족마다 다르고 사람마다 다르다는 이야기다.

  아울러 금융시장이 존재하면 각 개인은 생산 활동을 통해 도달한 적정 생산점에서 바로 소비할 필요가 없다. 대신 최고의 수익을 얻는 적정 생산을 통해 형성한 부의 수준에서 은행 예금이나 대출을 이용해 현재와 미래 소비를 더 늘리거나 더 줄임으로써 각자 취향에 맞는 적정 소비를 하고 더욱 행복해질 수 있다. 미래를 대비하기보다 당장 소비를 더 하고 싶은 사람은 은행에 가서 돈을 빌려 쓰면 되고, 반대로 오늘은 절약하고 아껴서 풍족한 미래 소비를 선호하는 사람은 은행에 저축하면 된다. 당연히 전자의 차입 포지션을 취하는 사람은 장래 그 돈을 갚아야 하므로 미래 소비는 줄어들게 되고, 반대로 후자의 저축 포지션을 취하는 사람은 나중에 저축 원리금을 받기 때문에 미래 소비가 풍족해진다. 그래서 은행의 금융 중개 기능이 존재하면 소비를 통한 효용, 즉 행복도 더욱 높일 수 있다.

  그러나 이러한 은행의 자금 중개 기능도 보험이 없으면 잘 작동되지 않는다. 은행에 예금한 것을 만기에 제대로 돌려받으려면 은행이 파산하지 않아야 하는데 이를 보장하는 예금보험 제도가 필요하다. 반대로 은행에 가서 돈을 빌리려면 차입자의 신용에 따라 대출 보증보험이 필요할 수 있고 부동산 담보로 대출을 받는 경우에는 부동산의 가치를 보존하는 주택보험 또는 화재보험을 들어야 한다.

내 집을 마련할 때도 분리이론 활용

부동산 투자와 주거(일종의 소비를 의미함)도 분리해서 별개로 생각하는 것이 현명하다. 내 집 마련은 현재의 소비를 줄이고 그 돈을 부동산에 투자해 미래의 소비를 높이는 또 다른 사례다. 그러나 집을 사는 것은 투자이기도 하면서 또한 주거 공간을 확보하는 소비 수단이다. 우리나라에서는 주택가격을 결정하는 중요 변수가 지역(서울과 지방, 강남과 강북 등등)이다.

피셔의 분리이론을 활용하면 주택 구매자는 본인의 주택 선호도와는 무관하게 우선 투자의 수익률 개념에 근거해 많은 사람이 살고 싶어 하는 다수요 지역을 택해 은행 차입 등을 통해 집을 구매하는 것이 현명하다. 수요가 많은 지역이어야 구매한 집의 가치가 오르고 투자의 수익률이 높아지기 때문이다.

그러나 소비에 해당하는 거주 측면에서 보면, 본인이 구매한 주택에서 꼭 살아야 하는 것은 아니다. 오히려 구매한 주택은 남에게 전세를 주고 그 전세금을 빼서 내가 편리한 지역에서 세를 얻어 생활하면 더욱 행복해진다. 예를 들면 부동산 매입은 집값이 잘 오르는 강남지역을 선택하고 거주지는 직장 근처에 전세를 얻으면 투자 가치를 확보하면서 동시에 삶의 편리성도 높일 수 있다. 투자는 다른 여러 사람들이 좋아하는 곳에 해야 하고, 소비는 내가 좋아하는 곳에서 하는 것이 현명하다는 이야기다.

현실적으로 본인이 가진 제한된 돈으로 서울 인기 지역에 집을 사려고 하면 주택이 좁고 오래되었거나 상태가 좋지 않은 경우가 많다. 그래서 많은 사람이 인기 지역에서 집을 사는 것을 포기하고, 대신 서울 외곽이나 변두리로 나가 상대적으로 낮은 가격에 비교적 넓고 쾌적한 집을 구매해 생활(소비)한다. 문제는 비인기 지역의 집값은 잘 오르질 않는다는 것이다. 이러한 사람들은 투자와 소비를 분리해 결정하지 않고 묶어서 생각하기 때문에 생산과 소비의 최적과는 거리가 먼 상태에 머문다. 우리나라에서 전세금은 차입이나 대출과 같은 금융 기능을 하므로 투자(주택 구매)와 소비(실거주)를 분리해 접근하면 더 높은 수익과 동시에 더 높은 효용, 즉 만족을 얻을 수 있다.[2] 이를 '부동산 투자와 거주의 분리이론'이라고 할 수 있다.

2) 피셔의 분리이론에 대한 독자들의 이해를 돕기 위해 제시한 사례이며 저자가 부동산 투기를 권장하는 것은 절대 아니다.

2. 돈, 은행, 그리고 보험의 연계 발전

돈의 역사

세계 최초의 화폐는 기원전 600년경 지금의 터키 북서부 지방에 있었던 리디아Lydia 왕국에서 출발했다. 당시 리디아 왕국의 수도는 황금의 도시 사르디스Sardis였는데 동서양 무역의 요충지였다.[3] 이곳은 메소포타미아 및 지중해 문명의 출발지이기도 하다. 리디아 사람들은 아나톨리아Anatolia라고 부르는 터키 고원지대에서 다양한 광산 자원을 발굴했는데 특히 호박, 금, 사금이 많았다고 한다.[4]

그 후 기원전 560년에는 크로이소스Kroisos, 기원전 595~기원전 546년가 리디아의 왕이 되었다. 그는 화폐의 표준화 작업을 추진해 금본위제를 구축했다. 리디아 주화는 금과 은의 합금으로 제작되었고 표면에 사자의 머리가 그

---

3) 신약성경의 요한계시록에 나오는 사데 교회가 사르디스다.
4) 왕웨이(정영선 옮김), 금융 이야기, 평단, 2015, p.28.

려져 있어 '리디아의 사자'라고도 불렀다. 화폐 표준화를 위해 금 54%와 은 46%의 합금으로 무게 4.74g, 지름 11mm의 크기로 돈이 만들어졌다.

　세계 최초의 지폐는 중국 송나라 성도成都에서 시작되었다고 한다. 송나라는 960년에 세워져 965년에는 촉蜀나라를 합병했다. 송나라 상인들이 화폐를 만들 수 있는 구리나 금 또는 은 등이 부족하다는 이유로 교자交子라고 부르는 어음을 발행해 사용하면서 이것이 지폐처럼 가치를 가지고 유통되었다. 이러한 지폐의 출발은 중국에서 일찍이 종이를 만드는 제지술이 발달한 것과 맥을 같이 한다고 한다.[5]

　유럽에서 지폐가 등장한 시기는 중국보다 늦었으며, 1661년 스웨덴 스톡홀름은행이 발행한 것이 최초다. 그러나 스웨덴 지폐는 발행량이 너무 많아 금속화폐로의 태환이 어려워지자 3년 후에 자취를 감추었다. 신대륙 미국에서는 1690년 식민은행Colonial Bank이 지폐를 발행했고 프랑스에서는 1720년 프랑스은행이 지폐를 발행했다. 17~18세기 유럽에서는 국가들이 통일되지 못하고 분열되어 있었기 때문에 정부에 대한 신뢰가 약했고 그 결과 유럽에서 지폐의 힘은 중국에 비하면 매우 약했다.

　중국과 달리 유럽에서는 화폐 이외에도 가치의 교환 및 융자 수단으로 보험증권insurance policy 등이 대안으로 발달했고, 이들을 통해 인플레이션 통제와 리스크 분산이 가능해졌다.[6] 유럽의 다양화 추구 풍토 속에서 보험은 물론 연금, 채권, 그리고 장기자본시장 또한 발전하기 시작했다.

---

5) 왕웨이, 전게서(2015), p.43.
6) 왕웨이, 전게서(2015), p.57.

금융 발달과 파급 효과

중세 이후 금융은 상업의 발달을 촉진했고 상업과 금융의 발전은 또한 예술과 문명을 발전시키는 원동력이 되었다. 특히 이탈리아 피렌체에서 활약하던 메디치 가문은 라파엘로Raffaello Sanzio, 다빈치Leonardo da Vinci, 미켈란젤로Buonarroti Michelangelo, 보티첼리Buonarroti Michelangelo, 도나텔로Donatello, 티치아노Tiziano Vecellio 등 당대의 위대한 예술가들을 재정적으로 지원해주었고 그들은 세계적인 예술가로 등극했다. 이러한 과정에서 메디치 가문 역시 현대 금융업의 시조로 자리를 잡게 되었다. 이탈리아에서는 환전이나 물건 담보, 지급결제는 물론 보험 및 대출 업무를 하는 상업은행이 일찍이 시작되었다.

1397년에 조반니 데 메디치Giovanni de Medici, 1360~1429는 유럽에서 거의 최초로 메디치 뱅크라는 은행을 설립했다. 조반니는 1402년 피렌체 은행연합회 의장직을 맡기도 했다.[7] 그 후 1580년에는 이탈리아에서 근대 최초로 베네치아은행이 설립되었고 이어서 17세기에는 네덜란드에서 암스테르담은행1609, 독일에서 뉘른베르크은행1621과 함부르크은행1692, 그리고 영국에서 잉글랜드은행1694 등이 설립되었다. 이러한 은행들이 상거래의 편의를 제공하는 시장 규칙을 만들어냈고 제도를 안정시키면서 시장의 모든 참여자는 리스크 부담을 크게 덜 수 있게 되었다. 즉, 금융 및 보험시장이 형성되면서 리스크를 다양한 시장 참여자들에게 분산시키는 장소가 된 것이다.

돈의 거래 가격을 금리 또는 이자라고 부르는데 전통적으로 기독교에서

---

7) 왕웨이, 전게서(2015), p.78.

는 높은 이자를 금지했다. 325년 로마 교황은 고리대금을 금지하는 법률을 반포하면서 연 1%가 넘는 대출 금리는 고리대금으로 규정했다. 특히 구약성경을 철저히 신봉하는 유대인은 형제나 동족끼리는 대부업을 통해 이자를 받을 수 없도록 하는 계명을 정했다. 다만 이때도 예외적으로 이방인들에게는 이자를 받는 것이 허용되었다.

15세기 이탈리아로 이주한 유대인은 처음에는 피렌체 외곽의 제한된 지역에서 대부업을 했다. 그러나 1437년에 피렌체는 유대인에게 은행을 개설할 수 있도록 허가해주었고, 이후 메디치 가문의 후원 속에 유대인의 금융 사업은 피렌체를 중심으로 빠르게 발전했다. 그러나 유대인은 금융업 발전 과정에서 엄청난 폭리를 취하면서 기독교인들로부터 '공공의 적'으로 비난을 받았다.[8]

당대 유명한 소설가 보카치오Giovanni Boccaccio, 시인 단테Dante Alighieri, 철학자 볼테르Voltaire와 루소Jean Jacques Rousseau 등은 유대인의 금융 네트워크 장악 및 폭리를 맹비난했던 것으로 유명하다. 영국의 대문호 셰익스피어 William Shakespeare는 〈베니스의 상인〉을 통해 유대인 샤일록을 등장시켜 피도 눈물도 없는 악덕 사채업자로 묘사했다. 샤일록은 동족인 유대인에게는 이자를 받지 못하는 상황에서 외국인에게는 이자를 받을 수 있다는 점을 악용해 이탈리아 사람 안토니오에게 모질게 굴었다.

유럽에서 금융의 힘이 점차 거대해지면서 사회 경제를 왜곡하는 음모론이 등장했고 그때마다 로스차일드Rothschild 등 유대인이 항상 개입되어 있었다. 오늘날에도 미국 금융가를 주무르는 유대인을 독자들은 잘 알고 있을

---

8) 왕웨이, 전게서(2015), p.101.

것이다. 헤지펀드의 조지 소로스George Soros, 고위험 채권junk bond으로 미국 금융시장을 뒤흔들었던 마이클 밀켄Michael Milken, 미국 연방준비제도이사회 의장을 지낸 앨런 그린스펀Alan Greenspan과 벤 버냉키Ben Bernanke, 그리고 블룸버그Bloomberg 통신과 금융의 창시자 마이클 블룸버그Michael Bloomberg 등이 모두 유대인이다.

인류의 경제 발전 과정에서 도덕적으로 고리대금이 늘 문제였지만, 그보다 더 잘못된 것이 노예 제도다. 역사적으로 노예는 다양한 형태가 있었다. 그중에서 아프리카에서 납치해 유럽과 미국으로 데려온 흑인 노예들은 사람이 아니라 화물 취급을 당하면서 주인의 부를 늘리는 데 이바지했다. 15세기부터 400여 년 동안 잔인한 노예무역이 이루어졌는데, 적어도 1,200만 명의 아프리카 흑인이 노예로 미국으로 끌려갔다고 한다.[9] 노예무역을 통해 미국은 남부의 목화 농사 등에 필요한 노동력을 확보해 경제적으로 크게 발전하고 자본을 축적할 수 있었다.

윤리적 문제와는 별개로 노예무역은 미국과 유럽의 경제가 발전하는 데 적지 않은 기여를 한 것으로 평가된다.[10] 상업 활동과 국가 간 교류가 확대되어 상업자본이 증가했고 이는 산업혁명의 토양이 되었다. 영국의 리버풀과 런던, 그리고 프랑스의 낭트 등이 특히 발전했는데 이는 노예무역 덕분이라고 한다. 아울러 노예무역은 미국의 재정 기반 구축에도 큰 역할을 했다.

1600년대에 영국에서는 근대적 해상보험과 화재보험이 시작되어 사고 피해의 복구 자본으로 등장했다. 1666년 9월 영국 런던에서는 왕실 빵공장에서 발화한 불이 나흘에 걸쳐 도시 전체의 수많은 관공서와 교회, 그리고 가

---

9) 왕웨이, 전게서(2015), p.138.
10) 왕웨이, 전게서(2015), p.144.

옥을 파괴하는 재앙이 되었다. 이에 영국 왕실에서는 화마로 파손된 건물을 복구시킬 수 있는 자금의 조달 수단으로 보험회사를 처음 설립했다.[11]

미국에서도 유사한 상황이 벌어졌다. 1730년과 1735년에 미국 필라델피아에서 대형 화재가 연이어 발생하면서 도시가 순식간에 잿더미로 변하는 것을 보고 벤저민 프랭클린Benjamin Franklin, 1706~1790은 1736년 필라델피아 유니언 소방회사Philadelphia's Union Fire Company를 조직했다. 그는 피뢰침이나 개량 난로 등 다양한 화재 예방 장치 등도 창안하면서 다음과 같은 유명한 말을 했다. "적은 돈으로 미리 대비하는 것이 사고를 당한 후 큰돈을 치료비로 쓰는 것만큼이나 가치가 있다An ounce of prevention is worth a pound of cure." 이때 프랭클린은 화재로 집을 잃은 사람들의 경제적 고통을 보고 1752년 미국 최초의 필라델피아 화재보험사Philadelphia Contributionship for Insurance를 설립했다.[12]

한편 프랭클린은 훗날 미국에서 보험학이 탄생하는 계기를 만들어주었다. 그는 필라델피아 대학의 설립을 추진해 1749년 개설책임 총장으로 취임했으며 후에 펜실베이니아 주립대학교를 인수 합병해 오늘날 펜실베이니아 대학교라는 명문 사립대학교를 출범시켰다. 펜실베이니아 대학교는 1881년에 철강회사를 운영하던 조지프 와튼Joseph Wharton의 기부금으로 경영대학인 와튼스쿨을 설치하는데 이것이 단과대학 규모의 경영대학으로는 세계 최초다. 와튼스쿨에서는 1904년부터 솔로몬 휴브너Solomon S. Huebner 교수가

---

11) 영국에서는 1666년 런던 대화재 이후 화재보험의 필요성이 제기되었고 1680년에 니컬러스 바본(Nicholas Barbon)이 설립한 '화재보험사무실(The Fire Office)'이 최초의 보험사다.
12) 미국에서 최초의 보험회사는 1732년 사우스캐롤라이나주의 찰스턴에서 설립되었다는 주장도 있으나 회사 이름이 제대로 알려지지 않았다. 미국에서 제대로 운영된 보험회사의 효시는 벤저민 프랭클린이 설립한 '필라델피아화재보험회사'다.

보험을 강의하기 시작했는데 그의 강의가 학생들로부터 큰 인기를 끌면서 1913년에 학교 당국이 보험학을 처음으로 학과 단위로 승격해 교육하게 했다. 미국 독립선언문을 작성한 벤저민 프랭클린 덕택에 미국에서는 보험회사와 대학교의 보험학과가 출범할 수 있었고, 아울러 대형 사고로 인한 피해 복구 자본을 조달하는 수단이 등장했다.

철도 및 철강 산업과 금융 발전

한편 금융의 발전 과정에서 철도의 등장은 대혁명이었고 장기자본시장의 발전을 촉진했다. 철도 및 철강 기업들이 장기자본을 조달하기 위해 주식이나 회사채를 발행하면서 자본시장의 역할이 활성화되었다.

영국에서 1769년 제임스 와트James Watt가 증기기관을 발명함으로써 제1차 산업혁명을 촉발했다. 그동안 사람과 말이 끌던 무거운 짐을 이제는 증기기관차로 운송하게 되면서 농업 생산물, 광물, 원유 등 생활의 기초상품 운반을 비롯한 물류 분야에 혁신이 일어난 것이었다. 아울러 철도 산업은 철강 산업의 발전을 촉진했다. 철도 건설을 위해 장기자본과 다량의 철이 필요해졌다. 이러한 자본 집약적 사업을 지원하기 위해 영국 독일 프랑스 및 러시아 등 유럽에서는 주식과 장기채권시장이 발전했다. 20세기 초 뉴욕증권거래소에 상장한 기업 가운데 약 60%가 철도 관련 기업이었다고 한다.[13]

코닐리어스 밴더빌트Cornelius Vanderbilt 1794~1877는 미국 동부지역 철도 건

---

13) 왕웨이, 전게서(2015), p.202.

설을 통해 떼돈을 벌었다. 그는 1873년 당시 100만 달러를 기부해 테네시 내슈빌에 있는 명문 대학교 밴더빌트를 설립했다.[14]

그 후 미국의 금융재벌 존 모건John Pierpont Morgan 1837~1913은 신탁과 증권 상품을 만들어 유럽의 거대 자금을 모아서 미국의 철도 건설 사업을 지원했다. 존 모건은 금융뿐만 아니라 미국의 철강과 철도 산업의 최대 사업가가 되었으며 1907년 금융 위기로 미국 경제가 휘청거릴 때 막대한 자본을 투입해 미국 경제를 살려놓았다. 그 결과 모건의 경제적 지배력과 영향력은 상상을 초월할 만큼 강해졌다. 이때 미국은 아직 중앙은행이 없었기 때문에 모건이 중앙은행 노릇을 했다. 하지만 그가 가진 엄청난 시장 지배력은 오히려 독이 되었다. 미국은 모건 등 당시 재벌들의 시장 지배력을 약화시키기 위해 소위 '독과점 금지법'을 제정했다. 아울러 금융시장 안정의 최후 보루로서 '연방준비은행'이라는 중앙은행을 1913년에 공식적으로 창설했다. 금융재벌 모건은 1913년 3월 로마에서 사망했고 장례일인 4월 14일에는 그의 죽음을 애도하며 뉴욕증권거래소가 오전에 휴장했다.[15]

19세기 미국에서는 금융 통제력이 분산되어 있었고 주마다 은행 설립 요건도 달랐다. 은행 설립이 어려운 위스콘신주의 경우에는 보험회사를 설립해 은행 기능을 대신했다. 예금도 받았고 금으로 바꿀 수 있는 은행화폐bank notes도 발행했다. 대표적인 예가 1839년에 조지 스미스George Smith가 설립한 위스콘신 해상화재보험 Wisconsin Marine and Fire Insurance이다. 1851년에 일리노이주에 설립된 스프링필드 해상화재보험 Springfield Marine and Fire Insurance도 은행처럼 예금을 받았는데 링컨 대통령도 그 보험사 고객으로 310달러를 예

---

14) 밴더빌트대학교 홈페이지 참조.
15) J. P. Morgan History, www.history.com 참조

치한 경력이 있다고 한다.[16)]

　모건과 동시대 인물이었던 철강 재벌 앤드루 카네기Andrew Carnegie, 1835~1919와 석유 재벌 존 록펠러John D. Rockefeller, 1839~1937 등도 철도·금융·철강·석유 산업의 융합 발전을 통해 어마어마한 부를 모은 세계적 부자들이었다. 카네기는 1900년에 카네기 대학교를 건립해 후에 멜론 대학교와 합병해 오늘날의 명문 카네기-멜론 대학교를 만들었다. 록펠러 역시 시카고에 있는 작은 신학대를 인수해 시카고 대학교를 만들고 세계적인 명문으로 발전시켰다. 록펠러는 다시 뉴욕에 록펠러 연구소(후에 록펠러 대학교로 전환)를 만들었는데 이러한 학교들은 다수의 노벨상 수상자를 배출하면서 인류 발전에 이바지했다.

　돈과 은행의 태동 그리고 금융의 발전 과정을 보면 철강 및 철도 산업의 등장, 보험의 발전 등과 깊은 연계성을 가진다. 은행이 보험을 판매하기도 했고 보험회사가 은행처럼 예금을 취급하기도 했다. 이러한 과정에서 축적된 부는 자본시장의 발전을 촉진했고 아울러 많은 명문 대학들도 덕분에 설립되었다. 그러나 미국의 자본이 형성되는 과정에서 노예 제도라는 잘못된 역사도 연계되어 있다.

16) The History of JP Morgan Chase & Co, JP Morgan, 2008

3. 금리보험과 통화정책

금리와 경제

여러 거시경제 변수 중 금리는 우리 경제에 가장 큰 영향을 미친다. 금리의 크기에 따라 자금의 수요가 달라지고 투자도 달라지며 고용도 변하기 때문이다. 금리가 높아지면 자금의 수요가 줄어든다. 높은 금리로 자금을 조달했을 때 이를 초과해서 수익을 낼 수 있는 투자나 경제활동의 기회를 찾기가 상대적으로 더 어렵기 때문이다. 반대로 금리가 낮으면 돈을 빌려 사업을 하려는 경제주체가 많아진다. 낮아진 금리와 비교해 더 높은 수익을 낼 수 있는 사업을 찾기가 상대적으로 쉬워지기 때문이다. 금리가 낮은 상황에서 생산 활동에 참여하지 않는 경제주체라도 자동차 할부 구매 등 소비를 늘리거나 부동산을 구입해 자산을 늘리려고 돈을 더욱 필요로 한다. 그러므로 금리는 생산과 소비 활동 모두에 영향을 주는 매우 중요한 거시경제 변수다.

그래서 정부는 경기가 침체되면 돈의 공급량을 늘리거나 금리를 낮추어 경제활동을 촉진시키려고 한다. 반대로 경기가 과열되고 인플레이션이나 경제의 거품이 발생할 우려가 느껴지면 금리를 낮추어 경기를 진정시키려 한다. 금리 조정은 중앙은행이 해야 하는 가장 중요한 기능이다. 그러나 정치적 목적의 금리 조정을 배제하기 위해 거의 모든 나라에서는 중앙은행의 독립성을 강조한다.

한편 금리는 모든 자산으로부터 창출되는 미래 현금흐름을 현재가치로 환산할 때 사용하는 할인율이다. 그래서 약정 이자의 채권이나 장기 생명보험 등 거의 모든 자산의 가치는 금리가 내려가면 상승하지만 반대로 금리가 올라가면 그 가치는 내려간다. 즉, 금리와 자산 가치는 이론적으로 반대 방향으로 움직인다. 아무튼 한 나라의 금리 수준은 자산 가치를 좌우하는 아주 중요한 요소다.[17)]

금리 속에 있는 보험

금리의 변동은 자산이나 부채 가치의 변화를 가져온다. 예를 들어 금리의 하락은 자산 가치의 상승을 가져와 문제가 별로 없지만 반대로 금리가 상승하면 가치의 손실을 가져오는 경우가 많아 보험이 필요하다. 금리 변동으로 인한 손실을 헤지하기 위해 선물futures과 같은 파생상품을 이용한다.

사실 금리에는 이미 보험의 개념이 들어가 있다. 누가 돈을 빌리느냐에

---

17) 같은 논리로 고금리 시대에 비해 저금리 시대에는 연봉이 높지 않아도 안정된 직장에서 오래 근무할 수 있으면 몸값이 높아진다. 오늘날 대학생들이 공무원 등 안정적인 직장을 선호하는 이유다.

따라 이자가 달라지는데 그 이유는 차입자의 신용 리스크에 따라 리스크 프리미엄risk premium이라고 하는 보험료가 추가되기 때문이다. 보험의 가격 역시 프리미엄이라고 부르며,[18] 보험회사로 리스크를 전가하는 것에 대해 치르는 대가對價를 뜻한다. 리스크가 낮은 우량 신용 기업이 돈을 빌리면 리스크 프리미엄은 낮게 적용된다. 그러나 불확실성이 크고 신용이 좋지 않은 기업이 자금을 차입하려면 그에 상응해서 높은 리스크 프리미엄을 더 내야 한다.

은행은 다양한 사람들에게 대출을 해주는데 차입자의 신용에 따라 차등적인 리스크 프리미엄, 즉 보험료를 책정해 이자에 포함시킨다. 차입자가 돈을 잘 갚으면 리스크 프리미엄은 은행에 높은 수익을 안겨준다. 그런데 빚을 못 갚는 불량 채무자도 발생하기 마련이다. 이를 대비해 은행은 다양한 리스크의 차입자들이 추가로 부담한 리스크 프리미엄에서 대손충당금을 적립한다. 일종의 보험기금으로, 돈을 못 갚는 불량 채무로 인해 은행에 손실이 발생하면 이러한 충당금으로 보전한다. 차입 또는 대출 금리는 다음과 같은 관계식으로 정리된다.

차입(또는 대출) 금리 = 무위험 수익률 + 리스크 프리미엄

여기서 리스크 프리미엄은 차입 기간이 길어지면 일반적으로 높아진다. 기간이 길면 불확실성이 더 커지기 때문이다. 게다가 인플레이션 위험도 있다.

---

18) 가격(price)의 개념은 상품의 속성에 따라 별도의 이름으로 부르기도 한다. 기차나 버스 등 대중교통 수단을 이용한 대가로 지불하는 가격을 요금(fare)이라고 한다. 돈을 빌릴 때 주는 이자나 외국통화로 환전하는 환율은 rate라고 부른다.

일반적으로 단기금리는 상대적으로 낮고 장기금리는 상대적으로 높은 것이 일반적인 현상이다. 그 이유는 장기금리는 단기금리 예측의 평균에다 기간 프리미엄을 더한 값이기 때문이다.

장기금리 = 미래 단기금리의 평균 + 기간 프리미엄

중앙은행이 향후 단기금리를 인상할 것으로 판단되면 미래 단기금리의 평균 예측이 높아져 장기금리가 올라간다. 또한 기간 프리미엄을 구성하는 대표적인 요소가 물가 인상으로 인한 구매력 감소다. 그래서 인플레이션이 높으면 구매력 하락을 보전해주어야 하기 때문에 장기금리는 높아진다. 기간 프리미엄을 조정하는 다른 요소는 장기 국채에 대한 수요다. 향후 경기 침체 등을 예상하며 투자 대신 장기 국채로 돈이 몰려 수요가 늘어나면 기간 프리미엄은 낮아지고 장기금리는 하락한다.

그런데 우리 경제에는 장단기금리가 역전되는 경우도 발생한다. 장기금리가 단기금리보다 낮아지는 이유는 경기 침체를 예상하며 기업들이 투자를 보류함으로써 장기자금에 대한 수요가 떨어지기 때문이다. 그래서 장기금리가 단기금리보다 낮아지면 향후 경기 침체를 예견하는 경고등으로 해석한다.[19] 중앙은행이 경기 침체를 예상하며 금리 인상을 마무리하고 금리 인하로 돌아서면 미래 단기금리의 평균이 낮아지고 그 결과 장기금리가 하락하면서 심지어 단기금리보다 낮아질 수 있다.

예를 들면 2008년 글로벌 금융 위기 이후 처음으로 2019년 8월 14일에 미

---

[19] 장단기금리의 역전은 여러 경제 지표 중 경기 침체에 대한 예측력이 가장 정확한 지표로 알려져 있다. 백인석, "최근 미국 장단기금리 역전현상 평가 및 시사점", 자본시장 포커스, 2019-19호, 2019. 08. 27.

【그림 11】 미국 국채 10년물(장기)과 2년물(단기)의 금리 격차(%)와 경기 침체

장기-단기
금리 격차

* 미국 연방준비은행, St. Louis, 2019.　**8월 15일**

국 국채 10년물 금리(1.619%)가 국채 2년물 금리(1.628%)를 밑도는 역전 현상
이 벌어졌다.[20] 영국에서도 장단기금리의 역전 현상이 벌어졌다. [그림 11]
에서 보는 바와 같이 1978년 이후 미국의 장단기 국채 금리가 역전된 사례
가 총 다섯 번 있었는데, 그때마다 경기 침체가 뒤따랐다.[21] 여기에 독일 경
제가 2019년 2분기에 마이너스 성장(-0.1%)을 했고, 중국의 7월 산업 생산이
4.8% 증가에 그쳐 17년 만에 최저 수준을 기록하면서 글로벌 경기 침체에
대한 우려가 확산되고 있다. 미국의 '채권발鰲 경기 침체 신호'가 나타나자
글로벌 금융시장은 크게 요동쳤다. 2019년 8월 14일 유럽 증시는 2%, 뉴욕
3대 주가지수는 3% 급락했고, 8월 15일에는 일본과 대만 증시가 1%가량 하

20) 조선일보, "美국채, 장기·단기금리 역전… 경기 침체 사이렌 울리기 시작", 2019. 8. 16.
21) 한겨레, "장단기금리 역전, 경기 침체의 전조일까요", 2019. 8. 30.

락하는 등 아시아 증시도 출렁였다.

물론 장단기금리의 역전이 언제나 경기 침체를 예고하는 것은 아니다. 중앙은행이 경기 침체를 벗어나 기준금리를 올리면 단기금리가 먼저 영향을 받아 올라가기 때문에 장기금리보다 높아질 수도 있다. 게다가 고령화 사회의 진전 등으로 안전자산인 장기 국채에 대한 수요가 급증하면 기간 프리미엄이 낮아지고 그 결과 장기금리가 단기금리보다 낮아질 수도 있기 때문이다.

중립금리

각국의 중앙은행은 단기금리를 조정해 경제에 대한 전망 신호를 보내고 나머지 금리들이 따라 움직이도록 함으로써 그 나라 경제가 지속적으로 성장하기를 기대한다. 그래서 중앙은행은 시중 은행이나 다른 금융기관 사이에 거래되는 오버나이트 론overnight loan: 뉴욕 금융시장에서 증권딜러가 다른 금융기관에서 빌리는 최단기신용의 한 형태로 오늘 빌렸다가 다음 영업일에 결제하는 1일 자금 금리를 통해 한 나라의 금리를 조정하기 시작한다. 오버나이트 론은 초단기 차입으로 차입자의 부도 위험이나 향후 물가 인상에 의한 돈의 구매력이 변질되는 위험이 없다. 따라서 금융기관 사이의 오버나이트 론 금리는 무위험 투자의 수익률이라는 개념을 지닌다.

금융기관 사이의 오버나이트 론 금리가 무위험자산의 수익률로 결정되면 이를 기준점으로 기업과 같은 차입자의 신용 위험이나 향후 대출 기간에 따른 인플레이션 위험을 고려해 한 나라의 다른 금리들이 다 같은 방향으로 조정을 받는다. 중앙은행에 의한 단기금리 조정은 경제의 건강 상태나 인플레이션에 대한 우려 등의 암묵적 신호로 해석되기 때문에 금융시장에서 장기금리도 역시 이에 맞추어 변하게 된다. 중앙은행은 장기 명목금리에서 소비자물가지수를 차감한 실질금리를 계산해 장기 실질 중립금리를 판단하기도 한다.

　이러한 기준금리를 조정할 때 중앙은행은 고용의 극대화, 추세적 경제 성장의 유지, 물가 안정, 그리고 장기금리의 중도 균형을 목표로 한다.[22] 물론 중립금리는 경제 여건이 변하면 그 수준도 달라진다. 한 나라의 중립금리 수준을 좌우하는 주요 변수로는 세계 경제의 변화에 따른 자국 수출의 변화, 주택 가격의 변화, 주식시장, 채권 수익률의 변화 그리고 정부의 재정정책에 대한 기조나 철학 등이다. 만약 우리나라 경제가 이러한 균형 상태에 있다면 한국은행은 통화정책에 의해 굳이 경제를 촉진하거나 진정시키는 조치를 취할 필요가 없다.

　이러한 목표를 달성하려면 중앙은행은 경기를 과열시키지도 않고 동시에 경제 성장의 지속을 저해하지도 않는 균형금리 수준을 먼저 찾아내야 하는데 이러한 금리를 중립금리 또는 자연금리라고 부른다. 이러한 중립금리를 어떻게 찾아야 하는지는 누구도 정확히 모르기 때문에 경제 전문가들 사이에 판단의 차이가 발생할 수밖에 없다. 그래서 한 나라의 중립금리 수준을 찾을 때 여러 전문가로 구성된 위원회에서 논의를 거쳐 결정한다. 우리나라에서는 한국은행의 금융통화위원회가 이를 판단하며 미국에서는 연방준비제도이사회의 공개시장위원회Federal Open Market Committee, FOMC가 정한다.

---

22) Federal Reserve Bank of San Francisco, What is neutral monetary policy?, April 2005.

중립금리는 이론적으로 정한 균형금리이기 때문에 개념화는 쉬우나 산출은 어렵다. 게다가 향후 고용이나 국내총생산gross domestic product, GDP 성장률의 예측이 쉽지 않아 중립금리를 정확하게 정하기 어렵다. 그러나 우리가 자동차를 운전할 때 정확한 균형속도를 찾기는 어렵지만 대략적인 느낌이 있듯이 경제 전문가들도 중립금리를 감으로 찾으려고 노력할 수 있다.

도로에서 운전할 때 차의 속도를 줄이기 위해 브레이크를 갑자기 밟거나 속도를 내기 위해 가속 페달을 갑자기 세게 밟는 것은 위험하기도 하고 에너지 사용의 효율성 측면에서 피해야 한다. 도로 상황에 따라 적정 속도가 다르긴 해도 위험한 운전을 피하는 동시에 목적지에 빨리 도착하는 데 필요한 안정적이고 지속적인 운전 속도를 감으로 찾는다. 이것이 현실 시장에서 중립금리를 찾는 접근 방법에 비유될 수 있다.[23] 역사적 경험에서 보면 기준금리가 중립금리보다 낮은 상태를 장기간 유지하면 일시적으로는 경제 성장률이 높아지고 좋아 보일 수 있다. 그러나 궁극적으로는 경제에 불균형이 생기고 통제가 어려워져 중앙은행은 무리한 따라잡기 처방을 내리게 되며 그 결과 경기가 후퇴할 확률이 높다.

이는 우리 몸의 건강관리와 같아서 과식하면 일시적으로 에너지가 더 생기고 힘이 있어 보여도 장기적으로는 몸의 균형을 잃고 건강이 나빠지는 것과 비유된다. 우리 경제도 변수 간 균형을 이루고 온건한 상태를 유지하는 것이 지속적인 경제 성장을 유지할 확률이 높다는 것이 과거 역사의 교훈이다.

---

23) Kaplan Robert S., The Neutral Rate of Interest, Federal Reserve Bank of Dallas, October 24, 2018.

보험성 금리 인하

미국에서는 연방준비제도이사회가 정하는 기준금리와 중립금리를 비교해 통화정책을 판단한다. 연방준비제도이사회가 조정하는 기준금리가 중립금리보다 낮을 때 경제활동을 더욱 부추기는 정책을 쓴다. 그 결과 경제는 균형속도보다 더 빨리 성장하고 실업률은 줄어들지만 인플레이션이 오는 경향을 가진다. 이러한 국면에서 유휴 경제력은 점차 소멸하는 경향이 있을 것으로 판단된다.[24]

반대로 기준금리가 중립금리보다 높은 상태에 놓이면 통화정책은 경제활동을 제한한다고 볼 수 있다. 이러한 상황에서는 유휴 경제력은 점점 늘어난다. 따라서 경제 성장률은 둔화되고 실업률은 상승하며, 물가 인상은 멈추거나 줄어드는 경향을 가진다.

경기가 과열되지도 않고 후퇴하지도 않는 온유하고 적정한 경제 성장을 '골디락스Goldilocks'라고 하며 이것이 가장 바람직한 경제 상황이다. 고급 레스토랑에 가서 음식을 주문하면 너무 뜨겁지도 않고 그렇다고 식지도 않은 적당한 온도의 음식이 나올 때가 있다. 그런 음식이 우리 입으로 들어가면 '정말, 딱 좋아goldilocks!'라는 행복감을 갖는다. 와인을 한잔 곁들이면 금상첨화다. 이때 와인도 음식에 맞추어 최고의 맛을 내는 적정 온도가 있다.

그러나 경제에서는 음식처럼 골디락스를 찾아 유지하기가 쉽지 않다. 왜냐하면 경제는 살아 움직이는 생물이기 때문이다. 지금 경기가 침체기로 들어가려고 하는지 아니면 아직은 여전히 성장을 잘 유지하고 있는지를 판별

---

24) 유휴 경제력(economic slack)은 한 나라의 경제적 생산 능력 중에서 쓰이지 않는 부분을 말한다. 산업 생산 능력이나 주택, 고용 등이 얼마나 사용되지 않고 유휴(slack) 상태로 남아 있는지를 표현하는 용어다.

하기 어려운 경우가 많다.

이처럼 모호할 때 중앙은행이 쓰는 정책이 '보험성 금리 인하insurance rate cut'다. 즉, 시장 상황에 불확실성이 크고 전문가들 사이에 미래 전망이 서로 다른 경우에 예방적인 차원에서 금리를 약간 인하함으로써 향후 발생할 수 있는 경기 침체와 이로 인한 경제적 고통을 막아주는 것이다. 날씨가 장마에 들어갔는지 아닌지 잘 모르는 상황에서 아침 하늘에 먹구름이 보이면 우산을 가지고 나가는 것이 안전한 것과 마찬가지다.

미국 연방준비제도이사회는 이러한 '보험성 금리 인하'를 2019년 하반기에 두 차례(7월과 9월)나 단행했다.[25] 적정한 수준의 경제 성장과 인플레이션을 유지하기 위한 보험이다. 금리를 인하함으로써 혹시 일어날 수 있는 세계적 경제 성장 약세와 무역 마찰로부터 오는 하강 리스크를 헤지하려는 것이다.[26]

미국이 이처럼 금리 인하를 단행한 이유는 대외적인 불확실성이 커졌기 때문이다. 불확실성을 유발한 대표적인 사건이 2019년 미국과 중국 사이의 관세 및 무역 마찰의 심화, 홍콩의 대규모 반정부 시위 장기화, 미국과 이란 사이의 정치 경제적 마찰 등이다. 그 결과 미국에서는 사업 투자가 줄어들었고 금리 변동에 매우 민감한 부동산시장에서 장기금리가 하락했다.[27]

---

25) Patti Domm, "Fed insurance cut gets cold shoulder from markets", CNBC, September 19, 2019.
26) Craig Torres, "Fed Saw July Rate Cut as Insurance for Growth and Inflation", Bloomberg, August 22, 2019.
27) Office of the Economist, "Goldilocks and the Insurance Cut", KPMG, August 8, 2019.

기준금리 인상 피해와 보험

변동금리로 장기 부동산 담보 대출을 받은 주택 소유자는 향후 금리가 하락하면 이자 부담이 줄어들기 때문에 재정적으로 유리해지지만 금리가 상승하면 이자 부담이 늘어나 경제적으로 어려워진다. 영국에서는 금리 상승 시 주택 담보 대출을 받은 소비자의 이자 부담을 줄여주기 위해 마켓가드MarketGuard라는 보험회사가 '레이트가드RateGuard'라고 부르는 금리보험을 개발해 판매했다.[28] 이 보험은 영국 중앙은행의 기준금리 변동을 기준으로 만든 보장상품이다.

2008년 당시 10만 파운드의 담보 대출에 대해 상품에 따라 보험료가 9~14파운드에 불과했다.[29] 금리보험은 영국에서 600만 명 정도의 주택금융 소비자들에게 더욱 큰 담보를 제공하고 있는 것으로 알려져 있다.[30] 중앙은행이 정한 현행 기준금리와 비교해 금리가 일정 퍼센트(α) 이상 상승하면 그 초과분은 보험에서 부담해준다. 반면에 금리가 하락하면 보험은 이자 보상을 해주지 않는다. 그래서 [그림 12]와 같은 구조로 보험 가입자는 부동산 담보 대출에 대해 이자를 부담한다. 영국에서 보험 가입자는 금리 인상 폭(α)을 1.0~1.5% 사이에서 미리 선택하게 되는데 당연히 α값이 낮으면 보험료가 높아지고 반대로 높으면 보험료는 싸진다.

이 보험은 금리 인상에서 오는 주택 구매자의 이자 부담을 줄여주는 것

---

28) Harry Wallop, Homeowners offered more security with interest rate insurance, Telegraph, March 12, 2008. Also, Emma Simon, Interest rate rise would leave 3 million homeowners unable to pay their mortgage, Telegraph, May 5, 2011.
29) 이러한 금리보험은 덴마크에서도 판매되고 있다.
30) Wikipedia, Interest Rate Insurance, 2018년 12월 31일 열람.

【그림 12】 영국 주택 담보 대출 금리 인상에 대한 보험

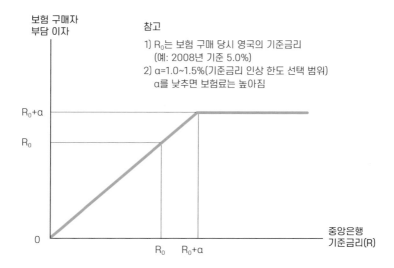

보험 구매자
부담 이자

참고

1) R_0는 보험 구매 당시 영국의 기준금리
   (예: 2008년 기준 5.0%)
2) $\alpha=1.0\sim1.5\%$(기준금리 인상 한도 선택 범위)
   α를 낮추면 보험료는 높아짐

$R_0+\alpha$

R_0

0

R_0 $R_0+\alpha$

중앙은행
기준금리(R)

이 목적이기 때문에 담보 대출 차입자인 보험 구매자의 신용 리스크나 해당 부동산의 가치를 따로 평가할 필요가 없으며, 아울러 보험 가입자의 도덕적 해이도 걱정할 필요가 없다는 장점을 지닌다. 따라서 주택 담보 대출을 받은 모든 소비자가 별다른 계약 심사 없이 보험에 쉽게 가입할 수 있는 장점이 있다.

정리하면, 금리는 우리 경제활동을 조절해주고 자산 가치와 금리 비용 부담을 결정해주는 매우 중요한 경제 변수다. 이러한 금리에는 리스크 프리미엄이라는 보험료가 들어 있다. 은행은 대손충당금이라는 보험기금을 미리 적립해놓고 대출에서 불량 채권이 발생하면 이 돈으로 해당 손해를 충당한다.

한 국가의 통화정책 당국도 그 나라 금리 수준을 적절히 조절하는 데 '보

험성 금리 인하' 등과 같은 보험의 사전적 대비 개념을 사용한다. 금리 인상 등으로 장기 부동산 담보 대출 소비자가 피해를 보면 이를 보상해주는 보험도 있다. 이는 보험의 원리가 은행을 포함한 금융시장에서 매우 중요한 역할을 하고 있음을 보여준다.

4. 금융 버블과 예금보험

금융 위기와 긴급 공적자금

1997년은 대한민국 국민 모두에게 잊을 수 없는 해로, 너무 큰 시련이 주어졌다. 대마불사大馬不死 외치던 국내 대형 기업들이 줄줄이 파산했고 주가는 연일 폭락하면서 많은 사람들이 직장을 잃었다. 이때는 너무나 긴박한 금융 위기 상황이라 직장에서 내쫓긴 사람들은 아무런 불평도 못 하고 실직자가 되었다.

시중 은행의 대부분은 돈을 빌린 기업들이 도산하자 연쇄 반응으로 역시 지급 불능 상태에 빠졌다. 아울러 기업의 회사채 발행에 대해 보증을 선 보증보험회사들도 모두 파산했다. 외형 성장 위주의 기업 경영과 금융 버블이 만든 대공황이었다. 은행이 파산하면 예금자들이 저축으로 맡긴 소중한 돈을 찾지 못하는 피해가 발생한다. 그래서 예금에도 보장이 필요하다.

금융시장의 붕괴와 혼란에서 벗어나고자 정부는 우선 국제통화기금

International Monetary Fund, IMF에 구제금융을 요청하고 국민 혈세 등을 기반으로 공적자금을 조성해 대대적인 금융기관 통폐합과 구조조정을 추진함과 동시에 시장에서 거품을 없애고 외형보다는 내실 있는 책임경영을 강조했다.

1996년에 설립된 예금보험공사와 정부가 국내 대형 은행들이 줄줄이 파산하는 와중에 공적자금 재원 조달을 위해 큰 역할을 했다. 아울러 정부의 요청에 따라 우체국보험과 같이 장기자본(준비금)을 안정적으로 비축한 공영 보험이나 연기금도 공적자금 조달에 동참했다.

1997년 외환 위기에 투입된 공적자금은 총 168조 7,000억 원이었다. 2019년 9월까지 116조 8,000억 원이 회수됨으로써 69.2%의 회수율을 보이고 있으며 51조 9,000억 원이 아직 회수되지 않았다.[31] 공적자금은 예금보험공사와 자산관리공사가 정부 보증을 받아 발행한 채권과 공공자금 등으로 조성해 지원하고, 이후에 회수한 자금 등으로 상환한다. 공적자금은 국채 발행 등 빚으로 충당해야 하기 때문에 결국 그 부담은 국민에게 돌아오게 된다.

버블로 인한 금융 위기의 발생 역사는 오래전으로 거슬러 올라간다. 우선 1635~1637년에 네덜란드에서 일어난 튤립 버블이 대표적인 사례로 꼽힌다. 1630년대 초 유럽에서는 튤립이 화단에서 보고 즐기는 대상이 아니라 투기꾼들이 폭리를 취하기 위한 투기의 대상이었다. 1636년 암스테르담에서는 튤립 알뿌리 전담 거래 시장이 증권거래소 안에 생길 정도였다. 그러면서 튤립 가격이 1년 사이에 100배까지 올랐지만, 너도나도 튤립 재배에 뛰어들면서 1637년 2월부터 수요보다 공급이 많아지자 가격이 떨어지기 시작했고 대중은 공황 상태에 빠졌다. 그리고 튤립시장은 순식간에 붕괴되

---

31) 금융위원회, 보도자료(2019년 3/4분기 현재 공적자금 운영 현황), 2019. 12. 20.

었다.

　영국에서는 1720년에 정부가 운영하던 남해South Sea 주식회사의 주식이 급등했다가 갑자기 폭락으로 돌아서면서 금융시장 전체가 공황에 빠졌다. 당시 스페인의 왕위계승 문제로 유럽의 여러 국가들이 갈등을 빚으면서 마침내 전쟁으로 번졌다. 영국도 여기에 참여하면서 전쟁 비용을 조달하기 위해 재무장관 할리가 직접 남해 주식회사를 설립해 태평양 및 남아메리카 해상의 상업과 무역을 독점적으로 경영했다. 영국의 투자자들은 정부에 대한 신뢰와 해당 지역에서의 독점적 시장 지배가 큰 이익을 가져다줄 것을 기대하고 남해 주식회사의 주식을 매입하기 시작했다. 그 결과 이 회사 주가는 빠르게 상승해 초반에 투자자들 대부분은 많은 수익을 얻었다. 그중 한 사람이 만유인력의 법칙을 발견한 물리학자 아이작 뉴턴Isaac Newton, 1642~1727 이었다. 이때 군인, 가정주부 등 투자의 문외한들도 여기에 뛰어들었다. 주가가 더욱 오르자 뉴턴은 거의 전 재산을 남해 주식회사 주식에 투자했다. 1720년 이 회사 주식은 128파운드에서 1,000파운드까지 급등했다. 이러한 분위기에 편승해 다른 회사의 주식들도 별다른 이유 없이 뛰기 시작했다. 이러한 상황이 되자 영국 정부는 시장에 개입해 주식시장을 진정시키려 했고, 그해 여름에 갑자기 외국 투자자들이 매도로 돌아서자 국내 투자자들이 투매에 나서면서 같은 해 연말에는 남해 주식회사 주가가 124파운드로 곤두박질쳤다. 뉴턴도 투자한 돈을 거의 날리게 되었다. 당시 그의 손실액은 2만 파운드로 그가 평생 모은 저축액에 해당하는데, 오늘날 가치로 환산하면 50~60억 원 정도라고 한다. 돈을 잃고 난 뉴턴은 본인의 허황된 꿈을 한탄하면서 이렇게 말했다고 한다.

　"천체의 운행 궤적을 계산해낸 나였지만 주식시장에서 인간들이 이렇게 투기로 광분할 수 있다는 것은 예측하지 못했다."

이러한 금융 위기는 반복적으로 발생하는데 우리나라는 1997년 외환 위기 때 나라 전체가 흔들렸다. 그로부터 대략 10년 후인 2008년에는 미국발 세계적 금융 위기가 닥쳐 리먼 브라더스Lehman Brothers와 같은 글로벌 투자은행과 AIG와 같은 대형 보험회사들이 파산하거나 파산 직전으로 내몰렸다.

금융기관 파산보험과 일부보장

금융 위기 등으로 금융기관이 파산하면 여기에 돈을 맡긴 사람들의 피해가 심하다. 금융기관의 파산과 그로 인한 고객의 피해를 구제하기 위한 예금보험 제도가 대부분 나라에서 운영되고 있다.

우리나라 예금보험공사는 금융회사가 예금을 지급할 수 없는 경우 예금의 지급을 보장함으로써 예금자를 보호하고 금융 제도의 안정성을 유지하고자 예금자보호법에 의거해 1996년에 설립되었다. 예금보험기금은 금융회사가 파산 등으로 고객의 예금을 지급할 수 없을 때 이를 대신 지급하기 위한 재원으로, 예금보험 대상 은행 및 보험회사 등이 낸 보험료, 정부와 예금보험 대상 금융회사의 출연금, 예금보험기금채권 등으로 조성된다.

예금보험은 1997년 전액보장 제도로 전환해 금융 위기로 파산한 은행 등 금융기관의 고객을 전부 보호해주었다. 그러나 2001년부터는 예금보험 가입기관의 도덕적 해이를 줄이기 위해 5,000만 원 한도의 일부보장 제도로 다시 전환했다.

우리나라의 경우 은행, 저축은행, 보험회사 등이 파산해 금융기관에 맡긴 원금이나 이자를 받지 못하는 경우 예금보험공사가 예금자에게 보험금을 지급한다. 이는 금융기관의 사망보험 계약이라고 볼 수 있다. 단 은행에 맡긴 돈이라고 하더라도 양도성예금증서CD, 수익증권 등 실적배당 투자상품이나 주택청약저축은 예금자보험의 보호를 받지 못한다.

예금보험은 왜 전액보장 대신 일부보장으로 설계했을까?

우리나라에서 1997년 외환 위기가 발생하기 전에는 정부가 은행이나 보험회사의 파산에 대해 거의 무한정 책임을 져주었다. 그래서 금융 고객들은 금융기관의 부실화를 걱정할 필요도 없었고 큰 은행이나 대형 보험사들 역시 대마불사의 신화만 믿었다.

하지만 금융 위기를 유발하는 금융기관의 무책임하고 방만한 운영과 도덕적 해이를 줄이기 위해서는 시장에서 돈을 공급하는 고객의 감시 기능이 강화될 필요가 있었다. 1997년 외환 위기를 겪고 나서야 이를 깨달은 우리나라에서도 예금보험이 일부보장으로 설계되었다. 그래서 고객들은 자신이 거래하는 금융기관이 효율적이고 생산적으로 운영되고 있는지 감시하고 안정적인 금융기관을 선호하게 되었다. 그 결과 일부보장은 금융시장에서 제한된 자원이나 돈의 효율적인 배분과 자연스러운 구조조정을 유도하는 원천이 되었다. 금융기관이 방만하게 경영되면 고객이 이탈해 시장에서 자연스럽게 퇴출될 수밖에 없다. 반대로 효율적인 금융기관에는 거래도 많아지기 때문에 상대적으로 낮은 비용으로도 자금을 조달할 수 있다.

금융시장의 효율성을 높이고 금융 위기의 원인들을 사전에 제거하기 위해서는 예금보험이 일부보장으로 설계되는 것이 중요하다. 이는 전통적인 보험상품의 대부분을 일부보장으로 설계하는 이유이기도 하다. 예를 들면 자동차보험에서는 통상 자기부담금deductible 제도를 두어 일정 한도까지의 작은 손실은 보험 가입자 본인이 부담한다. 의료보험 등에서는 공동보험co-insurance으로 설계해 병원 치료비를 정한 비율로 나누어 가입자와 보험사가 공동 분담한다. 그리고 재보험 등에서는 손해 규모에 따라 층을 나누어 층마다 보상 상한제를 둔다.

예금보험의 차등 요율

1996년 예금보험공사 설립 이후 예금보험의 보험료는 같은 유형의 금융기관에 대해 동일한 보험료율을 적용해왔다. 그러나 2014년부터는 일반 보험처럼 차등적 보험료율 제도를 도입했다. 따라서 같은 시중 은행으로 분류되더라도 각 은행별 상품 구성 및 중요 재무비율을 토대로 리스크를 평가해 리스크가 높은 은행에는 높은 보험료율을 적용하고 리스크가 낮은 은행에는 낮은 보험료율을 적용하게 되었다.

차등 보험료율 제도 역시 보험 가입자의 도덕적 해이를 줄이기 위한 장치이며, 자동차보험 등 민영 보험에서는 전통적으로 사용해온 기법이다. 그래야 금융기관들이 경영 리스크를 줄이고 안정적으로 기업을 운영하려는 노력을 하기 때문이다. 이는 개인 가입자의 사례에서 언더라이팅을 통해 차별화된 보험료를 지불하도록 하지 않을 때 일어나는 역선택[32]과 같은 결과를 불러온다. 즉, 위험이 낮은 기업들은 떠나고 위험이 높은 기업들만 남는 것

---

32) 보험이 가입자의 위험을 평가하고 분류해 위험 크기에 따라 차등적 보험료율을 부과하지 못하면 고위험 계약자에게 보험 제도가 역으로 선택당하는 상황을 의미한다.

이다. 이러한 역선택 문제가 해소되지 못하고 방치되면 보험 제도는 더 이상 존재하기 어려워 결국 붕괴할 것이다.

5. 보험은 은행 대출의 동반자

보험에 의존하는 대출

은행은 금융 산업의 핵심축으로, 다수의 저축자로부터 예금을 받아 이를 돈이 필요한 사람과 기업에 빌려주는 일을 통해 대출이자에서 예금이자를 빼고 남는 수익, 즉 예대마진을 수익으로 얻는 금융업을 영위한다. 그런데 은행은 대출해줄 때 차입자에게 주로 부동산 담보 제공을 요구하고, 부동산 담보를 제공할 수 없는 차입자에게는 대출 상환을 담보하는 대안으로 보증보험을 요구한다. 따라서 은행 대출이 이루어지는 과정을 보면 차입자의 신용 평가에 기초한 신용대출보다는 보험에 편하게 의존해왔다.

우리나라가 정부 주도로 경제개발을 본격적으로 추진하기 시작한 1960년대 초 이후 자금시장에서 수요보다 공급이 늘 부족했다. 그래서 은행은 공급자 편의 위주로 대출을 운영하면서 돈을 빌리는 차입자에 대해서는 늘 갑의 위치에 있었다. 은행 대출에서는 차입자가 돈을 못 갚을 것에 대비해서 충분한 물적·인적 담보를 요구했다. 가계 대출이든 기업 대출이든 은행은 신용 평가에 기초한 신용대출은 거의 없었다. 그래서 차입자인 을은 돈을 빌리기 위해서는 집을 담보로 저당 잡히거나, 부동산이 없으면 친인척을 보증인으로 세웠다. 부동산이나 친인척이 보험인 셈이다.

은행은 대출의 담보로 잡은 부동산의 가치를 유지하기 위해 화재보험이나 주택보험에 가입해야 한다. 담보 재산이 파손되는 경우에 담보권 행사가 어려워지고 대출금을 전부 회수하지 못하고 손해를 볼 수 있기 때문이다.

보험에서는 피보험 이익insurable interest의 원칙에 따라 다른 사람이 소유한 재산에 대해 보험을 들 수 없는 것이 원칙이다. 예를 들면 화재로 인한 손해가 발생하더라도 나와 경제적 이해관계가 없는 이웃집에 대해서는 내가 화재보험에 가입할 수 없다. 타인의 재산에 대해 보험 가입을 허용하면 고의로 사고를 일으키고 보험금을 타려는 도덕적 해이가 높아질 수 있기 때문이다. 그래서 경제적 이해관계를 가지는 재산 소유자가 보험 가입 여부를 결정하는 것이 원칙이다. 그러나 대출 계약이 이루어지면 은행은 차입자의 주택에 대해 경제적 이해관계를 가지게 된다. 그 결과 은행은 타인 소유의 재산이지만 담보권이 설정된 부동산에 대해 보험에 가입할 수 있다.

과거 공급자 중심의 은행 대출시장에서 차입자들은 돈을 빌리기 위해서는 담보 설정 비용도 스스로 부담했고 화재보험 가입비도 본인이 부담해야 했다. 그런데 최근에는 제도적 변화가 일어나고 있다. 그중 하나가 2012년부터 담보 설정 비용을 은행이 부담하도록 제도가 개선된 것이다.[33] 이는 은행이 더 이상 갑의 위치에 군림하기 어려워지고 있는 상황을 잘 보여준다.

---

33) "담보 대출 근저당 설정비, 내달부터 은행 부담", SBS 뉴스, 2011년 6월 6일.

대출채권 보존을 위해 담보를 설정하므로 그 수혜자인 은행이 비용을 부담하는 것은 당연한 이치다.

차입자가 대출을 갚지 못하면 저당 잡힌 집이 날아가거나 보증을 선 친인척이 대신 지급할 의무를 지면서 이루 말할 수 없는 경제 및 심리적 고통을 당하기도 했다. 이러한 병폐 때문에 친인척 보증이 최근에는 제도적으로 거의 사라졌고 그 자리를 보증보험이 대신하고 있다.[34] 그렇지만 부동산 담보 대출은 여전히 은행의 관행으로 남아 있다.

리스크 평가와 신용대출

은행은 리스크 평가와 신용대출 대신에 왜 담보 위주의 대출을 하는가? 그 이유는 간단하다. 은행은 리스크를 평가하는 기능을 제대로 키워오지 못했고 금융시장에서 늘 갑의 위치에 서서 리스크를 부담하는 것을 피했기 때문이다. 공급자 중심의 금융시장에서 은행은 부동산 담보나 보증보험을 이용해 땅 짚고 헤엄치며 살아갈 수 있었다.

2019년 10월 금융감독원이 국회에 제출한 자료에 따르면 우리나라 시중은행들은 중소기업과 개인 사업자에게는 여전히 담보 위주의 대출을 하고 있다. 2019년 6월 말 기준으로 중소기업과 개인 사업자에 대한 총대출 723조 원 중 신용대출은 26.6%에 불과하다. 신용대출을 제외한 나머지는 부동

---

34) 연합뉴스, "빚 연대보증 역사 속으로…올해 안에 대부업도 폐지", 2017년 5월 3일. 빚보증으로 전 재산을 잃는 피해자가 속출하자 한국 정부는 2012년 은행권, 2013년 제2금융권에서 제3자 연대 보증제를 폐지했다.

산 담보 대출 또는 보증보험에 기초한 대출이다. 반대로 대기업의 경우에는 신용대출 비중이 높아졌다. 대기업에 대한 총대출 178조 원 가운데 65%가 신용대출로 집행되었다.[35] 그래서 국회에서도 중소기업 활성화를 위해 시중 은행은 그들의 담보가 아닌 신용 평가를 통해서 자금 지원을 해야 한다고 지적했다.[36]

어쨌든 21세기 경쟁적인 금융시장에서는 자금 공급이 많이 늘어나고 다양화되었으며 금리도 매우 낮은 편이다. 그래서 오늘날에는 은행이 일방적으로 갑의 위치를 누리기는 어렵게 되었다. 이제는 세상이 바뀌어 금융기관의 유형이 무엇이든 금융의 가장 중요한 핵심 역량은 신용 위험 등 다양한 리스크 평가와 가치를 정하는 것이다.[37]

리스크 평가는 자본시장에서도 매우 중요해졌다. 국내에서는 1997년 금융 위기 이전에 기업이 회사채를 발행할 때 주로 보증이나 보험에 의존한 회사채(보증사채)를 발행해 자금을 조달했다. 대우, 한보철강 등 당시 대기업조차도 보증사채를 통해 주로 자금을 조달했다. 그러나 대기업의 줄도산으로 보증보험사의 경영이 악화되거나 파산으로 이어졌고 그 결과 회사채 발행 기업은 물론 보증보험사도 함께 망하는 결과를 낳았다. 1997년 외환 위기는 금융시장이 대혼란에 빠지는 엄청난 대가를 요구했다. 이러한 연쇄 파탄의 쓰라린 경험 이후 국내 금융시장에서도 위험 전이와 연쇄 부도를 막기 위해서 회사채 보증이 거의 사라졌다.[38] 이제는 금융기관별로 투자상품에 대한

35) 전자신문, 2019년 10월 7일.
36) 뉴스핌, 2019. 10. 1. 국내 은행들의 대출 형태를 검토한 장병완 의원은 은행이 위험을 피해 다니며 안정적인 이자 장사만 한다고 비판했다.
37) ECB(European Central Bank), "The Importance of Insurance Companies for Financial Stability", Financial Stability Review, December 2009, pp.160~168.

【표 8】 은행과 보험회사의 연도별 자산수익률(ROA) 비교

(단위: %)

분야\연도	2014	2015	2016	2017	2018
시중 은행	0.38	0.29	0.43	0.58	0.62
생명보험	0.60	0.52	0.33	0.48	0.49
손해보험	1.30	1.26	1.45	1.46	1.13

* 자료: 금융감독원(www.fss.or.kr) 은행 통계 및 보험연구실 동향분석실(2019. 10. 8)

리스크 평가와 인수 여부를 스스로 결정해야 한다.

과거에 보험사의 리스크 평가 및 관리 기능은 매우 궂은 일이었다. 그러나 오늘날 리스크 평가는 금융기관의 생존과 직결되어 있고 다양한 가치를 창출한다. 이러한 면에서 과거 험준한 경영 환경에서 성장한 보험은 온실에서 힘들고 어려운 일은 하지 않았던 은행에 비해 더 강인한 경쟁력을 얻은 셈이다. 힘들고 어려운 일에서는 높은 이윤을 기대할 수 있지만 편하고 쉬운 일에서는 낮은 이윤밖에 얻을 수 없는 세상이 되었다.

은행과 보험 산업의 자산수익률return on assets, ROA을 비교해보면 다양한 리스크를 상품화하는 손해보험의 경우 은행과 비교하면 훨씬 더 높다. 생명보험사도 2015년까지는 은행보다 자산수익률이 높았다. 그러나 2016년 이후에는 생명보험사의 자산수익률이 은행에 비해서 낮아졌다. 그 이유는 국내에서도 장기적인 저금리 기조로 과거 높은 수준의 고정금리로 설계해 판매한 생명보험상품에서 역마진이 지속적으로 발생하고 있기 때문이다. 우리

38) 머니투데이, 직접금융 자금 조달 100조 시대, 2002년 1월 17일 자. "1997년 이전에는 회사채가 보증채 위주로 발행되었으나, 1997년 외환 위기 이후에는 금융기관들의 위험관리 정책 등에 따라 보증사채시장이 축소되었고, 무보증사채의 발행이 증가했다."

【표 9】 금융권역별 장기수익률(%) 현황

분석 기간＼분야	은행	손해보험	생명보험	증권회사
5년	1.60	1.99	1.91	1.96
10년	2.67	2.93	2.85	3.11

* 자료: 보험감독원 보도자료, 2020. 04. 06. '2019년도 퇴직연금 적립금 운용현황 통계'

나라 보험회사의 자산수익률은 미국과 같은 금융 선진국의 보험회사와 비교하면 아직은 낮은 수준이다.[39]

한편 은행·보험·증권 등 거의 모든 금융기관이 기업연금 유치를 놓고 치열하게 경쟁하고 있는 퇴직연금시장에서도 은행은 가장 저조한 투자수익률을 보여준다. [표 9]는 금융감독원이 발표한 2019년 기준 과거 5년 및 10년의 장기수익률(수수료 차감 후 연 환산 수익률) 현황을 비교해 보여준다. 은행권이 운용하는 퇴직연금의 장기수익률이 가장 낮은 것은 오늘날 금융시장에서 리스크를 수용하고 관리하는 은행의 역량이 상대적으로 부족함을 보여주는 사례다. 다양한 리스크를 상품의 소재로 다루고 있는 증권이나 보험, 특히 손해보험은 상대적으로 높은 투자수익을 실현하고 있다.

은행 대출의 모순

전 세계적인 불황이 계속되어 기준금리가 수년에 걸쳐 하락하며, 제로금리 시대에 들어서고 있다. 기준금리가 내려가면 은행의 예대마진도 줄어들

39) 보험연구원, 2020년 보험 산업 전망과 과제, 2019. 12, p.16.

게 마련이다. 실제로 국내 시중 은행의 예대마진 규모는 점차 줄어들고 있지만 여전히 전체 이익 중 80%가 넘는 큰 비중을 차지한다.

대출 건별 예대마진은 차입자의 신용등급에 따라 달라진다. 신용이 좋은 사람에게는 대출 금리가 낮고 그만큼 은행의 마진도 줄어든다. 반대로 신용이 낮은 사람에게는 대출을 해줄 경우 금리가 높고 마진도 크다. 하지만 이 경우에는 차입자가 빌린 돈을 못 갚을 경우도 있기에 이윤은커녕 오히려 손실이 발생한다. 그래서 은행은 경제력이 약한 개인이나 기업에 돈을 빌려주기를 꺼린다. 정말 필요한 사람은 정작 은행에서 대출을 받기가 힘든 모순이 펼쳐진다. 이것이 은행 자금 중개 기능의 한계다.

보험은 어떠한가? 보험은 어려울 때에 대비해 개인이나 기업이 미리 마련해놓는 자금 조달원이다. 그래서 보험은 재정적으로 어려운 상황에서 오히려 자금을 조달할 수 있는 비상자본 contingent claims asset 수단이다.

가정 경제가 기울거나 사업이 망하면 친구도 피하고 은행도 피하는 것이 현실이다. 그러나 보험은 어려운 처지에 빠진 사람이나 기업에 오히려 보험금을 지급해 그들이 경제적 위기에서 벗어나게 해주는 기능을 한다.

6. 은행의 환율보험과 사기 논쟁

환율 하락 위험과 KIKO

2007년 미국의 서브프라임 모기지로부터 시작된 세계적 금융 위기의 직전에, 국내 수출업자들은 향후 달러 가치의 하락을 염려해 환율 변동 위험을 분산할 수 있는 보험이 있었으면 했다. 수출로 달러를 벌어 왔는데 달러 가치가 하락하면 원화로 바꾼 돈이 줄어들기 때문이다. 이러한 기업의 욕구에 부응해 시중 은행들은 키코KIKO라고 하는 통화 옵션, 즉 보험을 판매했고 많은 중소형 수출 기업들이 KIKO를 구매했다.

다소 복잡한 수익 구조의 KIKO를 이해하려면 먼저 보험에 대한 지식이 필요하다. 보험은 가입자가 약관에 정한 사고로 손해를 입으면 보험금 청구권이 생기며, 청구금액은 사고로 입은 피해액이다. 그래서 피해가 크면 많은 보험금을 타고 피해가 적으면 적은 보험금을 받으며 보험에서는 이를 실제 손실(실손) 보상이라고 부른다. 보험의 이러한 수익, 즉 보험금 구조는 파생상품 중 하나인 풋옵션put option의 수익 구조와 같다. 그래서 금융을 공부한 사람들은 보험을 풋옵션이라고도 부른다.

풋옵션은 주가, 금리, 환율 또는 원유처럼 가격 변동이 큰 기초자산을 미리 정한 행사가격striking price으로 만기에 팔 수 있는 권리다. 따라서 풋옵션을 사서 보유하고 있는 사람은 해당 기초자산의 가격이 하락하면 하락할수록 옵션을 행사해 얻는 수익이 커진다. 반대로 풋옵션을 매도한 사람은 해당 기초자산의 가격이 미리 정해놓은 행사가격 이하로 하락하면 매수자가 권리를 행사하므로 손해가 발생한다.

풋옵션의 매수자는 보험 가입자에 해당하고 매도자는 보험회사에 해당한다. 옵션 매수자는 매도자에게 값을 지급해야 하는데 이를 옵션 프리미엄이라고 부르며, 보험료의 성격을 가진다. 보험에서 계약자에게 사고 피해가 발생하지 않으면 보험회사는 보험료를 고스란히 수입으로 챙기고 계약이 소멸한다. 마찬가지로 옵션 매도자는 기초자산의 가격이 행사가격 이하로 떨어지지 않으면 옵션 프리미엄을 챙기고 만기에 그 계약은 종료된다. 그래서 풋옵션은 주식 등 가격 변동이 심한 자산을 구매해 보유하고 있는 투자자에게 해당 주식의 가격이 하락할 때 입을 수 있는 손실을 복구해주는 보험이다. 보유 주식의 가치 하락으로 인한 손실은 풋옵션의 수익, 즉 보험금으로 상쇄되기 때문이다. 이는 보험의 실손 보상과 같다.

풋옵션이 어떤 자산의 가격 하락 위험을 분산하기 위해 구매하는 것이라면 반대로 콜옵션call option은 자산의 가격 상승으로 인한 피해를 분산하기 위해 구매한다. 기업이 향후 구매하려고 하는 원자재나 원유 등의 가격이 너무 크게 상승하면 손해가 발생한다. 그래서 어떤 기초자산을 미리 정한 행사가격으로 만기에 살 수 있는 권리인 콜옵션을 구매해 보유하고 있으면 해당 자산의 가격이 아무리 올라도 미리 정한 행사가격에 구매할 수 있다.

풋옵션이나 콜옵션은 기초자산의 가격 변동에 따라 매수자와 매도자의 손익이 각각 반대로 움직인다. 파생상품과 연계된 많은 투자 상품에서는 동일한 기초자산에 대해 발행된 콜옵션과 풋옵션을 동시에 편입 보유하기도 한다. 그러면 다양한 수익 구조의 금융상품을 만들어낼 수 있기 때문이며 그중에 하나가 KIKO다.

환율 하락 위험에 대비해 만든 KIKO는 수익을 그다지 못 낼 것 같은 out of the money 콜옵션 두 개를 팔아 그 대금으로 돈이 될 것 같은 in the money 풋옵션 하나를 매수하는 이중 포지션을 취한 상품이다. 향후 돈이 좀 될 것 같은 풋옵션은 가격이 상대적으로 높다. 반대로 돈이 안 될 것 같은 콜옵션은 가격이 낮아 두 개를 팔아야 콜옵션 하나를 사는 상황이다.[40]

KIKO(기초자산: 원·달러 환율)
= [2 콜옵션 매도 + 1 풋옵션 매수] & [옵션의 효력 발생 수치(배리어1) 또는 소멸 수치(배리어2) 설정]

콜옵션 두 개 매도와 풋옵션 한 개 매수로 동시 포지션을 취한 KIKO는 각 옵션의 효력이 정지 상태에 머물다가 발생하거나 소멸하는 구간을 정하는 경곗값, 즉 수치 barrier를 설정했다. 옵션에 효력 범위를 한정하도록 경계를 설정하면 이것을 '배리어 옵션'이라고 부른다. 이처럼 콜옵션과 풋옵션을

---

40) 동일한 기초자산에 대해 콜옵션과 풋옵션을 설계하는 경우에 행사가격을 높게 잡으면 풋옵션의 가격, 즉 프리미엄은 높아지고 반대로 콜옵션의 프리미엄은 낮아진다. 왜냐하면, 풋옵션은 미리 정한 행사가격으로 팔 수 있는 권리이므로 행사가격이 높게 책정될수록 돈이 될 확률이 높다. 반대로 콜옵션은 행사가격으로 살 수 있는 권리이므로 행사가격이 높게 책정되면 불리하다.

2 대 1로 결합하고 여기에 효력을 발생knock-in시키는 경곗값(배리어1)과 소멸 knock-out시키는 경곗값(배리어2)을 각각 설정했기 때문에 KIKO라고 부른다.

환율보험으로서 KIKO는 환율이 행사가격 이하로 떨어지면 수출대금의 원화 가치가 떨어져도 풋옵션 보유자에게는 이익이 창출된다. 한편 환율이 상승할 경우 콜옵션의 권리가 행사된다. 이때 효력이 바로 나타나는 것이 아니라 일단 정지해 있다가 환율이 계속 상승해 특정 수치(경곗값)에 도달하면 효력이 발생한다. KIKO에서는 콜옵션 두 개를 매도하는 포지션을 취하므로 환율이 100원 상승하면 매도자는 2배로 200원의 손해를 본다.

따라서 KIKO 계약 당시의 대략적 환율과 비교해 하락하게 되면 보험금을 탈 수 있으므로 전체 수익을 어느 정도 보전받는다. 하지만 환율이 특정 경곗값, 즉 배리어2까지 떨어지면 풋옵션이 소멸out한다. 풋옵션의 보험 효력이 정지되면 수출대금의 원화금액 하락 폭 만큼 그대로 손해가 발생한다.

반대로 환율이 오를 경우 기업은 이익을 봐야 한다. 문제는 환율이 계속 상승해 배리어1을 넘어가면 앞서 설명한 대로 콜옵션 2개의 매도 포지션이 효력을 발생in하기 시작해 수출대금의 원화 이익 상승에도 불구하고 전체적으로 손해가 크게 발생한다. 왜냐하면, 환율 상승에 따라 수출대금의 원화 수익은 1 대 1로 올라가지만 콜옵션 매도 포지션에서는 1 대 2, 즉 2배로 손실이 증폭되기 때문이다.

2007년 국내 800~900개 수출업체가 KIKO 보험 계약을 은행으로부터 구매할 때 그들은 환율 하락을 우려했지, 반대로 환율이 큰 폭으로 상승하리라고는 생각지도 못했다. 그러나 2008년 3월부터 환율은 시장의 일반적인 기대와는 달리 큰 폭으로 상승해 배리어1을 넘어가고 말았다. KIKO라는 환율보험을 통해 환율 하락 피해에 대비하려던 수출업체로서는 날벼락이나 마찬가지였다. 수출해 번 돈을 KIKO 때문에 다 날리고 큰 손해를 입은 기업들은 은행을 상대로 소송을 제기했다. 한마디로 KIKO는 사기라는 것이었다.

2010년 금융감독원은 KIKO 사태를 조사한 후 국내 10개 은행에 불완전 판매를 이유로 제재를 가했다. 한편 KIKO 사태를 형사 고발 사건으로 접수한 검찰은 KIKO가 사기fraud는 아니라는 결정을 내렸고 2013년 대법원도 KIKO가 '사기'라는 일부 수출업체의 주장은 받아들이지 않았다. 대신 대법원도 KIKO 판매 과정에서 일부 '불완전 판매'가 있었음을 인정해 23개 수출 기업에 대해 105억 원을 배상하라고 판결했다. 이로써 KIKO 사태는 일단락되었다.[41]

그러나 문재인 정부가 들어서면서 여당이 과거 KIKO 사태를 금융 분야 3대 적폐로 보고 재조사를 요구함에 따라 2019년 금융감독원은 이를 재론해 그해 말 여섯 개 시중 은행에 255억 원을 추가로 배상하라고 권고했다.[42]

파생연계 증권의 대형 손실

2019년은 국내 은행들에 가혹한 해였다. 10여 년 전에 종결된 KIKO 사태에 대한 재조사로 홍역을 치르는 와중에 파생결합증권derivative linked securities, DLS 또는 펀드derivative linked fund, DLF의 불완전 판매와 소비자의 대

41) 금융감독원, 금융감독정보, 제2019-48호, p.24.
42) 서울경제, 2020. 02. 14.

형 투자 손실 발생으로 또다시 커다란 비난을 받았다.

DLS나 DLF는 저금리 시대에 은행 예금금리가 너무 낮아 고객 유치가 어려운 상황에서 미국이나 영국 또는 독일과 같은 선진국의 국채 금리를 기초자산으로 해서 설계한 풋옵션 매도형 상품이다. 여기에도 녹인knock-in 배리어를 설정해 해당 선진국 금리가 배리어 이상에서 움직이면 3.5~4.0%의 높은 이자를 받는다. 요즘 시중 은행 정기예금 금리가 많아야 1.5% 정도인 것을 고려하면 매우 높은 이익을 얻을 수 있는 상품이다. 그러나 해당 금리가 크게 떨어져 배리어에 도달하면 풋옵션 매도 포지션의 효력이 발생하고 그후에는 기초자산 금리가 1bp basis point: 이자율을 계산할 때 사용하는 최소 단위로 0.01% 에 해당한다 하락할 때마다 원금의 2.5% (즉 250배)씩 손실이 발생하도록 설계되어 있다.

예를 들면 2019년에 판매된 DLS의 경우에 독일 국채 10년물 금리를 기초자산으로 만든 '풋옵션 매도형' 상품이 있는데 여기에 녹인 배리어가 -0.25%로 설정되어 있었다. 이 DLS 상품이 국내 은행을 통해 판매된 2019년 3월에는 독일 국채 금리가 +0.10% 전후였다. 그래서 독일 국채 금리가 0.35% 하락하면 배리어에 도달하는데 이렇게 큰 폭의 금리 하락을 은행 고객들은 예측하지 못했다. 그도 그럴 것이, 독일은 유럽 최강의 경제 대국이므로 국채 금리가 마이너스로 내려갈 일은 없을 것이라고 생각했기 때문이다.

그러나 예상과는 달리 독일 국채 금리가 2019년 중반에 크게 하락해 녹인 배리어 아래로 추락했고 2019년 8월 19일에는 -0.683%까지 떨어져 투자 원금 모두가 날아가는 상황이 되었다. 다만 이 상품은 최대 2% 수준의 쿠폰coupon 금리채권에서 지급하기로 약정된 금리를 제공하기 때문에 1억 원을 투자했다면 200만 원만 받게 된다. KIKO 사태 때와 마찬가지로 금융감독원과 고객들은 DLS가 금융 사기 또는 도박이라는 주장과 함께 은행의 불완전 판매를 이유로 손해 배상을 요구했다.[43)]

은행의 파생상품은 과연 사기인가?

파생상품은 복잡한 구조를 가지는 것이 사실이며, 여기에 배리어까지 추가해 설계하면 그 수익 구조는 더욱 복잡해진다. 그렇다고 파생상품에 의한 리스크 헤지를 도박이나 사기라고 볼 수는 없다. 오늘날 저금리 및 저성장 시대에 파생상품은 다양한 금융상품을 설계하는 중요 수단으로서 금융시장을 활성화하고 있다. 특히 미국이나 영국 등 선진국 금융시장에서 주식 및 채권과 함께 선물·옵션·스와프swaps 등 파생상품은 정통성을 인정받은 금융상품이다.

파생상품이나 보험은 조건부 청구 자산이라는 점에서 동일하다. 게다가 그들 수익 구조가 복잡해 상품에 대한 소비자의 이해가 어려운 것도 사실이다. 그래서 KIKO, DLS, 보험 등은 불완전 판매로 이어질 가능성이 크다. 따라서 감독 당국은 소비자의 권익을 철저히 보호하기 위해 상품에 대한 설명 의무를 강화하고 아울러 소비자의 주의와 이해를 확보하는 일이 선행되어야 한다. 일부 은행에서 보여주는 고수익을 낼 수 있다는 등 소비자를 현혹하고 일단 상품을 팔아 수수료를 챙기자는 식의 판매 관행에 대해 강력한 단속과 처벌이 필요하다. 다만 아무리 복잡한 금융상품이라 하더라도 고

43) 2019년 은행의 DLS 총판매액은 8,224억 원이며 이 중 89.1%는 개인이 구매했다. 윤 금융감독원장은 2019년 10월 21일 국정감사에서 해외금리 연계 DLS를 '도박'에 비유하며 "금융회사가 책임져야 한다"고 발언했다. 한국경제 2019. 10. 27.

객이 설명을 충분히 듣고 계약에 서명했으면 그 결과에 대해서도 책임질 줄 아는 거래 관행 역시 필요하다. 그래야 금융시장에서는 소비자의 욕구를 충족하는 상품을 다양하게 설계할 수 있고 시장도 발전할 수 있다.

PART 4

증권시장과 보험의 융합

"가격price은 당신이 지불하는 금액이지만 가치value는
당신이 얻는 것이다. 우리가 양말이든 주식이든 어느 것을 사든,
나는 질 좋은 상품을 가격이 내렸을 때 구매하기를 좋아한다."

• 워런 버핏 •

Warren Buffett 1930 ~ , 미국 버크셔 해서웨이 회장

INSURANCE

1. 증권시장의 이해와 보험 기능

증권의 유형과 발행 규모

자본시장은 장기자금이 거래되는 금융시장으로서 주로 주식이나 채권과 같은 증권 발행을 통해 기업이 자금을 조달하는 시장이자, 증권 투자가 이루어지는 시장이기 때문에 증권시장이라고도 한다.

오늘날 증권은 거래되는 금융자산의 가치를 증명하는 문서나 서류를 총칭한다. 기업이 자본 조달을 위해 증권을 발행해 금융시장에서 다수의 일반인에게 매각하면 해당 기업의 파산 위험을 시장의 수많은 투자자가 조금씩 분담하는 효과가 있다. 즉, 증권 발행의 위험이 다수에게 분산되어 기업과 시장의 안정성을 확보할 수 있다. 그래서 증권은 보장이나 담보 또는 안심이라는 뜻securities을 가지며, 기본적으로 보험의 특성과 원리를 가지고 있다. 정부가 국민의 건강과 인간다운 삶을 보장하기 위해 만든 사회보장social security 제도도 보장의 기능을 하는 보험의 한 사례다.

【표 10】 증권의 종류와 용도

증권의 유형	기본 종류	용도 및 기능
자본증권	• 유가증권(주식, 채권) • 파생상품(선물, 옵션, 스와프)	• 기업의 자금 조달 수단 및 투자자의 투자 대상 자산 • 주식, 채권 등 자산의 가치 변동 리스크 헤지 또는 투기 수단
화폐증권	• 돈(지폐) • 수표, 어음	• 편리한 지급결제 수단

증권은 나라마다 제도가 조금 다르지만 기본적으로 주식, 채권, 파생상품과 같이 세 가지 유형을 가지며 이들을 자본증권이라고 한다. 이러한 자본증권 외에도 우리가 쓰는 돈, 수표, 어음도 증권의 또 다른 형태이며 이를 구분해 화폐증권이라고 한다.

증권을 통해 자금이 거래되는 시장은 은행이나 보험회사와 같은 중개기관을 통하지 않고 자금의 수요자와 공급자가 직접 만나 거래할 수 있으므로 직접금융시장이라고 부른다. 이것이 전통적인 개념의 자본시장이다.

그러나 오늘날 직접금융의 자본시장에서 장기자금만 거래되는 것이 아니다. 오히려 기업어음commercial paper, CP이나 전자단기채권short term bond의 발행을 통해 기업들은 1년 미만의 단기자금을 조달한다. 최근 기업의 직접금융 조달 실적을 보면 단기자금이 오히려 압도적으로 많다. 직접금융시장에서 단기자금의 조달이 많이 늘어난 이유는 유가증권의 무권화와 전자식 발행으로 인해 과거보다 비용이 적게 들고 시간도 크게 절약되는 등 편리성이 있기 때문이다.

게다가 과거에는 개인이 소액을 예금하거나 빌릴 때 은행이나 보험회사

【그림 13】 기업의 직접금융 조달 실적

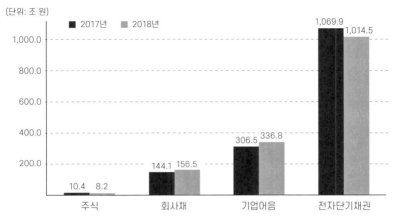

(단위: 조 원)

* 자료: 금융감독원, 보도자료, 2019. 7. 30.

등 금융 중개기관을 통해서 간접 거래를 했지만, 오늘날에는 4차 산업혁명의 진전으로 렌딩클럽 같은 P2P 금융 플랫폼을 통해 직접 거래가 가능해졌다. 렌딩클럽을 활용하면 은행의 중개 비용도 발생하지 않기 때문에 자금의 공급자나 수요자 모두에게 이익이 되는 상생의 게임이 가능하다. 게다가 대출을 위한 차입자의 신용 평가도 빅데이터 분석에 기초함으로써 더 정확하다. 따라서 21세기에는 금융 거래를 중개하고 지급결제 기능을 하는 은행의 전통적 역할이나 증권시장의 상품은 매우 다양하게 변화할 것이다.

증권의 언더라이팅

자본시장에서 자본을 조달하기 위해 발행하는 주식이나 채권과 같은 증권의 가격을 결정할 때 리스크 심사가 중요한 작용을 하는데, 여기에서도 언더라이팅을 사용한다. 기업의 증권 발행과 자본 조달은 크게 세 가지 방법으로 이루어진다.

첫 번째 방법은 투자은행과 같은 금융기관이 어느 기업이 발행한 주식을 전부 인수해 언더라이팅을 통해 위험을 평가하고 이를 토대로 주당 인수 가격인 공모가액을 정한다. 그리고 투자은행은 자기 책임하에 해당 주식을 매각한다. 따라서 투자은행은 미리 정한 발행가액보다 시장에서 더 높은 가격으로 그 증권을 매각하게 되면 그 차이bid-ask spread를 수익으로 가져간다. 그러나 발행가액보다 낮은 가격으로 주식을 처분하게 되면 그 손해 역시 인수기관이 떠안아야 한다. 이를 총액인수firm commitment underwriting 방식이라고 하며 판매 가격과 인수 가격의 차이를 투자은행이 보수로 챙기는 셈이다. 그러므로 총액인수 방식에서는 증권을 발행하는 기업이 투자은행에 수수료를 지급하지 않으며, 투자은행은 인수자underwriter로서 증권 발행 행정 사무는 물론 발행에 따른 모든 위험을 떠안는다.

두 번째 증권 발행 방법은 잔액인수standby underwriting 방식으로서 증권을 발행하는 기업이 발행 및 모집 사무를 위탁하면 정해진 기간에 발행 기업을 대신해 모집을 대행한 다음 매각되지 않은 증권이 생길 때는 투자은행이 그 잔여 증권을 미리 정한 발행가액으로 인수해 매각하는 책임을 진다. 따라서 투자은행은 위탁 기간이 경과된 후 매각되지 않은 잔량의 처분에 관해서만 위험 부담을 진다.

마지막 방법은 모집주선best effort offering 방식으로 투자은행은 증권 발행에 대한 위험은 전혀 부담하지 않고 다만 모집에 대한 주선과 발행을 위한 행정 업무만 담당한다. 따라서 투자은행은 언더라이팅 위험을 부담하지 않고 단순히 발행 증권의 매출을 위해 행정적 지원만 한다. 이 방식에는 투자은행의 위험 평가 기능이 없으므로 언더라이팅이라는 용어를 사용하지 않는다. 매각되지 않은 잔량은 해당 증권을 발행한 기업이 스스로 책임을 부담한다.

2010년 5월 삼성생명이 기업공개initial public offering, IPO를 하면서 주식을 자본시장 거래소에 상장하기로 하고 투자은행에 의뢰해 언더라이팅을 받은 결과 공모 가격은 주당 11만 원으로 결정되었다.[1] 액면가 500원의 삼성생명 주식에 대해 투자은행은 11만 원의 공모 가격을 제시했다. 투자은행은 삼성생명이라는 기업이 가진 미래 수익과 리스크를 평가해 주당 가격을 산정했고 이를 토대로 일반 투자자들에게 공모했다.

증권시장의 리스크와 가치 평가

증권시장을 포함한 금융시장의 가장 중요한 역할은 금융 거래에 참여하는 개인이나 기업의 리스크를 평가하는 것이다. 리스크 평가 등급에 따라 기업의 자금 조달 가능 여부와 적용 금리가 결정된다. 기업이 채권이나 어음 발행을 통해 자금을 조달하는 경우에 신용 리스크 평가 등급은 매우 중요하다. 등급에 따라 자금 조달 비용이 크게 달라지기 때문이다. 기업공개나 유상증자를 통해 자금을 조달할 때도 시장이 기업을 어떻게 평가하느냐에 따라 한 주당 발행 가격이 달라지고 그 결과 전체 조달금액도 달라진다.

1) 매일경제, 2010년 4월 23일자 참조.

똑같이 액면가 5,000원의 주식을 발행해도 한 주당 조달금액이 100만 원을 넘는 우량 기업도 있고 반대로 3,000원도 안 되는 비우량 기업도 있다.

자본시장은 기업의 리스크를 평가하기 때문에 이를 통해 기업의 품질과 옥석을 가려준다. 평가 결과에 따라 생산적인 우량 기업과 비생산적인 불량 기업으로 나뉜다. 그 결과 우리 경제의 제한된 자원은 우량 기업으로 주로 공급되고 반대로 비생산적인 기업으로는 자금이 가지 않거나 기존 공급 자금의 이탈 현상도 벌어진다. 이럴 때 비생산적인 기업은 경영에 혁신을 도모하지 못하면 자연스럽게 자금줄이 끊기고 시장에서 퇴출당할 수밖에 없다. 이처럼 평가 결과에 따라 투자자들이 외면하는 기업은 정부가 개입하지 않아도 시장의 힘으로 퇴출당하고 시장에서는 자연스러운 구조조정이 이루어진다. 그러므로 자본시장의 공정한 리스크 평가는 그 나라의 제한된 자원을 효율적으로 배분하기 위한 필수 요건이다.

자본시장은 기본적으로 주식이나 채권과 같은 증권이 거래되는 시장이다. 증권은 시장의 효율성을 높이는 데 아주 중요한 역할을 한다. 또한 거액의 가치를 지닌 대형 자산을 소액 단위로 쪼개어 거래할 수 있는 분할성을 가진다. 증권화로 거래 단위를 작게 만들면 증권 거래의 참여자 수 또한 높일 수 있다. 돈이 많지 않은 사람들도 증권화 덕분에 거래에 참여할 수 있기 때문이다.

증권화를 통해 해당 기업에 대한 투자자 또는 거래 참여자 수가 많아지면 기업의 리스크가 다수의 투자자에게 분산되는 효과가 생긴다. 그래서 증권화는 보험처럼 자본시장에서 위험 분산 효과를 증대하는 기능을 한다. 또 많은 사람들에게서 돈을 공급받을 수 있기 때문에 기업 성장에 필요한 거대한 자본을 모으기가 용이하다. 게다가 거래의 참여자 수가 많아지면 해당 증권은 시장에서 더욱 빈번하게 거래되고 이 과정에서 새로운 정보를 끊임없이 반영하면서 공정한 시장가격을 형성한다. 즉, 빈번하게 거래되면서 다양한 기업 정보가 잘 반영된 증권의 시장가격은 그 증권이 가지고 있는 내재가치와 거의 같아진다. 시장가격과 내재가치 사이에 괴리가 없어지면서 증권의 시장가격은 공정해진다. 이런 시장에서는 거래 참여자가 터무니없이 믿지고 자산을 팔거나 속아서 비싸게 사는 경우가 거의 없으며 서로 안심하고 거래할 수 있다. 거래 참여자가 마음 놓고 시가로 거래할 수 있다는 점에서 증권화는 보험의 보장 기능을 수반한다.

또한 증권화 덕분에 해당 자산을 보유하다가 돈이 필요하면 쉽게 팔아 현금화할 수 있으므로 증권 자산은 시장성과 유동성도 높여준다. 그래서 어느 우량 기업의 주식 가격이 너무 높아지면 돈을 많이 가진 사람만 거래할 수 있게 되므로, 해당 주식의 액면을 분할한다. 액면 분할을 하면 거래의 단위 가격이 낮아지고 돈이 많지 않은 사람도 거래에 참여할 수 있게 되어 거래가 다시 활성화된다.

자본시장에서 자산의 증권화는 시장의 효율성을 높여주기 때문에 제한된 자원의 효율적 배분을 가능하게 해주며 경제 발전에 커다란 기여를 한다. 그래서 오늘날에는 기업의 소유 지분에 대한 증권화 이외에도 유동성이 낮은 부동산이나 부동산 담보 대출, 그리고 장기 생명보험 등도 증권화가 이루어지고 있다. 그 결과 거액의 자산이 소액 단위의 증권으로 바뀌어 시장에서 거래가 활성화되고 있다.

주주의 유한책임과 보험

역사적으로 보면 기업이 급속히 성장하는 데 큰 동력을 제공한 것은 주식과 채권을 통한 거액의 자본 조달이었다. 세계 제일의 경제 대국 미국이 탄생한 배경에도 1830년대에 주식회사의 설립 허용과 이를 통한 자본의 모금이 가능했기 때문이다. 그 결과 미국은 19세기 산업화의 촉진과 기업의 발달, 그리고 거대한 시장을 형성하는 철로 건설을 할 수 있었다.

주식회사가 등장하기 전에는 기업을 만든 사람이 그 기업의 주인으로서 회사와 끝까지 운명을 같이하면서, 회사의 빚에 대한 책임도 모두 져야 했다. 그러나 17세기 초 네덜란드의 동인도회사가 공동 소유의 주식회사로 등장하면서 자본을 투자한 주주는 기업의 주인으로서 유한책임limited liability만을 지는 구조로 바뀌게 되었다. 다시 말해 기업이 가진 리스크와 손실 부담, 그리고 채무에 대해 본인이 투자한 금액 내에서만 책임을 지게된 것이다. 그래서 주식 투자를 통해 기업의 주인이 되는 사람들의 투자 부담이 훨씬 줄어들었다. 당연히 기업이 주식을 발행해 자금을 조달하는 것도 쉬워졌다.

게다가 주식회사에서는 소유와 경영이 분리되므로 유능한 전문경영인을 고용해 회사 운영의 효율성을 높일 수 있다. 정리하면, 주식회사 주주의 가치는 그 기업의 총자산에서 채무를 차감한 나머지 값이다. 그런데 주주가 투자한 기업의 총자산 가치가 채무액에 미달하면 그 차액인 순자산 가치가 마이너스가 되지만 이러한 부족액, 즉 그 기업이 못 갚은 빚을 주주가 부담하지는 않는다. 주주는 유한책임만을 지기 때문이다.

이는 마치 사고 손실에 대해 보험에 가입함으로써 피해를 복구시키는 것과 같다. 즉, 회사의 주인인 주주는 유한책임을 지기 때문에 자산 가치를 초과하는 채무 때문에 발생한 부족액, 즉 남은 빚은 보험의 보상을 받아 상쇄시키는 효과가 발생한다. 이는 보험의 실손 보상 원리에 해당한다. 사고로 인해 발생한 피해가 크면 큰 보상을 받고 피해 규모가 작으면 작은 보상을 받는 것과 동일한 원리다. 주주의 유한책임은 기업이 부담해야 할 채무에 비해 총자산 가치가 부족한 만큼을 그 크기에 상응해 보장을 받는 셈이기 때문에 부족액, 즉 못 갚는 빚의 크기와 관계없이 바닥은 항상 영(0)의 값을 유지할 수 있다.

채권과 보증

17세기 초 주식회사로 출발한 네덜란드의 동인도회사는 주식을 통해 자본을 조달한 후 1623년에는 채권을 발행해 타인자본을 조달했다. 회사의 주인인 주주가 제공한 자기자본금을 지렛대의 받침으로 사용해 남의 돈을 좀 더 쉽게 빌려 올 수 있었다. 자기자본의 크기는 대외적으로 그 기업의 신용과 책임감의 정도를 말해준다. 즉, 자기자본이 많이 있어야 주주나 그의 대리인인 전문경영인은 남의 돈을 빌려오기 쉽고, 아울러 기업 운영에 최선을 다하는 책임경영을 하게 된다. 주인의 돈이 많이 들어간 기업에 비해 남의 돈(빚)으로만 사업을 하는 기업에 책임감과 어려운 경제 상황을 극복하려는 끈질긴 노력을 기대하기 어렵다. 따라서 자기자본 대비 타인자본의 상대적 크기를 부채비율 또는 레버리지leverage라고 표현하며, 이에 따라 기업의 신용등급과 차입금리가 달라진다. 당연히 부채비율이 높으면 돈을 빌리기 어렵고 차입 이자도 올라간다. 반면에 부채비율이 낮고 자기자본 비율이 높은 우량 기업은 부도 위험이 적어 조달금리도 낮다. 따라서 오늘날 기업의 자본 구조에서 주주의 자기자본은 타인자본을 조달할 수 있는 담보이자 신용이다. 즉, 주식을 발행해 확보한 주주의 자기자본은 타인자본 조달을 위한 받침돌이며 책임경영을 담보하는 보험이다.

한편, 현실 세계에서 자기자본이 부족한 기업은 부채비율이 높으므로 회사채 발행을 통해 타인자본을 조달하기 어렵다. 이런 경우에는 금융기관의 회사채 보증과 같은 보험을 통해 채권을 발행함으로써 자금을 조달할 수 있고 금리도 낮출 수 있다.

그러나 회사채 보증은 보험회사 입장에서는 매우 조심스러운 영업이다. 한국에서는 1995년부터 회사채에 대한 보증보험이 급격히 늘어나 1998년에는 보험료 수입이 7,531억 원까지 증가했고 보험 가입금액은 27조 9,000억 원에 달하기도 했다. 그러나 1997년 외환 위기가 닥치고 보증보험사들이 큰 손해를 경험하면서 회사채 보증이 시장에서 거의 사라졌다. 그러다 최근에 국내 지방자치단체가 발행하는 지방채에 대한 보증을 새로운 수익 모형으로 제시하는 연구가 다시 등장하고 있다.[2]

미국에서는 전통적으로 회사채보다는 지방채에 대한 보증으로 금융보증이 활성화되었다. 그러다 21세기에 들어서 부동산 담보 대출을 기초자산으로 주택저당증권mortgage backed securities, MBS, 자산담보부증권collateralized debt obligations, CDO 등 다양한 증권화 채권상품이 개발되면서 이에 대한 신용 담보로 AIG 등 세계적 대형 보험회사들이 신용부도스와프credit default

2) 최창희, 황인창, 이경아, 금융보증보험 잠재 시장 연구: 지방자치단체 자금 조달 시장을 중심으로, 보험연구원, 2016년 5월.

swaps, CDS 형태의 지급보증을 대량으로 판매했다. MBS는 은행의 부동산 담보 대출에서 나오는 장기 현금흐름을 유동화하기 위해 만든 증권화 상품이다. CDO 역시 MBS라는 증권화 자산을 기반으로 새롭게 설계해 만든 또 다른 증권화 상품이다.[3]

21세기 초반 자본시장에서는 다양한 증권화 추세로 이런 상품들이 많이 출시되었고 보험회사들은 이러한 상품에 대한 지급보증을 판매해 한때 큰 수익을 올리기도 했다. 그러나 2008년 비우량 주택 담보 대출sub-prime mortgage loan의 부실화가 시작되었고 이를 담보로 만든 증권화 상품들의 연쇄적 불량화로 금융 위기가 발생했다. 그러자 보증보험의 대지급이 급격히 늘어나면서 AIG와 같은 대형 보험회사들이 파산 직전으로 몰렸다.

금융 위기 시에는 불량 채권이 대량으로 발생하기 때문에 보증보험이 큰 위험에 빠질 수 있다. 따라서 보증보험의 사전적 위험 분산과 리스크 관리는 매우 중요하고 생존을 위한 필수 요건이다.

파생상품과 보험 기능

파생금융상품은 증권시장의 또 다른 주요 상품이다. 파생상품은 주식이나 채권과 같은 기초자산의 가격 변동으로 인해 발생하는 투자 손실을 막아주기 위해 등장한 상품이다. 따라서 파생상품은 증권시장에서 보험의 역할을 담당한다. 헤지hedge는 집에 울타리를 친다는 뜻으로, 외부로부터

---

3) CDO를 기반으로 다시 증권화 상품을 만들면 CDO^2이 되며 이를 반복하면 CDO^3, CDO^4 등으로 증권화 상품을 계속 만들 수 있다.

불량한 사람이나 동물이 들어와 피해를 일으키는 것을 막아주는 보장 제도다.

전통적인 보험은 자동차 사고나 화재 발생의 경우처럼 미래의 불확실성을 통해 이윤의 기회는 없고 오로지 손실의 기회만 존재하는 위험, 즉 순수 리스크를 소재로 만든 상품이다. 반면에 파생상품은 불확실을 통해 손실은 물론 이익 창출의 기회도 동시에 존재하는 '투기적 리스크'를 소재로 만든 상품이다. 대표적인 파생금융상품으로는 선물(또는 선도), 옵션, 그리고 스와프가 있으며 이들은 모두 투기적 리스크를 헤지하는 상품이다.

선물

우선 선물futures 또는 선도forward는 어떤 기초자산의 향후 가격 변동으로 인해 발생할 수 있는 피해에 대비해 그 자산의 인수 및 인도 가격을 미리 확정해 불확실성을 제거함으로써 만기가 되면 미리 정한 가격으로 그 자산을 인도하거나 인수하는 의무계약이다. 선물과 선도는 같은 상품이지만 선물은 정형화된 규칙이 있는 거래소 시장exchange market에서 거래되는 반면 선도는 거래 규칙이 따로 없는 장외 시장over-the-counter market, OTC market에서 거래된다.

선물 또는 선도 거래에서는 만기에 현물 자산의 시장가격과 비교해보면 미리 정한 가격이 한쪽 당사자에게는 유리할 수도 있고 불리할 수도 있다. 예를 들어 가을 추수기가 되어 배추의 시장가격이 봄에 미리 정한 선물 가격보다 높으면 선물 계약에 따른 배추 인수자는 이익을 보고 인도자는 손해를 본다. 그 반대의 경우도 있을 수 있다. 그래서 만기에 한쪽 당사자의 이익이 다른 당사자의 손실로 정확히 상쇄되는 제로섬zero sum 게임이다.

그런데도 선물 거래를 하는 이유는 해당 자산의 미래 가격 변동 위험에서 오는 큰 낭패나 거대 손실의 가능성을 제거할 수 있기 때문이다. 선물은 가격 변동의 불확실성을 제거한다는 점에서 보험과 유사한 기능을 한다.

옵션

옵션은 주식과 같이 가격 변동 위험이 큰 어떤 기초자산을 미리 정한 가격, 즉 행사가격으로 살 수 있는 권리(콜옵션) 또는 팔 수 있는 권리(풋옵션)다. 선물은 의무계약이지만 옵션은 선택이며 권리이기 때문에 그것을 만기에 행사할 수도 있고 안 할 수도 있다. 이러한 권리를 보험처럼 활용하면 기초자산의 가치 변동으로 인한 손해를 막을 수 있다. 예를 들어 기초자산의 가격 상승이 우려되면 콜옵션을 사서 보유하면 된다.

반대로 주식과 같은 자산을 보유하고 있는 투자자는 해당 주식의 가격 하락으로 인한 피해를 막기 위해 풋옵션을 구매할 수 있다. 향후 해당 주식의 가격이 옵션의 행사가격 이하로 떨어지면 주식 보유에서 오는 손실을 풋옵션의 행사로부터 얻는 이윤으로 커버할 수 있기 때문이다. 풋옵션은 미리 정한 가격으로 해당 기초자산을 팔 수 있는 권리이므로 해당 주식의 가격이 행사가격보다 낮아지면 낮아질수록 그 가치는 올라간다.

주식과 같은 위험자산의 가격 하락으로 인한 손실 위험에 대비해 풋옵션을 보험으로 구매하면 보험료 자체는 매몰 비용으로 불가피하게 발생하지만, 주가 하락 시에는 풋옵션을 통해 손실을 보전할 수 있다. 그 반대로 주가가 매입가보다 오르면 그 상승분에서 보험료 매몰 비용만 제하고 나머지는 다 투자자의 이윤이 된다.

스와프

스와프는 가치 또는 현금흐름 패턴이 다른 두 개의 자산 또는 부채를 서로 교환함으로써 리스크의 피해를 줄이고 거래 당사자 사이에 서로 이익을 취하는 거래다. 대표적인 예로 금리스와프와 통화스와프가 있다.

금리스와프는 금리 변동 리스크를 헤지하는 교환 거래다. 일반적으로 고정금리의 대출과 변동금리의 대출을 교환하는 금융 거래다. 예를 들어 어느 금융기관이 단기(예금)로 자금을 조달해 이를 장기 고정금리로 대출하는 경우, 시장에서 금리가 상승하면 단기 조달금리는 매년 상승하면서 고정금리의 장기대출이자보다 높아지게 되고 그 결과 금리 역마진이 발생할 수 있다. 금융기관의 금리민감자산 _{금리 변동에 따라 가치가 변하는 자산}과 부채의 만기가 달라 금리 변동에 따른 역마진 손실이 예상되는 경우에 스와프를 이용해 거래 비용을 최소화하면서 위험을 막을 수 있다.

통화스와프는 환율 변동으로 인한 손실 피해를 막아주는 교환 거래다. 일반적으로 채무 또는 수입대금을 외환으로 결제하는 경우에 한 기업의 결제 통화와 다른 기업의 결제 통화를 서로 교환해 결제함으로써 불리한 환율 변동 손실을 막아줄 수 있다. 예를 들어 한국의 A는 달러로 결제해야 하는 대외채무가 있고 일본의 B는 유로화로 결제해야 하는 대외채무가 있는 경우에 한국의 원화 대비 달러 환율 변동과 일본의 엔화 대비 유로화 환율 변동 차이로 각자 손해가 발생하면 서로 결제 통화를 교환해 대외채무를 상환함으로써 A와 B 모두에게 유리해지는 것이다.

스와프는 금융시장에서 거래되는데 특히 증권시장에서는 다양한 증권상품의 부도 위험을 헤지하기 위해 보증보험 성격의 CDS_{신용부도스와프}가 거래된다. 예를 들면 부동산 담보 대출은 장기자산으로서 오랜 기간 자금이 묶여 유동성이 떨어진다. 증권시장에서는 이러한 장기 대출의 유동성을 높이기 위해 이를 기초자산으로 해 새로운 증권화 상품(MBS, CDO 등)을 설계해 투자자들에게 판매할 수 있다. 그러나 이런 증권화 상품은 해당 담보 부동산의 가격 하락으로 가치가 떨어지고, 심지어 불량 상품으로 전락할 수 있다. 그래서 이러한 증권화 상품을 설계할 때 불량화로 인한 투자자들의 피해를 막아주기 위해 보증보험을 구매할 수도 있고, 보험 대신에 파생상품 형태로 CDS를 구매할 수도 있다. CDS를 통해 해당 증권화 상품의 손실을 보장하면 해당 증권이 불량해져도 이를 CDS의 보험금(대지급금)과 교환할 수 있다.

외환 위기에 의한 국가 부도를 막기 위해 국가 간에 통화스와프를 거래하기도 한다. 우리나라는 1997년 외환 위기로 국가 부도 직전까지 몰린 경험이 있다. 당시 IMF가 구제금융을 지원해주어 국가 부도를 간신히 면했지만, 그 후 우리나라는 이러한 외환 위기를 예방하기 위해 다른 선진국들과 사전에 통화스와프를 체결하고 있다. 통상 한국은행이 다른 나라 정부와 통화스와프 계약을 체결한다. 그러면 외환 위기로 갑자기 외화가 고갈되는 경우에는 한화를 상대국에 넘겨주고 그 나라 통화를 우리 정부가 빌려오는 교환협정이다. 따라서 국가 간 통화스와프는 외환 위기 시 국가 부도를 막을 수 있는 보험이다.

국가 간 통화스와프에서는 당연히 글로벌 기축통화인 미국의 달러나 EU의 유로화가 가장 바람직하고 그다음으로 영국의 파운드나 일본의 엔화가 안정성이 높다.[4] 다만 우리나라는 위안부 문제 등 한일 간 정치적 갈등으로

---

4) 국제은행간통신협회(SWIFT)에 따르면 2018년 9월 기준 주요 통화별 국제 결제 비중은 다음과 같다. 미국 달러(39.8%), EU 유로(33.1%), 영국 파운드(7.4%), 일본 엔(3.1%), 캐나다 달러(1.9%), 중국 위안(1.9%), 스위스 프랑(1.6%).

【표 11】 한국의 주요 통화스와프 협정

체결연도	대상 국가	계약 통화	금액(한도)	만기
2014	CMI (ASEAN + 한·중·일 3국)	미국 달러	384억	무기한
2017	호주	호주 달러	120억	2023. 02
	중국	위안	3,600억	2020. 10
	캐나다	캐나다 달러	무제한	무기한
2018	스위스	스위스 프랑	100억	2022. 03
2019	UAE	디르함(AED)	200억	2022. 04
2020	미국	미국 달러	600억	2020.09

* 자료: 한국은행(2020)

일본과 통화스와프 거래가 2015년 종료된 후 더 이상 신규 거래가 진행되지 않고 있다.

그래도 다행히 우리나라는 동남아국가연합ASEAN과 한·중·일 3국 간 다자多者기구인 '치앙마이 이니셔티브Chiang Mai Initiative, CMI'와 384억 달러의 통화스와프 협정을 맺고 있다.

한편 2020년 3월 코로나바이러스가 전 세계로 확산하면서 사망자가 크게 늘어나고 경제 위기의 불안과 함께 주가 폭락이 이어지자 미국은 한국에 600억 달러(약 75조 6,000억 원, 만기 2020년 9월 19일)의 통화스와프를 수락했다.[5] 한미 간 통화스와프는 현재 환율로 한국의 원화를 미국의 중앙은행인 연방준비제도이사회에 맡기고 그만큼의 달러를 가져올 수 있으므로 경제

5) 중앙일보, 2020. 03. 19. 기사 참조.

위기에 대비해 필요한 외화를 사전에 확보해놓는 보험 효과가 생긴다.

이상의 설명에서 보듯이 증권시장에는 여러 형태의 보험 원리가 숨어 있다. 증권을 발행한 기업의 위험을 시장의 다수 투자자들에게 분산해 관리하기 때문이다. 증권의 액면가를 나누어 더욱 작게 만들면 투자에 참여하는 사람들의 범위를 넓힐 수 있고 위험 분산이라는 보험 효과는 더욱 크게 나타난다. 아울러 주식이나 채권 가격의 변동으로 투자자들이 피해를 보는 것을 막아주기 위해 파생상품을 활용할 수 있다. 파생상품은 리스크를 헤지하는 보험이기 때문이다.

한편 주식 투자자는 유한책임만 부담하기 때문에 어느 기업을 청산해야 하는 시점에 자산을 초과해 빚이 남아 있다 하더라도 유한책임이라는 보험으로 책임을 면제받기 때문에 주주는 그 잔여 빚에 대해 책임을 지지 않는다.

게다가 증권시장에서 자산의 증권화는 거래 참여자 수와 거래 빈도를 높여줌으로써 시장에서 공정한 가치 평가를 위한 정보가 수시로 반영되고 그 결과 시장가격은 그 자산의 본질가치로 수렴한다. 그래서 효율적인 자본시장에서는 해당 증권의 시장가격을 믿고 거래해도 이론적으로는 크게 밑지고 잘못 판다든지 아니면 터무니없이 싸게 구매할 수 없다. 그래서 증권화는 금융시장에서 거래의 신뢰성을 높여주는 보증이라고 할 수 있다.

그러나 우리의 증권시장은 투자자의 심리, 공포 등에 따라 이유 없이 과다하게 폭락하기도 한다. 워런 버핏은 시장에서 제값을 다 주고 주식을 사는 것은 현명하지 못하다고 한다. 양복을 사거나 햄버거를 사 먹을 때처럼 제값보다 크게 할인할 때 사라는 것이 투자의 귀재가 주는 조언이다.

2. 금융시장의 오이디푸스 편견

주가는 폭락하는데 어떻게 해야 하나?

주식시장을 포함한 금융시장에서 투자자들은 오이디푸스Oedipus처럼 잘못된 믿음에 의해서 행동할 때가 많다. 사람은 이성적이고 합리적인 것 같으면서 매우 비합리적이고 감성적이기 때문이다. 그 결과 금융시장은 합리적 기대와는 매우 동떨어진 방향으로 움직이는 경우가 많다.

2020년은 중국 우한에서 시작된 코로나바이러스의 세계적 확산과 공포 때문에 매우 우울했다. 인간은 사회적 동물이라 서로 만나고 관계 속에서 삶의 의미를 찾아왔는데 코로나바이러스 때문에 반대로 '사회적 거리 두기'로 살아야 하는 이상한 세상이 되었다.

코로나바이러스 탓에 2020년 3월에는 전 세계 주식시장이 공황 상태로 빠져들었다. 2월 중순 우리나라 코스피KOSPI 지수가 2,200 전후에서 움직였는데 3월에는 이탈리아 등 유럽으로 바이러스가 퍼지면서 주가가 하락했고

3월 20일에는 1,490대로 주저앉고 말았다. 한 달여 사이에 한국 주식시장의 시가총액이 32%나 날아가 버렸다. 미국 주식시장도 상황은 비슷하다. 다우지수가 2월 중순에 3만에 육박했고 트럼프 대통령은 미국 경기의 호황을 자랑하면서 재선을 노리던 중이었다. 그러나 미국에서도 코로나바이러스 감염자가 폭증하고 공포감이 확산되면서 3월 16일 하루에 -12.9% 폭락이라는 아주 드문 역사적 기록을 세웠다. 3월 20일에는 다우지수가 1만 9,173으로 마감했다. 결국, 미국도 한 달여 사이에 주식시장의 시가총액이 35%나 사라졌다. 전 세계 주식시장에서 투자자들의 심리는 공포감으로 무너졌다.

역사적으로 큰 사건을 보면 1929년 대공황 때 주식 폭락(9월 16일~11월 13일 사이에 다우지수가 46.6% 하락)이나 1987년 블랙 먼데이Black Monday 때 주가 폭락(10월 19일 하루에 -22.6% 하락)이나 모두 세상이 무너진 것만 같았다.[6] 그러나 어느 정도 시간이 지나면 경제는 다시 살아났고 주가는 원상회복되었다. 2008년 미국발 세계적 금융 위기 때도 1만 4,000까지 올랐던 다우지수가 6,547까지 곤두박질쳤지만[7] 그 후 다시 회복되어 2020년 3월에는 3만에 근접했다. 그래서 주가가 갑자기 폭락할 때 심리적 공황에 빠져 주식을 투매하기보다는 장기적 안목으로 보유하는 것이 평균적으로 손해가 적다고 볼 수 있다. 같은 맥락에서 장기자금을 운용하는 보험이나 연금회사들은 주가 폭락 때도 보유 주식을 투매하지 않고 오히려 매입하는 경우가 많다.

---

6) Michael B. Sauter and Samuel Stebbins, "How the current stock market collapse compares with others in history", USA Today, March 22, 2020. 이 기사에 주가 대폭락의 경제 위기 사건들이 잘 정리되어 있다.
7) 미국의 다우지수는 2008년 세계적 금융 위기 전인 2007년 10월 9일에는 1만 4,164까지 올라갔다. 그러나 금융 위기로 폭락을 거듭하면서 2009년 3월 9일에는 6,547까지 하락했다. 그 후 주가는 회복을 시작했다. Alexandra Twin, "For Dow, another 12-year low", CNN Money, March 9, 2009.

오이디푸스의 비관적 행동

누구나 '오이디푸스의 콤플렉스'에 대해 들어 본 적이 있을 것이다. 아버지와 아들은 같은 남자로서 권력을 위해서는 한 치의 양보도 없이 다툼을 벌이는 것이 인간의 동물적 본능인지도 모른다. 그래서 심지어는 아들이 아버지를 죽이고 싶은 충동도 느낀다고 한다.

기원전 5세기경 그리스의 비극작가 소포클레스Sophocles가 쓴 '오이디푸스 왕'의 이야기를 요약하면서 금융시장의 비관적 심리를 검토해보자. 오이디푸스의 아버지인 라이오스는 테베의 왕이다. 어느 날 부인이 임신하자 라이오스는 아이의 장래가 궁금해 신탁神託을 청한다. 그런데 놀랍게도 새로 태어날 아들(오이디푸스)에 의해 본인이 살해되고 그 아들은 친모인 왕비와 결혼하게 된다는 신탁을 받는다. 당혹감에 빠진 라이오스는 신탁이 마음에 걸려 아들이 태어나자마자 당장 데려다 죽이라고 명령한다. 오이디푸스를 죽이려고 데리고 나간 신하는 그를 차마 죽이지 못하고 산속에 갖다 버렸다. 마침 지나던 코린토스 왕의 신하가 오이디푸스를 발견하고 그를 데려다 키워 코린토스 왕의 양자가 된다.

코린토스의 왕자로 자란 오이디푸스도 어느 날 델포이 신전에서 신탁을 받게 되는데 이번에는 자신이 아버지를 죽이고 어머니와 결혼한다는 것이었다. 오이디푸스도 신탁이 너무 당황스러운 나머지 친아버지로 믿는 코린토스 왕의 곁을 떠나 비극적 운명을 피하고자 했다. 어느 날 코린토스 왕자인 오이디푸스는 길을 가다 시비가 붙어 사람을 죽이게 되는데 그가 죽인 사람이 자신의 친아버지인 라이오스 왕이다. 물론 이때 오이디푸스는 그가 죽인 사람이 친아버지인 것을 모른다.

코린토스 왕궁을 나와 떠돌던 중 오이디푸스는 수수께끼를 풀어 당시 테베 사람들을 괴롭히는 무서운 괴물 스핑크스를 무찌른다. 그는 괴물을 물리친 공로로 마침 자리가 비어 있던 테베의 왕으로 추대되고 아버지 라이오스의 부인이었던 이오카스테를 왕비로 맞아들여 결혼한다. 당시에 오이디푸스는 왕비가 생모인 것을 몰랐다.

오이디푸스가 테베의 왕이 된 뒤 테베에 역병이 덮치자, 백성들이 역병의 재앙에서 벗어나게 해달라고 오이디푸스에게 탄원한다. 오이디푸스 왕은 역병을 몰아낼 방법이 무엇인지 아폴론 신에게 물어보기 위해 신하인 크레온을 보낸다. 신탁을 받고 돌아온 그는 테베의 선왕 라이오스를 살해한 자를 찾아내 죽이거나 추방해야 역병의 재앙에서 벗어날 수 있다고 한다. 테베의 왕 라이오스를 살해한 자를 찾던 오이디푸스는 결국 그가 바로 자신인 것을 알게 된다.

오늘날 신탁을 믿는 사람은 거의 없을 것이다. 그런데 신탁이 무엇이기에, 오이디푸스와 그의 아버지 라이오스는 이것을 믿고 행동하다 비극을 자초했는가? 신탁을 철석같이 믿은 테베 왕 라이오스가 아들 오이디푸스를 죽이려고 내다 버리지 않았다면 오이디푸스는 코린토스로 가지 않았을 것이고 그 나라 왕자도 되지 않았을 것이다. 그리고 라이오스가 길에서 만난 친아들과 시비 끝에 죽임을 당하는 일도 없었을 것이다.

아들 오이디푸스 역시 코린토스 왕자 시절 받은 아폴론의 신탁을 믿지 않았다면 코린토스 왕의 곁을 떠나지도 않았을 것이다. 그가 코린토스를 떠나지 않았다면 친아버지를 죽이고 테베의 왕이 되어 어머니와 결혼하는 일도 벌어지지 않았을 것이다. 아버지를 죽이고 어머니와 결혼한 사실을 알게 된 오이디푸스는 자결한 어머니의 브로치를 가져다 자신의 두 눈을 찌르고 시각장애인이 되고 만다. 여기에서 아들은 아버지에 대한 살부殺父 의식을 잠재적으로 갖는 오이디푸스 콤플렉스가 생겼다고 심리학자인 프로이트Sigmund Freud는 해석한다.

금융시장의 콤플렉스

고대 그리스 시대에 사람들이 근거 없는 신탁을 믿어 비극을 초래한 것처럼 오늘날 금융시장도 많은 투자자의 잘못된 믿음으로 인해 엉뚱하게 금융혼란과 경색으로 흘러가기도 한다. 금융시장에는 비이성적인 면이 분명히 있다.

경기 침체기에 정부가 경제 활성화를 위해 금리를 내려주면 기업가들은 돈을 빌려 투자를 늘려야 하는 것이 상식이다. 그러나 소심하고 비관적인 기업가들은 경기가 얼마나 나쁘면 정부가 금리를 내릴까 하는 의심을 먼저 하면서 경기를 걱정한다. 경기가 나쁘면 투자를 늘려 물건을 생산해봤자 팔리지도 않고 재고만 쌓인다는 생각이 신탁처럼 다가온다. 그래서 정부가 금리를 내려줘도 기업은 투자할 생각을 안 하는 경우가 많다. 그런데 묘하게도 기업이 경제활동이 위축될 것이라는 비관적 신탁을 받은 것처럼 행동하면 실제로 경기가 나빠지는 결과로 이어진다. 이를 '화폐시장의 오이디푸스 콤플렉스'라고 한다.[8]

은행의 갑작스러운 파산으로 이어지는 대량 인출bank run 현상도 마찬가지다. 일부 예금자들이 해당 은행이 도산한다고 믿고 예금을 갑자기 찾아가면

---

8) Yanis Varoufakis, Talking to My Daughter about the Economy, S. Parakis S.A.(Athens), 2013.

가만히 있던 다른 예금자들도 우려에 동조해 덩달아 예금을 찾기 위해 한꺼번에 몰리기 때문에 실제로 그 은행은 파산의 길로 들어간다.

그래서 우리는 합리적인 사고와 경험에 기초해 냉철하게 투자할 때 비극을 피할 수 있음을 명심해야 한다. 그러면 특정 금융자산이나 주식을 사거나 파는 것을 결정하는 합리적 기준은 무엇일까? 이론적으로 해당 주식의 미래 현금흐름 추정에 의해 산출한 내재가치(본질가치라고도 함)와 그것의 시장가격을 비교해 판단할 수 있다. 예를 들면 어느 주식의 내재가치보다 시장가격이 낮으면 저평가되었기 때문에 그 주식을 사는 것이 옳다. 왜냐하면 저평가된 주식은 투자자들이 조만간 그 주식의 본질가치를 깨닫고 구매에 나서기 때문에 가격이 올라가기 마련이고, 그 결과 이익을 볼 수 있다. 반대로 내재가치보다 시장가격이 높게 형성되어 있는 주식은 고평가된 것이고 거품이 끼어 있다는 얘기다. 고평가된 주식의 거품은 조만간 꺼지기 마련이고 이런 주식의 가격은 곧 내려가기 때문에 빨리 팔아야 한다.

그런데 보통 투자자들은 어느 기업이 발행한 주식을 보고 그것의 내재가치를 어떻게 산출할 수 있을까? 재무관리에서 내재가치는 그 자산이 미래에 창출하는 현금흐름들을 파악해서 이를 현재가치로 할인해 합산한 것이다. 물론 미래의 현금흐름은 추정으로 파악해야 하고 현재가치를 구하기 위한 할인이자율도 택해야 한다.

여러분에게 토종닭이 한 마리 있다고 하자. 이 닭의 본질가치, 즉 내재가치는 얼마일까? 이 닭이 날(t)마다 알을 몇 개씩 낳느냐의 수량, 즉 현금흐름(CF_t)의 크기와, 얼마나 오랜 기간 달걀을 낳느냐의 생산 기간(T)이 닭의 본질가치를 정하는 데 결정적인 역할을 한다. 그리고 미래에 낳을 달걀의 가치를 현재가치로 전환하기 위해 사용하는 할인이자율(r)도 중요한 결정 요소다. 닭이 알을 더는 낳지 않아 이 닭을 잡아먹을 때 고기로서 닭의 처분 가치도 최종 현금흐름이 된다. 이 닭의 가치는 하루에 알을 많이 낳을수록, 가능한 한 오랜 기간 알을 낳을수록, 그리고 건강한 알을 안정적으로 낳아 생산의 리스크가 적고 적용되는 할인이자율이 낮아야 높아진다. 기간별 현금흐름의 변동성이 크고 불안정하면 적용되는 할인이자율은 당연히 높아지며 그 결과 내재가치는 낮아진다. 이상의 개념을 토대로 어느 자산의 내재가치를 산출하는 현금흐름 할인 모형discounted cash flow model을 만들면 다음과 같다.

$$\text{본질가치: } V = \sum_{t=0}^{T} \frac{CF_t}{(1+r)^t}$$

수식에서 V는 자산의 내재가치, CFt는 해당 자산으로부터 시간(t)에 창출되는 현금흐름 규모, T는 해당 자산의 만기, r은 할인이자율이다.

예를 들어 3년 만기 회사채의 가치를 평가하는데, 액면가는 1,000만 원이고 표면금리는 5%라고 하자. 그리고 현재 시장에서 적용되는 할인 금리는 4%라고 가정해보자. 그러면 이 채권 보유자가 얻는 현금흐름은 매년 50만 원씩 3년간 받는 이자 수입과 만기에 돌려받는 원금 1,000만 원이다. 그래서 이 채권의 본질가치(V)는 1,027만 5,100원으로 평가된다.

$$V = \frac{50}{(1.04)} + \frac{50}{(1.04)^2} + \frac{1,050}{(1.04)^3} = 10,275,100\text{원}$$

현금흐름 할인 모형의 유용성과 시사점은 경제학적으로 매우 중요하다. 우선 현금흐름 할인 모형을 보면 어떤 자산의 가치는 과거를 묻지 않는다.

오늘부터 벌어지는 미래 성과만을 고려한다. 따라서 미래의 꿈을 얘기하지 않거나 장래의 계획이 없는 사람이 "내가 왕년에는…" 하는 것이 그 사람의 본질가치를 결정하는 측면에서 보면 매우 부질없는 소리다.

 이 공식으로 여러분의 경제적 가치도 설명된다. 대학을 졸업하고 앞으로 연봉으로 얼마를 받을지, 또한 앞으로 얼마나 오래 근무할 수 있는지, 그리고 연봉을 얼마나 안정적으로 창출해낼지에 따라 몸값이 결정된다. 그래서 여러분들은 "내가 왕년에는…" 하는 말을 더 이상 하지 말아야 한다. 왜냐하면, 여러분의 가치와는 무관한 쓸데없는 소리이기 때문이다. 중요한 것은 앞으로 무엇을 할 수 있고 얼마를 벌 수 있느냐가 중요하다. 미래 연봉(CFt)이 많고 그 창출 기간(T)도 길면 금상첨화이고 가장 좋지만, 쉽지는 않다. 현실적으로 매년 현금흐름(연봉)이 좀 적어도 현금흐름의 창출 기간이 길면 본질가치를 높게 유지할 수 있다. 공무원이 배우자감으로 인기 있는 이유다. 반대로 현금흐름 창출 기간이 좀 짧아도 매년 현금흐름이 크면 본질가치를 높게 유지할 수 있다.

 같은 현금흐름의 크기, 그리고 같은 만기의 자산이라도 적용되는 할인이자율이 낮아야 본질가치가 높아진다. 할인이자율은 해당 자산이 얼마나 안정적으로 현금흐름을 창출하느냐에 따라 달라진다. 즉, 현금흐름 속에 있는 불확실성이나 리스크가 적어야 이자에 포함된 위험 프리미엄이 작고 그 결과 할인이자율도 낮아지기 때문에 본질가치는 높아진다.

 그런데 이러한 투자 판단이 이론처럼 쉬울까? 많은 투자자는 이러한 이론적 고려 없이 가격이 앞으로 올라 이익을 볼 것으로 믿으면 상품을 사고, 그로 인해 수요가 많아져 실제로 가격이 오르는 현상이 종종 나타난다. 반대로 해당 상품을 둘러싼 여러 경제적 여건이 아무리 좋아도 금융 소비자가 특별한 근거도 없이 그 상품을 불신하며 구매하지 않으면 실제로 가격이 내려간다. 그래서 근거 없는 믿음이 시장을 움직일 때가 많다. 시장의 오이디푸스 콤플렉스다.

비쌀 때 사는 생명보험

생명보험은 인간의 사망 리스크를 보장해주는 제도다. 특히 가장이 불의의 사고를 당해 큰 장해를 입거나 목숨을 잃으면 가계소득이 중단되고 생계가 어려워지는 위험에 대비해 가입한다. 대표적인 생명보험인 종신보험whole life insurance은 피보험자가 죽을 때까지 보장해주기 때문에 언젠가는 꼭 보험금을 타게 된다. 사람이 한번 태어나 죽는 것은 정해진 이치이기 때문이다.

그래서 미국의 할아버지들은 손주가 대학에 들어가면 우선 생명보험을 선물하는 경우가 많다. 손주 나이가 어릴 때 생명보험에 가입하면 보험료가 매우 저렴하기 때문이다. 이것이 현실적인 생각이고 합리적인 소비 선택이다. 할아버지가 용돈을 좀 절약하면 젊은 손주의 생명보험료 정도는 쉽게 내줄 수 있기 때문이다. 손주가 대학을 졸업하고 취업하면 그때부터는 손주가 직접 보험료를 내면 된다. 생명보험에서 사망확률이 영(0)에 가까운 젊은 사람에게는 높은 금액의 보험금을 선택해도 보험료가 저렴하다.[9]

우리나라에서는 할아버지가 대학에 입학한 손주에게 스마트폰이나 노트북 대신 생명보험을 선물해주면 아마 자녀 부부가 눈을 흘기거나 할아버

---

9) 보험의 기대급부액 [E(B)]이 보험료인데 사망확률(m)을 보험 급부액(B)에 곱한 값이다. 여기서 급부(B)를 1원으로 놓으면 E(B)=m이 된다. 보험금 1원을 받기 위한 요율은 사망확률이다.

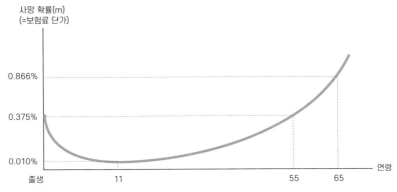

* 자료: 보험경영연구회, 리스크와 보험, 문영사 2019, pp.234~236

지가 노망이 들어 주책이라고 할지 모른다. 사람이 언젠가 죽는 것은 엄연한 사실임에도 불구하고 죽음을 생각하기도 싫고 그저 외면하고 싶기 때문이다.

그러면 우리나라 사람들은 주로 언제 생명보험에 가입하는가? 대개 40세 중반을 넘어 몸도 피곤해지고 힘든 직장생활에서 술도 많이 마시고 하면서 어느 날 문득 '이러다가 죽을 수도 있겠구나' 싶을 때 생명보험을 든다. 그래도 40대에 생명보험을 드는 것은 이른 깨달음이다. 50대가 되어 주변에서 누가 돌연사했다는 얘기를 듣게 되면 이때 생명보험에 관심을 갖는 경우도 많다. 생명보험의 가격은 사망 확률표에 기초해서 산정되기 때문에 50대가 되면 보험료가 많이 높아진다. 높은 보험료 앞에서 사람들은 보통 생명보험사를 비난한다. 하지만 사망 확률은 보험사가 정하는 것이 아니라 본인의 나이가 정해준다. 하여간 이때라도 생명보험을 드는 사람은 그나마 합리적이다.

물론 우연한 사고로 죽게 되기 전날 생명보험을 가입하면 비용 대비 급부 측면에서 가장 유리하다. 그러나 우연히 닥치는 죽음의 날짜를 인간이 어떻게 알고 통제할 수 있겠는가? 이러한 생각을 불확실성이나 리스크에 대한 통제감의 착각 illusion of control 이라고 한다.[10]

인간의 합리적 행동 유도

러시아의 문호 안톤 체호프 Anton Pavlovich Chekhov는 "인간은 스스로 믿는 대로 된다"라는 유명한 말을 남겼다. 인간은 합리적이든 아니든 스스로 믿는 대로 행동한다. 잘못된 믿음으로 보험을 오해하고 그래서 삶 속에서 심각한 위험에 노출되어 있으면서도 그대로 방치했다가 경제적으로 큰 낭패를 당하는 경우를 많이 본다. 합리적으로 미래 불확실성에 대응하고 관리하는 유인이나 넛지의 개발을 통해서 효율적으로 리스크를 관리하도록 도와주는 제도가 필요하다. 특히 인간의 수명이 많이 늘어나면서 은퇴 후의 생활 보장이 아주 중요한 사회 문제가 되었는데, 국민 스스로 개별적으로 노후를 준비할 수 있도록 유도하는 제도를 정부가 마련할 필요가 있다. 그렇지 않으면 정부가 아무 대책 없이 살아온 노인들을 젊은 사람들이 낸 세금으로 부양해주어야 하기 때문이다.

미국 생명보험마케팅연구소 Life Insurance Marketing Research Association, LIMRA

10) 미래의 불확실한 상황에서 우리가 예측할 수 없는 것을 예측할 수 있다고 믿는 것을 '통제감의 착각'이라고 한다. Makridakis Spyros, Anil Gaba, Robin Hogarth(김정수 옮김), Dance with Chance(번역 제목: 지하철과 코코넛), 비즈니스맵, 2009 참조.

는 실험을 통해 소비자들이 합리적 판단을 벗어나 비합리적인 선택이나 다양한 인지적 편향에 기초해서 의사결정을 하는 것을 발견했다. 대표적인 편견은 다음과 같다.[11]

첫째는 손실 기피증이다. 미래 불확실한 상황에서 이윤과 손실의 기회가 공존하는 경우 대부분 사람은 손해를 보는 것에 2배 정도 더 두려움을 느끼는 편견을 가지고 있다.

둘째, 사람들은 시간적으로 미래보다는 현재에 대한 편애 성향에 기초해 의사결정을 한다. 그래서 어떤 소중한 자산을 미래에 받는 것보다 지금 당장 받는 것을 선호한다.

셋째, 사람들은 본인의 합리적인 계산과 판단으로 스스로 선택하기보다는 대다수 대중이 행동하는 것을 따라서 의사결정을 한다. 그래서 사람들은 의사결정을 할 때 전통이나 사회적 규범에 강하게 영향을 받는다. 아울러 혼자 손해를 볼 때보다 다 같이 손해를 보면 덜 속상해한다.

이상과 같은 편견 때문에 생명보험을 개개인에게 독립적으로 설명해 개별적인 이해를 바탕으로 판매하기는 어렵다. 대신 친구나 유명 인사들을 연계해 이들이 보험을 구매한 사례를 제시함으로써 다수가 그렇게 선택하고 있음을 가시적으로 보여주는 것이 마케팅에 오히려 효과적이다.

또한 사람들은 '현재 편향성'을 가지기 때문에 생명보험을 구매하면 먼 장래에 무엇이 좋다는 점만 강조하기보다는 현재 당장 어떠한 것을 얻을 수 있음을 강조해야 한다. 생명보험에 가입하면 마음의 평화를 얻게 되고 그 결과 직장에서 걱정 없이 일에 몰두해 생산성을 높일 수 있으며, 빠른 승진

---

11) Douglas Jennifer L., and Kimberly Landry, "Using Behavioral Economics to Market Life Insurance", Insurance News Net, April 2016.

등 자기발전을 도모할 수 있다는 것이 그 예다. 게다가 가족 역시 불안감에서 벗어나 당장 행복한 삶을 영위할 수 있음을 강조할 수 있다. 또한 현재 편향성 때문에 사람들은 미래 소비를 위한 저축을 늘리기보다는 당장 현재 소비를 통한 만족을 더 추구한다. 따라서 처음부터 보험료가 너무 높은 보험이나 연금을 판매하기는 어렵다.

그래서 행동경제학에 따르면 현재의 보험료 납부 수준은 소비자가 부담을 느끼지 않고 편안하게 가입하도록 낮추어주되 향후 가계소득이 증가하면서 점차 보험료 납부 수준을 높여가는 방식으로 넛지를 사용할 필요가 있다.

마지막으로 이윤보다는 손실의 기회를 더 무겁게 받아들이는 편향 때문에 가정을 가진 사람들이 보험을 더 많이 구매한다. 가장이 불의의 사고로 목숨을 잃으면 사랑하는 자녀들이 경제적 파탄에 빠질 수 있기 때문이다. 그래서 결혼하고 자녀가 있으며 소득이 높은 사람들은 혼자 살거나 자녀가 없는 가정보다 생명보험을 구매할 가능성이 상대적으로 높다.

금융시장은 사람들의 근거 없는 믿음이나 심리적 불안으로 요동치는 경우가 많다. 주가가 크게 하락하면 불안해서 투매에 나서는 사람들이 많아지고, 그 결과 주식시장은 더욱 망가져 졸지에 공황 상태에 빠지기도 한다. 이것인 비단 일반인의 이야기만이 아니다. 우리는 앞서 역사상 가장 뛰어난 천재로 평가되는 뉴턴조차도 주식시장에서 실패했음을 살펴보았다. 또 시장의 잘못된 소문 하나로 심리적 불안에 빠진 고객들은 은행으로 몰려와 예금의 대량 인출 사태를 일으키기도 하며 그 결과 은행이 파산하기도 한다.

비합리적 선택은 보험에서도 종종 볼 수 있다. 젊을 때 생명보험에 가입하면 보험료가 매우 저렴하지만, 사람들이 이때는 관심이 없다가 보험료가 많이 오른 중년 이후에 보험에 눈을 돌리는 것이 그렇다. 사람들이 비합리적인 투자 또는 소비 선택에서 벗어날 수 있도록 정부는 심리적 유인이나 넛지를 개발하는 것이 필요하다. 노벨 경제학상 수상자 탈러는 장수화 시대에 국민이 노후연금을 제대로 준비하도록 사회 초년생 시절에는 보험료 수준을 대폭 낮추어주고 후에 소득이 증가함에 따라 비례적으로 보험료를 높여가는 방식이 효과적이라고 한다.

3. 신뢰도 중요한 자본이다

신뢰는 중요한 사회적 자본

오늘날 경제 발전에서 신뢰는 중요한 사회적 자본이다. 이는 일본계 미국인 경제학자 프란시스 후쿠야마가 한 말이다. 그는 《신뢰Trust》라는 저서에서 신뢰는 사회의 미덕이며 경제 번영을 창출하는 힘이라고 했다.[12]

그의 주장에 따르면 신뢰가 없는 사회는 선진국으로 발전하기가 매우 어렵다. 우리가 통상 알고 있는 생산의 3대 요소인 자본, 노동, 그리고 기술만 가지고는 선진국 대열에 진입하기가 어렵다는 얘기다. 치열한 경쟁 시장에서 기업들이 앞만 보고 열심히 뛰어도 경쟁 상대를 이기기 어려운데, 사회 내에 신뢰가 없으면 서로 감시하면서 일해야 하니 좋은 성과를 내기 어렵다. 신뢰가 없는 시장에서는 약속과 계약이 쉽게 깨지고 불확실성이 높아진다.

12) Francis Fukuyama, Trust, Free Press(Simon & Schuster Inc.), 1995.

과거 우리나라에서는 정부가 부동산시장에 대한 새로운 정책을 발표해도 국민은 믿지 않고 오히려 반대로 행동하는 경우가 많았다. 심지어 어떤 사람은 정부의 계획과는 반대로 행동하면 오히려 이익이거나 손해를 덜 본다는 생각도 했다. 새로운 정권이 들어설 때마다 과거의 부정부패를 청산하고 공정하고 깨끗한 정부가 되겠다고 부르짖어도 이를 믿는 사람은 별로 없다.

신뢰가 부족한 사회는 당연히 비효율적이다. 기업의 생산 비용에 계약 또는 약속이행에 대한 감시 비용까지 추가되어야 하므로 생산원가가 높아진다. 생산원가가 높아지면 그 기업은 경쟁 시장에서 자사의 상품이나 서비스에 좋은 가격을 제시하기 어렵다. 또 신뢰가 없는 사회에서는 남을 믿지 못하기 때문에 계약이나 거래의 제한이 따르기 마련이다. 경제적 제약이나 거래의 제한은 '기회의 상실'을 의미한다. 그 결과 이러한 기업들은 신뢰성이 높은 사회의 기업들보다 시장에서 경쟁력을 확보하기 어렵다.

후쿠야마의 주장에 따르면 아시아의 주요 3국(한국, 일본, 중국)을 비교하면 일본은 약속이나 계약을 잘 지키는 신뢰 사회로서 사회적 자본이 확보된 나라다. 반대로 중국과 한국은 일본과 비교하면 신뢰가 낮고 사회적 자본이 취약하다고 주장한다.

후쿠야마에 의하면 한국, 중국, 일본은 같은 유교 문화의 전통을 가지고 있는데 그 세부적 강조 사항은 서로 달랐다고 한다. 일본은 충忠, loyalty 중심의 유교 문화였고 사회와 국가를 위해 개인을 희생하며 사회에 충성하는 것을 높은 가치로 여겨 왔다. 그래서 일본은 제2차 세계대전 때 나라를 위해 자기 목숨을 희생하는 자살 특공대 가미카제kamikaze, 神風를 조직할 수 있었던 것 같다. 일본 사회는 서로 신뢰하기 때문에 기업들은 인재를 널리 등용해 활용할 수 있었다. 그리고 창업주가 기업을 물려줄 때가 되면 굳이 장자 상속을 고집하기보다는 우수한 종업원이 있으면 그에게 축적한 기술을 전수해 기업을 이어가도록 하는 전통이 있다. 그래서 일본에는 수백 년 된 장수 기업이 많이 있고 심지어 창립 1,000년을 넘은 기업도 있다. 대표적인 예로 사찰을 주로 지어온 건축회사 곤고구미金剛組는 578년에 설립되어 세계 최장수 기업으로 이름을 날렸다. 그러나 곤고구미도 부동산 투자 실패로 2006년에 파산했다.[13]

한편 한국과 중국은 효孝, filial piety 중심의 유교 문화였다고 한다. 효를 강조하는 사회에서는 가족이 제일 중요하고 가족끼리는 서로 믿지만 다른 사람은 신뢰하지 못한다. 그래서 남을 잘 믿지 못하는 배타적 문화가 형성되었다. 효 중심 사회에서는 장자가 아무리 어리석어도 장자 상속이 거의 원칙이었고, 남을 믿지 못하기 때문에 회사의 경리 업무를 친인척에게 맡기는 일이 다반사였다. 이러한 사회에서는 인재를 널리 등용하기가 어렵고 피가 섞인 가족 중심으로 기업이 성장하게 되었다. 21세기에는 좀 달라졌지만 이러한 이유로 얼마 전까지만 해도 중국이나 한국에는 세계적인 대기업이 나오기 어려웠다고 한다. 남을 믿고 인재를 널리 등용해야 기업이 성장해 대기업이 되는데 가족 중심의 폐쇄 사회에서는 그렇게 되기가 어렵다는 얘기다.

보험의 신뢰 창출과 사회적 책임

우리 사회가 문화적 속성과 전통 때문에 신뢰성이 부족한 것을 그냥 내

---

13) 류근옥, 경영리스크 관리, 문영사, 2012, p.40 참조.

버려 둘 수는 없다. 우리도 치열한 경쟁 사회에서 살아남아야 하기 때문이다. 그러면 신뢰성이 낮은 사회에서도 약속과 계약이 잘 지켜지도록 해주는 방법이 무엇일까? 그것은 보험과 보증이다. 보험과 보증은 우리 생활에서 불확실성을 제거해주는 가장 효율적인 경제적 수단이다. 보험에서 불안감이 해소되면 마음의 평화를 얻고 일에 집중해 생산성을 높일 수 있다. 또 계약이나 약속이 보증되면 신용거래가 늘어나 경제를 활성화할 수 있다.

우리 사회에서는 학교를 막 졸업하고 회사에 들어간 사회 초년생들이나, 새로운 기술을 터득해 방금 창업한 벤처기업들에 대한 믿음이 부족하다. 불확실성이 크기 때문이다. 필요한 돈을 빌리러 은행에 가도 냉대받기 일쑤이고 프로젝트를 수주하려고 입찰을 들어가도 경험 부족을 내세우며 자격 미달이라고도 한다. 게다가 공사를 간신히 수주해도, 이번에는 발주처 측에서 정해진 계약 기간 안에 공사를 마무리할 수 있을지 걱정이 늘어난다. 그래서 공사 이행에 대한 보증도 요구한다. 이뿐만이 아니다. 오늘날 상거래에는 외상이 많은데 여기에도 불확실성이 크게 도사리고 있다. 돈이 넉넉지 않은 대부분 서민은 스마트폰을 살 때도 월부로 사고 자동차 역시 외상으로 구입해 일을 다니거나 사업을 해야 한다. 제품을 생산하는 기업 입장에서도 매상을 올리려면 현찰 판매만 고집해서는 안 된다. 외상이면 황소도 잡아먹는 국민인 것을 우리는 잘 알고 있다. 오늘날 이러한 외상 거래를 가능하게 해 경제활동에 더욱더 많은 사람이 참여하고 부를 창출해갈 수 있도록 도와주는 수단이 바로 신용보험이다.

자본시장에서도 보험과 보증은 매우 중요한 역할을 한다. 오늘날 투자은행들은 주식·채권·파생상품 등을 서로 결합해 새로운 수익과 위험 구조의 증권화 상품을 다수 개발하면서 다양한 수익원을 창출하고 있다. 복잡한 구조로 설계된 금융에 숨어 있는 불확실성, 즉 손실 리스크를 관리하기 위해 보험이 필요하다. 물론 전통적인 보험 말고도 파생상품을 통해 리스크를 헤지하기도 하고 특히 최근에는 보험과 파생상품을 융합한 제3의 대체적 리스크 전가alternative risk transfer, ART 상품도 많이 등장하고 있다.

자본시장은 변동성이 매우 크기 때문에 보증을 제공하는 보험회사도 매우 위험하다. 2008년 세계적 금융 위기가 발생하기 전에 리먼 브라더스, 베어 스턴스Bear Sterns 등과 같은 세계적 투자은행들이 증권화 상품 개발에 열을 올렸다. 이러한 상품 중 하나가 미국 부동산시장의 비우량 주택 담보 대출 채권을 모아서 다양한 수익과 위험 구조를 가진 여러 층tranches의 상품으로 재설계한 파생상품 CDO다.[14] 그 당시 세계적 보험회사인 AIG는 이러한 비우량 증권화 상품의 손실위험을 보증하는 CDS를 팔아 한때는 거액의 수수료를 챙겼다. CDS는 증권화 상품 개발을 활성화하는 데 아주 중요한 역할을 했다. 왜냐하면, 신종 증권화 상품의 신뢰성을 높여주었기 때문이다.

2008년 세계적 금융 위기가 터지면서 많은 투자은행이 파산했고 이 과정에서 CDS를 많이 판매한 AIG도 무사하지 못했다. 미국 금융시장의 대혼란을 수습하기 위해 구원투수 격인 미국 재무성이 민영 금융시장에 등판해 공적자금을 대거 투입했고 AIG의 대주주가 되었다. 그 결과 AIG는 파산 직전 간신히 회생했다.

---

14) 비우량 주택 담보(sub-prime mortgage) 대출을 기초로 다양한 수익 및 위험 구조를 가진 트랜치(tranches)로 만든 새로운 증권화 상품을 CDO라고 부른다. 트랜치는 여러 부동산 담보 대출 자산을 가져다 재구조화함으로써 투자의 위험도별로 여러 층으로 상품을 설계하는 것이다. 그 결과 저위험-저수익 층의 상품, 중위험-중수익 층의 상품, 그리고 고위험-고수익 층의 상품으로 만들어 투자자의 위험선호도에 따라 선택할 수 있도록 해준다.

보험이 시장에서 거래자 간 불확실성을 제거하고 신뢰성을 높여줌으로써 경제활동을 도와주는 수단으로 존속하기 위해서는 보험사 스스로가 리스크를 철저히 관리할 수 있는 역량을 키워야 한다. 2008년 세계적 금융 위기 시 미국의 AIG 보험사의 파산이나 1997년 한국의 금융 위기 시 한국보증보험과 대한보증보험의 파산에서 보듯이 보험회사의 '재무적 건전성' 유지는 그 자체가 사회적 책임이고 우리 경제의 신뢰 자본이다. 대형 보험회사가 파산하면 금융시장에 너무 큰 충격을 주고 그 여파로 경기 침체, 기업 파산, 실업자 양산 등 비경제적 외부효과가 매우 크기 때문에 보험회사의 재무 건전성 유지는 그 회사의 자유로운 선택 사항이 아니라 사회적 책임이다. 그래서 보험은 일반 기업과는 달리 그 운영에 많은 규제를 받는 산업이 될 수밖에 없고 공공성이 상대적으로 높게 요구되는 산업이다. 자유 시장 원리에 충실한 미국에서 AIG가 파산 위기에 직면했을 때, 정부의 시장 개입을 주저하던 재무성이 1,820억 달러(약 200조 원)의 천문학적인 공적자금을 투입하면서[15] 시장에 뛰어들었던 사례만 보아도 보험회사의 사회적 책임과 재무적 건전성 확보가 얼마나 중요한지 가늠할 수 있다.

그런데 당시 미국 연방정부가 보험사인 AIG는 공적자금을 투입해 구제해주고 투자은행인 리먼 브라더스는 그냥 망하게 두었을까?[16] 당시 연방준비제도이사회 의장인 버냉키는 다음과 같이 그 이유를 설명했다. 우선 AIG는 영속기업으로서 신뢰성이 높았고 금융 거래를 하는 상대방이 많았다. AIG는 매우 다양한 금융 거래망을 가지고 있었기 때문에 그대로 파산

---

15) Daniel Gross, "Remember the $182 Billion AIG Bailout? It Just Wasn't Generous Enough", Daily Beast, April 14, 2017.
16) Colin Barr, "Why the Fed saved AIG and not Lehman", Fortune, September 2, 2010.

하면 시장에 재앙적 혼란이 올 것으로 판단했다고 한다. 게다가 AIG는 자체 담보[17]가 많아 회생을 도와주면 구제금융을 상환할 확률이 높았고, 이러한 판단으로 AIG에게는 공작자금을 투입했다는 것이다.

반면에 세계 최대 투자은행인 리먼 브라더스는 대마불사의 맹신에 빠져 자본금을 매우 적게 유지하면서도 리스크가 큰 사업을 무모하게 확장하는 등 무책임한 경영을 했기 때문에 신뢰할 수 없었다. 재무적 건전성을 확보하려는 노력도 부족하고 책임경영도 소홀히 했던 리먼 브라더스마저도 정부가 구제해주면 자본시장에서 도덕적 해이가 더욱 심해질 것으로 판단했다는 것이다. 특히 리먼 브라더스는 미국 정부가 돈을 지원해줄 근거가 되는 자체 담보도 별로 없었기 때문에 추가 손실이 나면 국민의 조세 부담이 가중될 것이 뻔했다는 얘기다. 그래서 리먼 브라더스는 AIG와는 달리 그냥 망하게 두었다는 것이다. 버냉키의 생각과 그 근거가 타당했는지 여부는 독자 여러분의 판단에 맡긴다.

하여간 우리 사회와 경제가 건전하게 발전하려면 신뢰 수준이 좀 더 높아져야 함을 부인할 사람은 없을 것이다. 동양의 묵자墨子 사상에서도 서양의 토머스 홉스Thomas Hobbes처럼 계약과 신뢰를 강조했지만 우리는 이를 소홀히 하며 살아왔는지 모른다.

묵자가 살았던 춘추 전국 시대기원전 8세기~기원전 3세기에는 의심, 모략, 탐욕, 갈등, 살육이 난무했다고 한다. 이러한 상황에서 묵자는 나라가 바로 서기 위해서는 신뢰와 사랑이 우선 확보되어야 함을 강조했다.[18] 묵자의 10가지

---

17) AIG는 종합적인 보험회사로서 갑자기 불량화된 CDS가 발생했지만 다른 보험영업 부문에서는 좋은 성과를 보이고 있었다.

18) 묵적(墨翟), 묵자, 김학주 옮김, 명문당, 2003.

철학적 주제 중 핵심은 '겸애兼愛'다. 겸애는 모든 사람을 차별 없이 두루 신뢰하고 사랑하는 것이다. 묵자는 당시 사회 혼란의 이유를 구성원들이 서로 믿고 사랑하지 않기 때문이라고 했다. 구성원들이 서로 믿고 사랑하게 할 수만 있다면 사회의 갈등과 혼란은 종식될 수 있다고 주장했다. 그래서 묵자의 모든 철학적 생각은 어떻게 하면 사회 공동체 구성원들이 서로 신뢰와 사랑을 회복할 수 있을까 하는 문제로 귀결된다. 이러한 신뢰와 사랑이 오늘날에도 사회적 자본으로서 경제 발전의 원동력이 된다.

증권시장에서 기업이 주식이나 채권 발행을 통해 장기적으로 조달한 돈을 자본이라고 부르지만 신뢰 역시 우리 경제의 중요한 자본이다.

최근 동양철학의 한 연구에 따르면[19] 시장경제와 자본주의는 신뢰와 신용을 먹고 자라는데 서양과 동양의 발전 차이는 계약과 보험, 그리고 신뢰에서 갈렸다고 한다. 서양은 계약과 보험, 신뢰를 통해 위험을 분산하고 효율이 더욱 향상되는 협력체계를 만들어왔지만, 동양은 그런 것들이 없었기에 서양에 역전당해 한참을 뒤처졌다고 한다. 과연 우리도 이러한 주장에 동의할 수 있을까?

---

19) 임건순, "거짓이 횡행하는 한국, 계약·신뢰 강조한 묵자에게 배워야", 월간조선, 2019. 11.

4. 주식시장을 성장시킨 퇴직연금

미국 주식시장의 성장 요인

　세계적인 투자의 귀재 워런 버핏은 미국 주식시장의 움직임을 34년간 (1964~1998년) 분석하면서 주가지수가 1980년대 초반부터 지속적으로 성장한 것은 장기적 저금리 기조와 퇴직연금 특히, 확정기여defined contribution, DC형 퇴직연금의 확산 덕택이라고 말했다.[20]

　버핏은 미국 보험 지주회사인 버크셔 해서웨이의 회장으로서 보험기금을 주식 투자에 활용해 성공한 인물이다. 그는 34년간 미국 주식시장의 움직임에 대해 분석했는데 전체 기간을 이분해 전반 17년과 후반 17년으로 나누어 성과를 비교했다. 전반 17년 동안에는 시장지표인 다우지수가 1964년에 874.12에서 시작해 1981년에 875.00으로 마감했다. 물론 중간에 주가 변동

---

20) Warren Buffett, "On The Stock Market", Fortune, December 10, 2001.

은 있었겠지만 결국 17년 동안 주가는 제자리걸음을 한 셈이다. 이 기간 인플레이션을 고려하면 주식 투자자들은 평균적으로 손실을 보았다고 해도 과언이 아니다.

그러나 후반 17년은 묘하게도 그 성과가 크게 다르다. 1981년 875.00포인트였던 다우지수는 17년 후인 1998년 말에는 9,181.43으로 껑충 뛰어 무려 10배 이상이나 올랐다. 후반 17년은 매년 평균 489포인트씩 상승한 셈이다. 미국 주식시장에서 초반 17년은 제자리걸음을 하던 주가가 후반에 와서는 왜 그렇게 큰 폭으로 올랐을까? 버핏은 1980년대 초반 매우 높았던 금리가 이때부터 점점 하락해 저금리 시대에 진입한 것을 첫째 이유로 들었다. 금리가 매우 낮으면 사람들은 저축보다는 주식과 같은 새로운 투자 대안을 찾게 된다.

두 번째 중요한 이유는 퇴직연금 중 DC형의 확산 및 활성화로 인해 주식시장에서의 수요 기반이 크게 확충된 것이다. 시장에서 공급에 비해 수요가 많아지면 해당 자산의 가격은 당연히 오른다.

DC형 퇴직연금에서는 고용주가 매달 내주는 연금 보험료는 확정이지만 그 돈을 퇴직할 때까지 장기 운용하는 책임은 종업원에게 있다. 그래서 종업원은 투자 위험을 부담하면서 보험료를 장기적으로 투자할 대상을 스스로 선택해야 한다. 투자가 잘되면 연금이 많아지고 투자가 잘못되면 연금은 줄어든다. 그런데 미국 기업의 종업원들은 장기적 저금리를 고려해 저축 방식보다는 고위험-고수익의 주식을 선택한 사람이 많았다. 퇴직연금 보험료를 장기로 투자하면 고위험을 극복할 수 있다는 믿음이 있었던 것이다. 그래서 주식 투자 비중을 높였고 그 결과 주식시장으로 돈이 많이 몰려들었다.

마지막으로 후반 17년 주가가 크게 오른 또 다른 이유는 미국 기업들의

2007년 10월 9일에는 다우지수가 1만 4,066포인트를 기록했다. 1998년 이후 약 10년간 매년 평균 502포인트씩 올랐으며, 이는 직전 10년보다도 더 빠른 속도로 상승한 것이다. 그러나 이때 미국 주식과 부동산시장에서 거품이 엄청나게 늘어나기 시작했다. 거품이 꺼지기 시작하면서 2008년에는 비우량 주택 담보 대출이 먼저 부실화되었고 미국 금융시장은 큰 위기를 맞았다. 미국의 다우지수는 크게 폭락해 2007년 10월의 최고점 대비 반 토막 이상으로 하락하면서 2009년 3월에는 6,537포인트까지 추락했다. 전 고점 대비 시가총액이 53.5%나 사라진 것이다.

하지만 미국의 주식시장은 그 후 불과 4년 만에 완전히 회복되어 2013년 3월 5일에는 2007년 10월의 최고점을 뛰어넘어 1만 4,253포인트라는 새로운 최고 기록으로 완전히 회복했다. 2009년 3월 금융 위기로 인한 최저점 이후 4년간 회복기에 대략 연평균 1,954포인트씩 상승한 셈이다. 그 후 미국의 주가는 계속 올라 2019년 4월 5일 종가 기준으로 2만 6,000포인트를 돌파해 2013년 회복 이후 다시 6년 만에 거의 2배가 되었다. 미국 주식시장의 이러한 상승세는 계속 이어져 2020년 2월 중순에는 3만 포인트에 육박했다. 그러나 2020년 3월 중국에서 시작된 코로나19가 세계적으로 확산하면서 다우지수는 하락으로 반전했다.

한국 주식시장에 대한 시사점

우리나라에서도 2005년 퇴직연금 제도가 도입되었고, 게다가 저금리의 장기적 지속으로 미국 주식시장의 사례처럼 국내 주가도 크게 성장할 수 있는 조건이 갖추어지는 듯하다. 우선 국내에서 장기적으로 지속되고 있는 저금리는 은행 예금에 대한 매력도를 크게 저하시키고 있다. 반면에 저금리는 기업의 조달 비용을 낮추어주기 때문에 생산원가를 줄이고 상품의 가격 경쟁력을 높일 수 있다. 시장에서 금리가 하락하면 자산의 가치는 상승하는 것이 일반적인 현상이다. 오늘날처럼 은행에 맡긴 예금의 이자가 너무 낮으면 돈의 흐름이 자본시장으로 유입되어 주식에 대한 수요 기반을 확충하기 마련이다.

둘째 국내에서도 2005년에 퇴직(기업)연금 관련법이 제정되었다. 기업의 퇴직연금 보험료가 시장으로 흘러들어오고 있는데 이를 어딘가에 장기 투자해야 한다. 미국도 DC형 퇴직연금 비중이 늘어나면서 종업원들이 투자 위험을 안고 노후 은퇴자금을 마련하기 위해 주식 투자 비중을 높였다. 마찬가지로 우리나라에서도 퇴직연금 역시 주식시장의 수요 기반을 확충하는 데 매우 긍정적으로 작용할 수 있다. 물론 종업원들이 안정적인 저축으로 퇴직연금을 운용할 수도 있지만, 저금리 시대에 안전성만을 고려해 관리하는 것은 미국의 사례를 보아도 현명하지 못하다.

우리나라 퇴직연금시장은 2005년 12월에 출발한 이래 매우 빠르게 성장하고 있다. 퇴직연금의 적립금은 2011년 50조 원을 돌파했고 2019년 말에는 200조 원을 훌쩍 넘어선 대형 시장으로 급성장했다. 게다가 우리나라의 퇴직연금 중에서 확정급여defined benefit, DB형의 비중이 아직은 높지만, 점점 줄어드는 추세에 있다. 반면에 종업원이 투자 위험을 부담하고 투자 방법을 선택하는 DC형은 꾸준히 증가하는 추세다. DB형은 2011년 75.2%였던 것이 2019년 말에는 62.4%로 하락했다. 반면에 DC형은 2011년에 17.5%의 비중에서 2019년 말에는 26.2%까지 증가했다.[22]

셋째 우리나라 기업 경영의 투명성도 빠르게 높아지고 있다. 우리나라는 1997년 외환 위기를 겪으면서 기업의 투명성이 크게 향상되는 계기가 되었다. IMF가 우리나라에 구제금융을 지원하는 조건이 국내 기업들의 지배구조 개선과 투명성 제고였기 때문이다. 국내에서도 기업의 이익이 주주들에게 제대로 돌아가게 되면 주식 투자에 대한 선호도가 높아질 수 있다.

2020년은 코로나19와 같은 복병이 나타나 주식시장을 뒤흔들기도 했지만 21세기에는 우리나라에서도 주식시장이 저축에 비해 가계 금융자산을 끌어들일 것으로 전망된다. 워런 버핏이 미국 시장을 분석한 결과를 토대로 국내 주식시장의 미래를 밝게 전망해볼 수 있다.

보험과 연금의 장기자금과 증권시장 발전

미국 자본시장의 변화를 검토한 결론을 요약하면 주식 투자는 장기 투자할 수 있는 돈으로 해야 한다는 것이다. 단기자금으로 주식에 투자하면 주가 하락 시에도 현금화를 위해 주식을 매도해야 하는 일이 얼마든지 생기기 때문이다.

그런 의미에서 퇴직연금이나 생명보험을 통해 들어오는 돈은 장기성 자금이기 때문에 주식 투자에 매우 적합하다고 볼 수 있다. 그에 비해 예금은 대부분 만기가 짧으므로 은행이 그 자금으로 주식에 투자하는 것은 무리이고 매우 위험하다. 반면에 연기금이나 보험회사는 자본시장의 중요한 기관투자자로서 주식시장의 수요 기반을 크게 확충할 수 있다. 그래서 보험 및

22) 금융감독원, 보도자료, 2019년도 퇴직연금 적립금 운용현황 통계, 2020년 4월 6일.

연금시장의 발달과 자본시장의 발달은 서로 맞물려 돌아가는 톱니바퀴와 같다.

과거 우리 국민은 주식시장에서 손해를 많이 보았다. 국내 시장이 불안하다 보니 대부분 단기 투자를 많이 했다. 게다가 거래의 신뢰성을 확보할 수 있는 여건이 갖추어지지 않은 주식시장에 사람들이 너무 성급히 뛰어들어 큰 손해를 보기도 했다. 그러나 이제는 국내 자본시장도 미국 주식시장처럼 투자의 여건이 좋아졌다. 우리 시장에서도 저금리, 기업의 투명성 향상, 그리고 퇴직연금시장의 빠른 성장이 보이기 때문이다.

아울러 주식 투자를 하려면 남의 말이나 신문의 정보에 의존하지 말고 본인이 직접 따져보고 분석해보는 것이 지혜롭다. 그래서 주식 투자는 은행에 예금하는 것과는 달리 많은 공부와 노력이 필요하다. 공부할 시간과 지식이 없다면 본인이 직접 투자하는 대신 적립식 주식 펀드 등을 이용해 간접적으로 투자하는 것도 하나의 방법이다. 주가가 올라가면 적립금의 수익률이 높아져서 좋고, 반대로 주가가 하락하면 새로 적립하는 납부금으로 주식을 싸게 매수할 수 있기 때문이다. 그 결과 투자 기간 전체적으로 비용이 평준화되는 효과를 볼 수 있다.

5. 옵션과 보험의 융합

리스크 전가 기법의 진화

오늘날 자본시장에서 거래되는 주식, 채권 등 증권상품의 가격은 변동성이 크고 이로 인해 투자자들은 높은 이익도 얻을 수 있지만 반대로 커다란 피해를 보기도 쉽다. 가격 변동으로 인해 이익의 기회와 손실의 기회가 함께 공존하는 변동성을 투기적 리스크라고 한다. 이는 이익의 기회는 없고 손실 발생의 기회만 존재하는 순수 리스크에 대한 상대적 개념이다.

자동차 사고나 화재 발생 또는 사망이나 장해 사고 등 순수 리스크로 인한 피해를 대처하기 위한 수단이 보험이다. 반면에 투기적 리스크 때문에 입을 수 있는 손실을 막아주기 위한 수단이 파생금융상품이며 그 본질은 보험이다. 파생금융상품 중에서도 옵션이 보험과 매우 비슷한 성격을 가진다는 점은 앞서 살펴보았다.

최근에는 전통적 보험과 파생상품을 결합한 새로운 리스크 전가 수단들

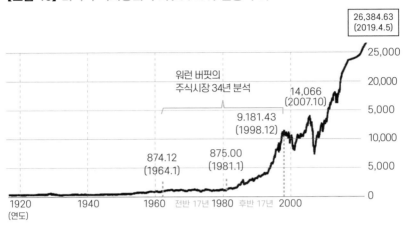

【그림 15】 미국 주식시장의 주가(다우지수) 변동 추이

투명성이 크게 제고된 것이었다. 기업 경영의 투명성이 떨어지면 대주주의 독단이나 사적 이익을 추구하는 방향으로 의사결정이 이루어지기 쉽다. 그러면 기업이 좋은 성과를 내기 어렵다. 다행히 이익을 내더라도, 이러한 기업은 대주주들이 기업 이윤을 마음대로 비자금이나 정치자금으로 사용하는 경우가 많으므로 주가가 오르기는 어렵다.[21] 그러나 기업의 투명성이 개선되고 준법감시가 강화되면 이사회의 의사결정도 주주의 가치 제고 중심으로 합리화되고, 주주의 이익에 반하는 비자금 사용 역시 어려워진다. 1980년대에 들어서면서 미국에서 기업 경영의 투명성 높아졌고 이는 주주들의 투자심리를 부추겼다. 퇴직연금의 자산운용 기관들은 기관투자자로서 투자한 기업의 경영을 감시하고 견제하는 중요한 역할을 한다.

버핏이 분석한 기간을 지나 그 이후에도 미국 주식시장은 계속 상승해

---

21) 한국에서 대표적인 사례로 K항공 대주주들의 비정상적인 행동을 들 수 있다. "지배회사 지분 11%로 K항공 흔든 회장 일가", 매일경제, 2018. 4. 24 등 기사 참조.

이 등장하고 있는데 이를 '대체적 리스크 전가' 또는 'ART'라고 부른다. ART는 보험시장에서 관리하던 순수 리스크를 자본시장으로 전가해 융합적으로 관리하는 신종 보장상품이다.

ART의 종류는 매우 다양한데 간단한 예를 하나 들어보자. 비나 눈이 많이 오면 중요한 행사나 야외 결혼식 또는 운동경기가 취소되어 손해를 보는 경우가 발생할 수 있다. 이러한 손실 리스크에 대비해 만든 보상 상품이 '날씨보험'이다. 야외 공연이나 운동경기를 준비하는 측에서 보면 행사 당일 폭우가 쏟아지는 것은 순수 리스크다. 즉, 폭우로 인해 예약이 취소되고 손해가 발생할 기회는 존재하지만, 폭우로 인해 이윤이 발생하는 기회는 없다. 그래서 날씨보험은 전통적인 보험의 대상이다.

그러나 사회 전체적으로 보면 비나 눈이 많이 오면 오히려 좋은 사업도 있다. 비가 와야 농사도 짓고 수력발전소의 터빈도 돌아간다. 눈이 많이 와야 스키장은 제대로 가동된다. 겨울에 눈이 안 오면 돈을 들여 인공 눈을 뿌려주어야 한다. 비나 눈이 오지 않기를 바라는 사람과 반대로 많이 오기를 바라는 사람이 동시에 시장에 존재하므로 '날씨 파생상품'을 만들어 해당 리스크를 막을 수 있다. 여름이나 겨울의 기온도 우리 경제에 매우 큰 영향을 준다. 겨울에 날씨가 따뜻하면 도시가스 회사는 난방 수요의 감소로 매출이 줄어들지만, 골프장은 겨울에도 고객이 많이 찾아와 장사가 잘된다.

개인이 사업을 할 때도 날씨 변화에 따른 희비의 양면성을 이용해 사업 리스크를 헤지할 수 있다. 대학생이 여름방학에 학비를 벌기 위해 동해안 해수욕장에서 장사하려는 경우, 보유자금을 나누어 아이스크림과 우산을 떼다 놓고 파는 것이 현명하다. 한여름 소나기가 쏟아지면 우산을 팔고 반대로 햇볕이 내리쬐면 아이스크림을 팔면 된다.

전통적 날씨보험은 날씨 변화 때문에 실제 발생한 손해를 보상해주는 실손보험이다. 반면에 자본시장으로 리스크를 전가해 관리하는 날씨 파생상품은 가입자의 손해 발생 여부와는 무관하게 대상 위험인 강수량, 온도 등을 지수화해 이것이 미리 정한 수준 trigger point, 즉 행사가격을 넘었느냐 아니냐에 따라 보상 여부가 결정된다. 따라서 대체적 보장상품인 날씨 파생상품은 손해사정을 필요로 하지 않는다.[23] 날씨보험이 반드시 피해 규모를 산정하는 손해사정이 필요한 것과 대조적이다.

보험과 옵션의 태동

근대적 형태의 보험은 유럽에서 17~18세기에 시작되었다. 1676년 독일에서는 최초의 손해보험사인 함부르거 화재보험사 Hamburger Feuerkasse가 설립되었고 이 회사는 현재도 같은 이름으로 영업을 하고 있다.

영국에서는 1666년 9월에 런던 대화재가 발생했고 이를 계기로 영국 왕실은 당시 경제학자이자 의사였던 니컬러스 바본 Nicholas Barborn을 시켜 처음으로 화재보험회사 Insurance Office for Houses를 설립했다.[24] 1686년에는 에드워드 로이드가 해상보험을 시작해 오늘날 '런던 로이즈'로 발전했다.[25] 또 1706년에 런던에서 고아와 과부를 위한 생명보험사인 애미커블이 설립되

---

23) 보험개발원, 기상 예측의 불확실성을 고려한 신규 보험상품 개발 및 적용방안 연구, 2017. 11.

24) Sheldon, R. D., "Oxford Dictionary of National Biography article: Barbon, Nicholas", September 2004, https://www.oxforddnb.com.

25) Marcus, G. J., Heart of Oak: A Survey of British Sea Power in the Georgian Era, Oxford University Press, p.192.

어 생명보험회사의 효시가 되었다. 그 후 상해보험도 등장하는데, 철로에서 다친 사람들의 피해 보상을 위해 철도승객보험사Railway passengers Assurance Company가 영국 런던에서 설립되었다.[26] 이처럼 영국은 다양한 보험 탄생의 메카였다.

반면에 옵션이 금융상품으로서 정식 거래되기 시작한 것은 1973년에 시카고옵션거래소Chicago Board of Options Exchange, CBOE였다. 아울러 1973년에 미국의 유명한 경제학자인 피셔 블랙Fisher Black과 마이런 숄스Myron Scholes가 옵션의 수리적 가격결정 모형을 개발함으로써 옵션 거래 참여자들이 더 안정적으로 시장에 참가할 수 있게 되었다.[27]

물론 그 이전에도 옵션 거래는 있었다. 옵션 거래의 흔적이 보이는 것은 17세기 네덜란드의 튤립시장이었다. 그러나 그 당시 옵션은 장외에서 어떠한 규제도 받지 않고 가격 변동성이 큰 튤립을 보통 상인들이 거래하다가 계약이 잘 지켜지지 않는 사기 사건으로 끝났다. 그래서 옵션은 19세기 후반까지 유럽·일본·아메리카 등에서는 불법 사기 상품으로 판단해 거래 자체를 금지했다.[28]

그러다가 미국에서 19세기 후반 러셀 세이지Russell Sage라는 금융가에 의해 장외 시장에서 옵션 거래가 시작되었다. 그는 기초자산의 가격과 금리 등의 관계를 이용해 처음으로 옵션의 가격결정 모형을 제시했으나 신뢰성이 높지 않았고 거래는 여전히 미미했다. 그 후 1960년대 중반에 들어와서 미

26) 이원돈, 사회안전망으로서의 보험 산업, 2019년 한국보험학회 55주년 기념학술대회 proceedings, 2019. 5. 24, pp.105~130.
27) Black, Fischer and Myron Scholes, "The Valuation of Option Contracts and a Test of Market Efficiency", Journal of Finance, Vol. 27 (1972), pp.399-418.
28) http://www.optionstrading.org/history.

국에서 상품의 선물 거래가 크게 줄어들면서 새로운 대안을 모색하게 되었고, 그 결과 시장 참여자들이 마침내 옵션을 시카고옵션거래소로 끌어들였다. 그리고 1973년에 옵션 거래가 상장되었다.

보험은 재무적으로 조건부 청구 자산이라는 점에서 옵션과 매우 유사한 성격을 갖는다. 즉, 보험은 옵션처럼 사고 위험에 노출된 담보 물건이라는 기초자산이 있고 계약 기간에 이 물건에 대한 사고 피해 여부에 따라 가치가 달라지는 상황 의존적 상품이다. 보험의 소유자는 사고로 피해가 발생하면 보험금을 청구할 수 있지만 사고가 발생하지 않으면 아무런 청구권이 없다.

금융파생상품 중 하나인 옵션도 기초자산의 가격 변동에 따라 그 행사 여부와 수익이 결정된다. 이러한 옵션 중에는 해당 기초자산의 가격 하락으로 인한 투자자의 피해를 막아주는 상품(풋옵션)도 있고 반대로 기초자산의 가격 상승으로 인한 손실을 막아주는 상품(콜옵션)도 있다.

보험과 옵션의 차이

보험과 옵션의 유사한 점은 앞서 살펴보았다. 그런데 보험과 옵션 사이에는 중요한 차이도 있다. 우선 보험의 관리 대상 리스크는 순수 리스크이며 이러한 리스크를 통해서는 이익 창출 기회는 존재하지 않는다. 담보 자산의 현상 유지(0) 또는 손실 발생(-)과 같은 두 가지 상황만이 발생할 수 있다. 반면에 옵션의 관리 대상 리스크는 투기적 리스크이며, 이를 통해서 손실(-)이나 현상 유지(0)는 물론 이익(+) 발생의 기회도 생긴다.

둘째, 보험에서는 우연한 사고로 담보 자산에 피해가 발생해야 보상해주

【표 12】 보험과 옵션의 차이

항목	보험	옵션
담보 리스크	순수 리스크	투기적 리스크
담보(기초) 자산의 가치변동 이유	우연한 사고와 피해	시장 상황 (수요와 공급 변화 등)
시장의 정보 비대칭 문제	역선택과 도덕적 해이 문제 존재함	문제없음
구매 조건	'피보험 이익'이 있어야 함	조건 없음
양도성(시장성)	제한	있음(자유)

는 것이 원칙인데 보험 가입자가 부당하게 보험금을 받을 목적으로 고의로 담보 물건에 손실을 일으키는 때도 있다. 이를 보험 사기 또는 도덕적 해이라고 부른다. 물론 보험 사기가 적발되면 담보 물건의 파손에 대해 보험사는 보상해주지 않는다. 그러나 옵션에서는 이러한 도덕적 해이 문제가 없다.

　게다가 보험에서는 계약자의 역선택 문제라는 시장 왜곡 현상도 존재한다.[29] 보험 계약자는 담보 리스크가 큰 경우에 이를 숨기고 보험에 가입하려 한다. 계약자의 리스크가 크면 가입을 거절당하거나 보험료가 높아지기 때문이다. 그러나 옵션에서는 구매자의 리스크를 따지지 않는다. 대신 옵션에서는 시장에서 전개되는 기초자산의 가격 변동 리스크만 고려 대상이다.

　또한 보험에 가입하려면 보험 계약자와 보험 가입 담보 물건 또는 피보험자 사이에 경제적 이해관계가 존재해야 하는데 이를 '피보험 이익'의 원칙이

---

29) Christopher L. Culp, The Art of Risk Management, John Wiley & Sons, 2002, p.316.
30) 보험경영연구회, 리스크와 보험, 문영사, 2019, p.119.

라고 한다.[30] 피보험 이익은 보험목적물에 손해가 발생했을 때 피보험자가 갖는 경제적 이해관계를 말한다. 예를 들면 자신이 소유한 집에 화재가 발생하면 보험 계약자 자신이 피해를 보는 이해관계가 존재하지만, 남의 집에 불이 나면 이해관계가 없다. 보험에서 '피보험 이익'의 원칙을 두는 이유는 도덕적 해이를 예방하려는 것이다.

반면에 옵션 거래에서는 옵션 구매자와 기초자산 사이에 경제적 이해관계가 있어야 하는 것은 아니다. 기초자산을 사서 보유할 의사가 없어도 옵션을 구매할 수 있다. 보험과는 달리 옵션은 피보험 이익의 존재 여부를 옵션 구매 시에 묻지 않는다. 옵션에서 기초자산이 변동하는 원인은 우연한 사고가 아니라 자본시장에서 주식이나 채권의 수요와 공급이 변하기 때문이다. 따라서 옵션 거래에서는 해당 기초자산의 가격 변동이 고의로 또는 인위적으로 일어날 가능성은 거의 없다. 따라서 옵션에서는 '피보험 이익'의 존재 여부를 따지지 않는다.

마지막으로 보험은 구매자의 리스크 속성에 따라 요율이 정해지고 약관에 피보험자와 수혜자 등이 명기되므로 시장에서 남에게 양도하기 어렵다. 예를 들면 자동차보험의 경우 계약자, 운전 가능자와 보호 대상자, 자동차의 모델, 연식 및 옵션 등이 계약서에 등록되어 있어서 타인에게 이를 양도하기 어렵다. 그러나 옵션의 기초자산은 보유자가 누구냐에 상관없이 그 가치가 객관적으로 시장에서 결정되므로 중도에 매도할 수 있다.

보험과 옵션은 차이점도 있고 유사성이 있지만, 오늘날에는 상호 보완적 속성을 이용해 융합 기법이 다양하게 개발되고 있다. 예를 들면 오늘날 기관투자자들은 주식형 펀드에 투자하면서 시장의 주가 하락에 따른 손실에 대비해 '포트폴리오 보험' 전략을 취한다. 포트폴리오 보험은 주식과 같은 위험자산 포트폴리오에 투자할 때 가격 하락 리스크를 막기 위해 주가지수 선물을 공매도short selling하거나 지수 풋옵션index put option을 구매하는 것이다. 이러한 포트폴리오 보험은 1976년에 헤인 릴런드Hayne Leland와 마크 루빈스타인Mark Rubinstein에 의해 처음 개발되었다.[31] 오늘날에는 이를 주식 중개업 보험이라고 부르며 미국에서는 증권투자보호공사Securities Investor Protection Corporation, SIPC로부터 이 보험을 구매할 수 있다.

다른 예로 파생연계 보험이 다양하게 개발되고 있다. 미국의 오렌지 농사 기업은 기후가 나쁘면 농사를 망칠 수 있다. 그래서 관련 기후 지수가 미리 정한 기준치trigger를 넘어가면 농부는 농작물 피해에 대해 보상을 받는다.

전통적 보험과 증권시장의 옵션은 보장이라는 유사 기능을 하면서 상호 보완되거나 융합하고 있다. 이러한 융합의 결과 자연재해와 같은 전통적 보험 리스크를 증권시장으로 전가해 관리할 수 있게 되었다. 전통적 보험과 파생상품이 결합하면서 제3의 리스크 전가 수단이 다양하게 개발되고 있다. 그 결과 보험은 보험시장에 국한된 상품이라는 개념을 깨고 증권시장의 투자자들에게도 접근하고 있다.

---

31) Leland, H.E. and M.Rubinstein, The evolution of portfolio insurance. Luskin, D.L.(편저서), Portfolio Insurance: A guide to dynamic hedging, Wiley(New York), 1976 발행 내 원고.

6. 증권시장을 이용한 보험 리스크 관리

증권시장의 위험 분산

자본시장에서 투자자들은 주식이나 채권 중 어느 한 종목을 골라 모든 돈을 거기에 투자할 수도 있다. 그러나 모든 돈을 한 종목에 투자하면 수익률이 높으면 다행이지만, 반대로 큰 손해를 볼 수도 있다. 그래서 투자의 세계에서는 "모든 달걀을 한 바구니에 담지 말라"는 조언을 흔히 한다. 한 종목에 모든 돈을 걸지 말고 여러 자산에 나누어 투자함으로써 리스크를 분산하는 것이 현명하다는 얘기다. 그래서 많은 금융 고객들은 위험이 잘 분산된 펀드를 투자 대상으로 선택한다. 그런데 투자 펀드를 구성할 때 어떤 자산을 편입해야 주어진 목표수익률을 달성하면서 또한 투자 위험을 효과적으로 줄일 수 있는가를 고민하게 된다.

포트폴리오 이론에서는 투자 펀드에 편입되는 여러 자산 사이에 수익률 변동의 상관관계(ρ)가 가급적 적을수록 위험 분산이 잘된다고 한다. 상관관계를 측정하는 계수는 -1에서 +1 사이의 값(-1≤ ρ ≤+1)을 갖는다. 그래서 이론적으로는 펀드 내 자산 간 상관계수가 마이너스(-)이면 위험 분산 효과가 매우 높다. 극단적으로 두 자산 사이의 수익률 상관관계가 -1이면 완전 헤지의 포트폴리오를 구성할 수 있다. 상관관계가 마이너스로 되려면 한 자산의 가격이 하락(또는 상승)할 때 다른 자산은 반대로 상승(또는 하락) 해야 한다. 하지만 이런 역(-)의 상관관계를 가지는 자산을 찾는 것은 현실적으로 쉽지 않다. 따라서 현실 세계에서는 투자 자산 사이의 상관관계가 영(0)이거나 영에 가까운 자산들을 찾아 펀드에 편입하려고 노력한다. 어느 두 자산의 수익률이 독립적일 때 상관관계는 영이다. 상호 독립적으로 수익률을 내는 자산들을 찾기도 그리 쉽지 않다. 그런데 증권시장에서 '보험 리스크'에 따라 수익률이 달라지는 채권을 발행한다면, 우리 경제 또는 경기와는 무관하게 수익률이 나타나므로 일반 주식이나 회사채 등과 결합해 포트폴리오를 구성하면 위험 분산 효과가 높아진다.

보험 리스크 기반 신종 채권

최근 보험사들은 자본시장에서 투자의 위험 분산을 고민하는 펀드매니저들에게 새로운 증권자산을 공급해주고 있다. 증권시장의 기존 회사채나 주식의 수익률과는 독립적으로 수익이 발생하는 자산이다. 예를 들면 보험 회사가 만든 신종 증권자산은 지진이나 허리케인 등 대형 자연재해에 대비해 발행하는 재난채권catastrophe bond이나 인구의 장수화 리스크에 대응하는 장수채권longevity bond, 또는 코로나19처럼 치명적인 전염병으로 인한 대량 인명 피해에 대비하는 사망채권mortality risk bond 등이 이에 해당한다.

　일반 기업이 발행한 회사채들은 경제 상황이나 금리 변동 등과 연계해 수익률이 달라지지만, 재난채권은 경제 상황과는 아무런 관계가 없고, 말 그대로 자연현상과 연계해 수익률이 결정된다. 장수채권이나 사망채권 역시 인간의 수명과 연계해 수익률이 결정되며 경기 변동과는 무관하다. 따라서 일반 기업이 발행한 회사채나 주식의 수익률은 재난채권이나 장수채권 또는 사망채권의 수익률과는 완전히 독립적으로 움직인다. 어느 해에 경기가 좋지 않다고 해서 자연이 알아서 지진이나 허리케인 발생을 억제하지는 않는다. 경기 변동과 자연재해는 아무런 상관관계를 가지지 않는다. 그래서 이러한 보험 리스크 관련 채권을 기업이 발행한 기존 증권과 함께 편입해 펀드를 구성하면 위험 분산 효과가 매우 높다.

　보험 리스크를 기반으로 하는 재난채권은 오늘날 왜 자본시장에 등장하게 되었을까? 지진, 허리케인, 태풍, 홍수 등과 같은 자연재해로 인한 피해는 통상 보험으로 극복해왔다. 그런데 최근 들어 자연재해에 의한 피해 규모가 천문학적으로 커지면서 보험사들이 자연재해보험의 공급을 꺼리게 되었다. 컴퓨터나 생수 등과 같은 일반 제품은 가급적 많이 팔면 이익이지만, 보험은 많이 판다고 꼭 이익이 나는 것은 아니다. 물론 보험도 많이 팔면 일단 매출이 올라간다. 그러나 보험료 수입은 향후 보험금 지급의 재원이기 때문에 부채로 잡힌다. 그래서 보험을 잘못 판매하고 자연재해와 같은 대형 손실이 발생하면 보험사들은 거액의 보험금을 지급해야 하고 경우에 따라서는 파산할 수도 있다. 그래서 보험사들이 대형 자연재해가 발생한 후에는 공포에 떨면서 언더라이팅을 강화하고 보험의 공급량을 크게 축소한다. 이렇게 공급이 위축된 보험시장을 경성 시장hard market이라고 부른다.[32]

예를 들면 미국에서는 1992년 대형 허리케인 앤드루Andrew가 발생했다. 피해 규모가 265억 달러에 이르는 초대형 손실이 발생하자 보험 및 재보험시장이 휘청거렸고 보험금 지급 역량에도 큰 문제가 발생했다. 그리고 2005년에는 다시 허리케인 카트리나Katrina가 미국을 강타하면서 1,833명이 사망하고 1,080억 달러의 천문학적 피해가 발생했다.[33] 이를 계기로 미국 보험회사들은 대형 자연재해의 피해 위험을 보험시장이 인수해 그대로 보유하기보다는 대안으로 위험 감내 역량이 훨씬 큰 자본시장의 투자자들에게 리스크를 전가하는 재난채권을 창안했다. 보험사들이 발행하는 재난채권은 만기까지 자연재해가 발생하지 않으면 채권의 정상적인 이자에다 위험 프리미엄, 즉 재보험료를 추가해서 보상해주는 고수익 채권이다. 그러나 해당 기간에 자연재해가 발생하면 그 피해 규모에 따라 투자자는 이자는 물론 투자 원금의 일부 또는 전부도 잃을 수 있다. 왜냐하면, 채권의 원리금에서 재난 피해에 대한 보상을 해주어야 하기 때문이다. 그래서 재난채권을 고위험 고수익 채권이라고 한다.

일본에서는 2011년 3월 11일 북동부 해안지역에 진도 9.1의 초대형 지진과 쓰나미가 발생했다. 그로 인해 최소 1만 2,300명이 사망했고 3,000명 이상이 부상을 당했다. 또한 적어도 20만 3,000채의 가옥 및 건축물이 파괴되었다. 일본 정부의 추산에 따르면 16~25조 엔(약 238~371조 원)의 경제적 손실이 발생했다. 세계은행World Bank은 피해액 중 1~3조엔(약 17~40조 원) 정도는 보험에 가입된 것으로 추산하고 있다.[34]

32) 반대로 언더라이팅 기준이 완화되고 보험의 공급이 많이 늘어나는 시장을 연성 시장(soft market)이라고 한다.
33) http://en.wikipedia.org/wiki/Hurricane_Katrina
34) Insurance-Linked Securities, First Quarter Update, 2011, Aon Benfield, p.1.

자연재해로 인한 피해가 천문학적인 숫자로 치솟으면서 보험회사 등 시장 참여자들은 자연재해로부터 발생하는 재난 위험을 헤지할 수 있는 새로운 대안을 모색하게 되었다. 미국에서는 1992년 허리케인 앤드루를 계기로 시카고거래소Chicago Board Of Trade, CBOT를 통해 재난선물과 재난옵션을 도입했다. 자연재해 리스크에 대비하는 선물, 옵션 및 스와프는 자본시장에서 거래되는 보험연계 파생상품이다. 자연재해에 대비하는 증권상품 중에서 일반적인 것이 재난채권으로, 캣 본드cat bond라고도 부르는 고위험 고수익의 보험연계 실물채권이다. 2011년 일본 대지진 이후 재난채권의 발행은 더욱 더 증가해 2012년에는 역대 최고의 실적을 보였다.[35]

재난채권의 발행 원리

재난채권의 발행 원리는 간단하다. 보험회사는 계약을 통해 인수한 자연재해 리스크를 다시 재보험으로 처리하기 위해 특수목적회사special purpose vehicle, SPV를 설립하고 그 회사는 재난채권을 발행해 자본시장의 투자자들에게 리스크를 전가한다. 자연재해가 발생하지 않으면 재난채권 투자자들은 높은 수익의 이자[36]를 받지만 재난이 발생하면 이자는 물론 빌려준 원금까지 회수하기 어려울 수도 있다. 채권 발행으로 조달된 자금이 자연재해의 피해 보상금으로 지급되기 때문이다. 재난채권의 발행을 통해 조달한 자금은

---

35) Charles Mead, "Catastrophe Bonds Reach Highest Level Since Japan Earth Quake" Bloomberg, September 24, 2012.
36) 고수익은 통상적인 채권 이자에 재보험료(대형 재난 위험 프리미엄)가 가산되기 때문에 가능하다.

【표 13】 재난채권과 다른 투자 자산의 수익률과 변동성 비교

투자 대안 (평가 기간: 2002~2012년)	연평균 수익률 %	변동성(분산) %
Swiss Re의 재난채권 지수	7.98	2.97
Credit Suisse의 헤지펀드 지수	6.38	5.91
S&P 500 주가지수	1.06	16.24
다우존스의 회사채 지수	1.19	6.70
사모펀드 지수	-2.26	30.23

* 출처: Risk Management Solutions, 2012.

통상 국공채와 같은 안전자산에 넣어 관리된다. 그래서 보험은 국공채의 주요 수요자로서 금융시장의 안정화에도 크게 기여한다.

국채에 투자해 안전하게 관리되는 재난채권의 원리금은 자연재해가 발생하면 원수보험회사에 피해 보상금으로 지급되고 나머지는 재난채권의 투자자들에게 돌아간다. 자연재해가 발생하지 않으면 모든 원리금과 함께 재보험료 형태의 위험 프리미엄도 투자자들에게 수익으로 돌아간다.

보험회사가 발행하는 재난채권은 안정적이면서 수익률이 높은 우량 자산으로 평가되고 있다.[37] 2002년부터 10년간 수익률과 변동성을 측정해본 결과 재난채권은 평균 수익률이 7.98%였고 변동성은 2.97%로 헤지펀드, S&P 500지수, 그리고 회사채 지수 등과 비교해 가장 높은 수익률을 보였다.

37) Risk Management Solutions(RMS), Cat Bonds Demystified : RMS Guide to the Asset Class.

재난채권과 증권시장의 위험 분산

그러면 재난채권은 누가 구매할까? 기업이 발행하는 일반 회사채는 필요한 자금을 부채 형식으로 조달하는 수단이며, 그 회사의 재무 구조 또는 금리 등 경제 환경의 변화 등에 따라 그 가치가 달라진다. 즉, 일반 회사채들은 주로 경제 변수와 연계되어 수익률이 좌우되기 때문에 투자자들이 포트폴리오 이론에 기초해 리스크 분산을 시도해도 한계가 있다. 그러나 자연재해는 경제 변수나 경영 환경과는 무관하게 발생하므로, 재난채권을 투자 포트폴리오에 편입하면 일반 채권의 수익률과는 독립적이며, 그 결과 리스크 분산 효과를 크게 높일 수 있다. 따라서 재난채권은 포트폴리오를 관리하는 자본시장의 기관투자자들에게는 매력적인 투자 대상이 된다.

한편 자연재해로 건물·시설 등이 파손되면 그다음에는 이를 재건해야 하는 일이 남는다. 그래서 건설회사에는 경영환경이 좋아지는 계기가 된다. 따라서 건설 관련 회사들도 재난채권 투자에 관심을 가진다. 재난이 발생하지 않으면 채권에서 고수익을 얻을 수 있어 매력적이고, 피해가 발생하면 채권 투자에서는 손실이 발생하더라도 건설 경기가 좋아져 매출이 증가할 수 있으므로 리스크가 서로 헤지된다.

재난채권은 자연재해와 같은 손해보험 리스크를 주로 대상으로 해 발행되지만, 최근에는 장수 리스크와 같은 생명보험 리스크를 대상으로도 발행되며 이를 장수 리스크 채권 또는 사망채권이라고 부른다. 예를 들면 스위스 재보험사Swiss Re는 2004년 VITA라고 하는 생명지수채권life index bond을 발행했다. 특히 기업 역사가 오래된 서구의 많은 기업은 종업원들에게 DB형[38] 퇴직연금을 제공해왔는데, 인구의 장수화 현상으로 이미 연기금의 재정 위기가 심각해지고 있다. 많은 국가의 정부에서도 종업원들에게 제공해온 공무원연금이 인구의 장수화 현상 때문에 더욱 어려운 재정 문제에 봉착하고 있다. 이처럼 장수화로 인한 재정 손실 리스크는 자연재해의 피해 규모만큼 대형화될 가능성이 크다. 이러한 장수 리스크는 개인연금을 판매해온 보험회사들에도 똑같이 심각한 경영 문제가 될 수 있다.

한편 우리 인류에게는 장수 리스크와 함께 반대로 대량 사망 발생의 리스크도 공존한다. 예를 들면 유럽에서는 흑사병pest으로 인해 많은 사람이 떼죽음을 당하면서 전쟁도 중단되었고 역사도 바뀌었다.[39] 기원전 430년 펠로폰네소스 전쟁에서 아테네는 흑사병으로 스파르타에 패배했고 지도자인 페리클레스마저 사망했다. 2세기 로마가 쇠퇴하는 과정에서도 흑사병이 로마의 몰락을 재촉했다. 12세기 십자군 전쟁 중에도 흑사병이 창궐해 전쟁의 승패를 바꾸어놓기도 했다. 14세기에는 영국과 프랑스 간 100년 전쟁1337~1452이 시작되었는데 도중에 두 나라는 20년간1396~1415 휴전할 수밖에 없었다. 흑사병이 유럽 전역에 창궐해 전쟁을 수행할 수 없었기 때문이었다. 이때 유럽 인구 중 30~40%가 흑사병으로 사망했다고 한다. 특히 1347~1351년에 발생한 흑사병의 피해는 최악이었는데, 이때 7,500만 명이 사망해 유럽 인구의 절반이 줄었다는 추정도 있다.[40]

20세기에 들어와서도 독감 때문에 수많은 사람이 죽었고 1960년대부터는 에이즈Acquired Immune Deficiency Syndrome, AIDS: 후천성 면역 결핍 증후군 때문에

38) 퇴직(기업)연금은 확정기여형(DC)과 확정급여형(DB)으로 크게 구분된다. DC형은 고용주가 납부하는 보험료를 미리 확정해 부담하고 대신 투자 실적에 따라 달라지는 종업원의 퇴직급여(퇴임 후 정기적으로 수령하는 연금)는 고용주 보장해주지 않는다. 종업원이 투자 상품을 선택하고 위험을 감당한다. 반면에 DB형은 고용주 종업원의 퇴직급여를 미리 확정해 보장하며 투자 위험도 고용주 부담한다. 확정급여형은 장수화 추세가 심각해지면 연금 지급 기간이 늘어나므로 기업의 재정 부담도 커진다.
39) 남경태, 종횡무진 서양사 1, 휴머니스트 출판, 2015(개정판) 참조.
40) Will Dunham, Black death 'discriminated' between victims, ABC Science, January 29, 2008.

【표 14】 사망자 수 기준 10대 전염병(최근 100년간)

순위	전염병	사망자 수(명)	유행 기간	치료제	백신	참고사항
1	에이즈 (AIDS)	3,900만	1960~현재	o	x	미국에서 처음 발견
2	스페인독감	2,000만	1918~1920	o	o	제1차 세계대전 중 악화
3	아시아독감	200만	1957~1958	o	o	중국 야생오리 변종 발생
4	홍콩독감	100만	1968~1969	o	o	홍콩에서 시작
5	7차 콜레라	57만	1961~현재	o	o	인도네시아에서 시작
6	신종 인플루엔자	28.4만	2009	o	o	멕시코에서 발견
7	에볼라	1.1만	2014~현재	x	x	남수단에서 발견
8	콩고 홍역	4,555	2011~현재	x	o	콩고 등에서 지속 발생
9	서아프리카 뇌척수막염	1,210	2009~2010	x	o	1805년 제네바에서 시작
10	사스 (SARS)	774	2002~2003	x	x	중국 남부에서 발병

* 자료: 세계보건기구(WHO), 미국질병통제센터(CDC), 한국교직원신문(2015. 7. 20)

최근까지 수천만 명이 목숨을 잃었다. 1920년대 말 페니실린과 같은 항생제가 개발되면서[41] 독감, 폐렴 등으로 사망하는 사람은 크게 줄었다. 게다가 항생제는 감염과 염증을 제어할 수 있기 때문에 수술을 통해 많은 사람의 생명을 구하고 있다.

과거의 흑사병처럼, 오늘날 대량 사망자가 속출하는 새로운 질병이 발생하면 많은 생명보험사들이 살아남기 어려울지도 모른다. 왜냐하면 과거와

---

41) 인류를 구한 페니실린 항생제의 발견은 우연이었다. 1928년 여름 영국의 세균학자 플레밍(Alexander Fleming)은 포도상구균을 기르던 접시를 배양기 밖에 둔 채 휴가를 다녀왔다. 휴가에서 돌아온 플레밍은 페트리접시를 확인하던 중 푸른곰팡이가 페트리접시 위에 자라 있고 곰팡이가 주변의 포도상구균이 깨끗하게 녹아 있는 모습을 발견했다.

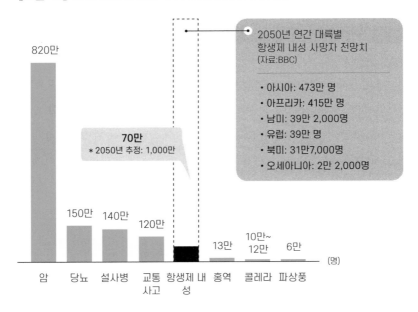

【그림 16】 현재 연간 전세계 주요 질병 및 사고 사망자

2050년 연간 대륙별
항생제 내성 사망자 전망치
(자료:BBC)

• 아시아: 473만 명
• 아프리카: 415만 명
• 남미: 39만 2,000명
• 유럽: 39만 명
• 북미: 31만7,000명
• 오세아니아: 2만 2,000명

820만

70만
* 2050년 추정: 1,000만

150만 140만
120만

13만 10만~12만 6만

(명)

암   당뇨   설사병   교통사고   항생제 내성   홍역   콜레라   파상풍

* 출처: 한겨레(www.hani.co.kr), 항생제 죽음의 경고, 2016. 05. 19

는 달리 생명보험 가입자가 많아졌기 때문이다.

새로운 재난 발생과 과제

재앙에서 인류를 구한 항생제가 최근 새로운 재앙이 되고 있다. 지금처럼 항생제를 계속 남용하면 슈퍼박테리아와 같은 내성균이 만들어지고 이것이 빠르게 전염되면 인류를 파멸로 몰고 갈 수 있다고 한다.[42] 대한항균요

42) '항생제 내성' 이대로 두면 미래에 큰 재앙, 연합뉴스, 2016. 11. 2

법학회의 전문가 포럼에서 항생제 내성으로 인한 사망자는 2018년 기준 연 70~80만 명에서 2050년경에는 연간 1,000만 명으로 대폭 늘어날 것으로 전망했다. 이는 영국 국가항생제내성대책위원회의 자료를 인용한 것이다.[43]

21세기는 불확실성이 더욱 고조되는 시대다. 자연재해, 장수의 위험에 더해 신종 바이러스와 슈퍼박테리아에 의한 대량 사망 위험 등이 도사리고 있다. 2019년 말 중국 우한에서 시작된 코로나19로 인해 전 세계가 공포에 떨고 있다. 2020년 6월 28일 기준으로 감염 확진자 수가 1,000만 명을 넘어섰고 그중 사망자 수도 50만 명을 넘어서는 등 세계적 재앙 수준에 이르고 있다. 전 세계 212개 국가에서 발생한 확진자 대비 사망자 비율(치사율)은 4.97%나 된다.

이처럼 신종 전염병이 전 세계적으로 발생해 사망자가 대량으로 나오는 경우pandemic에 보험시장 단독으로 이에 대응하기는 매우 어렵다. 오히려 정부 차원의 대응이 마련되어야 하고 아울러 보험과 증권시장의 융합을 통해 보험 리스크 손실에 대비하는 증권상품도 다양하게 개발되어야 할 것이다. 이러한 과정에서 창출된 재난채권 등은 자본시장 투자자들에게는 더욱 효과적인 리스크 분산의 기회를 줄 수 있다.

---

43) '항생제 내성 해결 못 하면 2050년 전 세계 1천만 명 사망', 매일경제, 2018. 11. 13.

7. 국가 파산도 막아주는 보험성 국채

국가는 안전한가?

금융, 재무, 투자이론 등에서 가장 중요하게 다루는 주제는 위험자산의 가치 평가다. 이러한 가치 평가는 우선 위험이 없는 자산, 즉 무위험자산과 그 수익률을 파악하는 데서 출발한다. 그런데 이 세상에 위험이 없는 자산이 과연 존재할까? 엄밀히 따지면 없다고 말하는 것이 옳다.

정부는 조세권을 가지고 개인이나 기업들에 대해 세금을 강제로 거둬들일 수 있는 권한이 있고 필요한 법을 만들어 남의 재산을 강제로 수용하거나 통제력을 행사할 수 있다. 그래서 국가는 부도를 내지 않는다고 가정하며 정부가 발행한 채권, 즉 국채는 위험이 없는 자산으로 평가한다. 그래서 국채의 수익률을 무위험자산의 수익률이라고 한다. 물론 장기 국채는 인플레이션으로 인한 가치 하락 위험에 노출되어 있기 때문에 특히 단기 국채의 수익률을 '무위험자산의 수익률risk free rate of return'이라고 볼 수 있다. 무위험

자산의 수익률에는 시차 보상 또는 돈의 시간 가치는 들어 있지만 리스크에 대한 보상인 프리미엄은 전혀 없다.

우리는 1990년대 후반 소련의 모라토리엄moratorium 선언, 즉 채무상환 이행의 일방적 유예 선언을 목격했고 2009년에는 두바이도 모라토리엄을 선언했다. 2008년 미국발 금융 위기 때에는 소위 PIGS라고 부르는 포르투갈 (P) 아이슬란드(I) 그리스(G) 및 스페인(S)이 국가 부도 위기로 몰리기도 했다. 1997년 금융 위기 때에 IMF가 우리나라에 구제금융을 지원해주지 않았다면, 그리고 대외결제 수단으로 쓸 수 있는 금을 모으는 운동에 국민이 동참해주지 않았다면 우리 정부도 국가 부도를 내고 말았을 것이다. 그 당시 우리나라는 대외채무를 상환할 달러 보유고가 완전히 고갈되었기 때문이다. 이러한 현상들을 보면 정부가 발행한 국채도 엄밀히 따지면 결코 무위험자산이 아니다.

정부가 부도 위기에 몰리는 이유는 개인이나 기업의 경우와 다를 바 없다. 경기가 침체해 GDP가 떨어지고 그 결과 정부 수입원인 세금은 줄어드는 상황에서 부채의 원리금은 주어진 통화의 명목가치로 그대로 고정되어 있기 때문이다. 이런 경우에 정부는 대외채무를 연장해야 하는데 채권자들은 부도 위기에 몰리는 국가에 만기 연장을 꺼리게 마련이다. 또한 만기 연장 대신 새롭게 외부 차입을 시도해도 이미 신용이 떨어진 정부에게 돈을 빌려줄 국가는 없다. 결국 경기가 침체하면 국가도 과도한 부채 문제 때문에 더 이상 돈을 빌리기 어려워진다.

GDP연계 국채와 보험 기능

2013년 노벨 경제학상을 수상한 미국 예일 대학교의 로버트 실러 교수는 국가 부도 또는 경제 파탄을 예방하는 보험으로 GDP연계 국채GDP-linked bonds 발행을 제안한다.[44] 이는 대형 자연재해가 발생하는 것에 대비해 재난채권을 발행해 자본시장의 투자자들에게 보험 리스크를 전가해 분산시키는 것과 유사하다. 즉, 정부가 국채의 원금과 이자를 그 나라 GDP 수준에 연계해 발행하면 GDP 실적에 따라 비례적으로 원금과 이자가 유연하게 조정된다. GDP가 높은 해에는 투자자들이 받는 원리금이 많아지지만, 경기가 나빠지고 GDP가 떨어지면 원리금도 낮아지는 국채다. 이는 리스크 분산이 가능한 설계의 예다.

또한 GDP연계 채권은 기업이 발행한 주식과 유사한 성격을 가진다. GDP 대비 국채의 가격 비율은 기업이 창출한 이익 대비 주가비율price to earnings ratio, PER과 비교된다. 이런 방식으로 국채를 발행하면 투자자들은 고위험 고수익 투자의 기회를 얻게 되고 정부의 입장에서는 경기가 위축될 때 부채 부담을 줄이면서 유동성 위기에 몰리지 않는 장점이 있다. GDP연계 국채는 국가의 경제적 긴급 상황에서 해당 정부에게 재정적 여유 공간, 즉 쿠션cushion을 제공하는 보험이다.

게다가 지금까지 대부분 나라에서는 경제가 부도 위기에 몰리면 일반 국민, 즉 납세자를 대상으로 공적자금을 주로 조성해 대처했는데 이는 형평성 측면에서도 맞지 않다. 그러나 GDP연계 국채를 발행하면 각국의 투자자들

---

44) Robert Shiller, "How economies could insure themselves against the bad times?" Guardian, March 19, 2018.

에게 리스크를 분산해 공동으로 금융 위기에 대처할 수 있고 호황기에는 투자자들이 더 높은 수익을 얻을 수 있다. 따라서 GDP연계 국채는 경기 불황이나 국가 부도에 대비하는 보장 기능을 가진다.

　보험시장에서 우려하는 중요 문제 중 하나가 고의로 보험금을 부당하게 수령하려는 보험 사기다. 그러나 GDP연계 국채는 보험으로서 이런 문제가 거의 없다고 판단된다. 왜냐하면 부채를 줄이기 위해 GDP를 고의로 낮추는 어리석은 행위를 하는 국가나 정부는 없다. 정부나 집권자들의 대표적인 치적이 경제 성장이고 국민을 잘살게 해주는 것이기 때문이다. 따라서 GDP연계 국채는 정부가 GDP를 조작해 채무 부담을 부당하게 줄이려는, 소위 도덕적 해이 문제가 거의 없다는 장점을 가진다.

　보험은 향후 있을 수 있는 사고의 피해에 대비하는 것이기 때문에 평소에 가입해야 한다. 이미 병에 걸렸거나 사고가 난 후에는 가입이 어렵다. 마찬가지로 GDP연계 국채는 국가 경제가 정상적일 때 발행해야 한다. 일단 경기가 나빠지고 금융 위기의 조짐이 나타나면 GDP연계 국채를 성공적으로 매각하기 어렵다. 우리가 정상적인 경제생활을 하는 중에는 친구에게 돈을 빌리거나 은행에서 대출을 받기가 쉽다. 그러나 파산으로 가는 길목에 일단 들어서면 친구도 외면하고 은행은 더더욱 대출을 거부하기 마련이다. 보험이나 GDP연계 국채는 모두 평소에 가입하거나 발행해야 한다는 점에서 동일하다.

　보험의 이치와 원리를 이용하면 우리 경제에서 매우 혁신적인 리스크 분산 기법이 만들어진다. GDP연계 국채 발행이 한 가지 예다. GDP연계 국채 발행은 금융 위기 시 국가 부도를 막아주는 보험이다. 이러한 창의적 제도가 만들어지려면 국채 발행 정부와 투자자 사이에 상생의 동반자 정신이나 상부상조의 철학이 있어야 한다. GDP 성장이 높을 때는 국채의 수익률이 높아지지만 반대로 경기 침체기에는 국채의 원리금 상환 부담을 줄여줄 수 있어야 하기 때문이다.

PART 5

보험의 사회 경제적 공헌들

"보험을 판매하지 마라.
대신, 보험이 무엇을 할 수 있는지를 팔아라."

• 벤 펠드먼 •

Ben Feldman 1912-1993, 미국 금융 사업가

INSURANCE

1. 보험의 공헌들

보험 없는 삶은 어떨까?

평소에 공기의 고마움을 느끼며 생활하는 사람은 거의 없다. 그러나 우리가 살아가는 데 공기가 얼마나 중요한가를 누구나 다 안다. 특히 미세먼지가 많아지고 숨쉬기가 어려워지면 공기의 중요성을 새삼 인식하게 된다. 마찬가지로 평소에 보험이 우리 생활에서 중요하다고 생각하는 사람은 별로 없다. 하지만 사고를 당해 곤경에 빠지거나, 자동차보험 없이 내가 과연 위험을 무릅쓰고 운전할 수 있을까 등을 생각하면 보험의 중요성을 새삼 느끼게 된다. 평소에 아무리 조심해서 운전하더라도 피곤해서 잠깐 집중력이 떨어지면 큰 사고로 이어질 수 있다. 갑자기 도로로 뛰어드는 어린애나 노인을 보지 못해 사고를 내기도 한다. 게다가 고가의 외제 차를 모는 운전자들에게서 돈을 뜯어내기 위해 고의로 차에 부딪치는 악당들도 적지 않은 세상에서 우리는 운전을 하고 있다.

물론 돈이 많아 큰 사고의 피해가 발생해도 본인의 재산으로 얼마든지 감당할 수 있는 사람도 있을 것이다. 그러나 소수의 부자를 제외한 대부분 운전자들은 불의의 사고로부터 피해 보상을 받거나 제3자에 대한 배상책임을 면하기 위해 보험을 필요로 한다. 보험이 없다면 운전 자체를 포기하는 사람도 생길 것이다.

또 건강보험이 없으면 우리 삶은 어떻게 될까? 보험은 기본적으로 불의의 사고로부터 개인이나 가정의 삶을 보호해준다. 그래서 개인에게 '마음의 평화'를 가져다주고 각자 자기가 하는 일에 전념할 수 있게 해준다. 그 결과 일의 생산성을 높여줌으로써 기업 활동에도 기여한다.

보험은 국가의 경제 성장에도 기여한다. 77개국의 11년 데이터(1994~2005년)를 기초로 실시한 실증 분석에 따르면[1] 보험의 발전은 그 나라 경제 성장에 매우 긍정적인 영향을 주는 것으로 나타났다. 세부적으로 보면 선진국보다는 개발도상국의 경우에 보험이 경제 성장에 미치는 영향이 더 크다. 또한 자동차보험과 같은 손해보험이 생명보험보다 경제 발전에 더 큰 영향을 주는 것으로 밝혀졌다.

생명보험은 중요한 보장과 함께 저축의 성격도 가지기 때문에 가계의 금융 설계에서도 꼭 필요한 구성 요소다. 생명보험이나 연금은 정부의 사회보장 프로그램을 보완하는 역할을 하므로 장기 가입자들에게는 세제 혜택으로 정부가 보답한다. 2017년 말 기준 우리나라 생명보험의 유효 보장계약금액은 2,488조 8,000억 원으로, 같은 해 GDP 1,730조 4,000억 원의 143.8%나 된다.

---

1) Han Liyan, Donghui Li, Fariborz Moshirian and Yanhui Tian, "Insurance Development and Economic Growth", Geneva Papers on Risk and Insurance -Issues and Practice, Vol. 35, Issue 2 (2010), pp.183~199.

【그림 17】 생명보험의 사회경제적 공헌과 흐름도

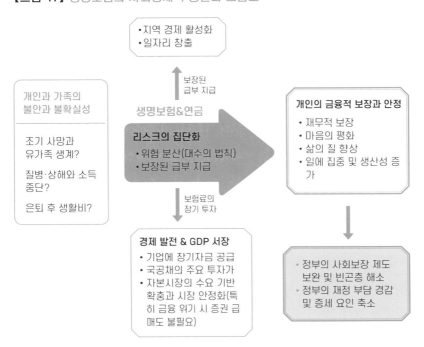

생명보험을 중심으로 보험의 공헌 내용과 그 흐름을 설계하면 [그림 17]과 같다.

우선 생명보험은 가족의 생계에 대한 불안이나 불확실성을 해소해줌으로써 가입자들이 마음의 평화를 얻고 본연의 생업에 전념할 수 있기 때문에 일의 생산성과 효율성을 높여준다. 그래서 보험은 정부의 사회보장 제도를 보완해주는 수단이다. 만약 사람들이 보험 없이 무방비로 방치되어 있다가 불행을 당하고 그 유족이 빈곤에 빠지면 정부는 세금을 통해 그들의 최저 생계를 보장해야 한다. 이런 점에서 보험은 정부와 납세자의 재정 부담을 낮

취주는 매우 중요한 역할을 한다.

또 생명보험회사는 사회에 더욱 효율적인 리스크 관리 수단을 제공한다. 보험은 개인들로부터 인수한 리스크를 집단화pooling해 이를 포트폴리오 이론에 기초해 과학적으로 관리하기 때문이다. 보장 집단에 들어 있는 가입자 수가 많으면 많을수록 대수의 법칙에 의해 위험 분산 효과가 커지고 전체 리스크는 훨씬 안정적으로 관리된다. 과거에 가족이나 씨족 단위로 리스크를 관리하면서 상부상조하던 계에 비하면 오늘날 보험의 위험 분산이 훨씬 효과적이다. 그래서 국가가 운영하는 사회보험의 경우에는 의무적 가입을 통해 충분한 가입자 수를 확보한다.

보험료 수입을 기반으로 재난을 당한 사람들에게 시의적절하게 보험금이 지급되면 일자리도 창출되고 지역 경제 발전에도 기여할 수 있다. 보험금을 받으면 복구를 위한 지출이나 소비로 이어져 일감을 만들어내기 때문이다. 그 결과 지역 경제도 활성화된다. 게다가 보험회사는 장기자본으로 들어온 보험료 수입을 이용해 금융시장의 안정화와 지역 경제 발전에 이바지한다.

이처럼 보험이 우리의 생활과 경제 성장에 도움을 주는 방법은 매우 다양하다. 주요 사항을 요약하면, 보험은 우선 우리 생활에 안전과 보장 그리고 마음의 평안을 준다. 둘째, 보험은 우리 사회에 경제적, 금융적 안전성을 제공한다. 셋째, 국가 및 지역 사회의 경제 발전을 촉진한다. 이상과 같은 보험의 주요 기능을 중심으로 보험의 사회 경제적 공헌 내역을 하나씩 세부적으로 검토해보자.[2]

---

2) Steven Weisbart, How Insurance Drives Economic Growth, Insurance Information Institute (III), June 2018

2. 국민의 안전, 평안 및 보장 증진

보험은 신속한 위기대응 팀

보험은 우리가 사고를 당해 어려움에 빠지면 누구보다도 가장 신속하게 대응해주는 금융기구financial first responders다. 보험회사들은 사고 접수를 위해 1년 365일, 하루 24시간 항시 대기하고 있다.

보험이 없는 상황에서 사고가 발생했다면 여러분은 누구에게 제일 먼저 연락할지 생각해보았는가? 부모, 형제, 친구, 친지 등 여러 사람이 있을 수 있지만 여러분이 갑작스럽게 도움을 구할 때 그들은 출타 중일 수도 있고 해외여행 중일 수도 있다. 그래서 여러분이 그들의 도움이나 조언을 얻기가 쉽지 않다. 거기다 지인의 대부분은 사고 대응에 대해 전문지식이 없기 때문에 마음만 급하고 우왕좌왕할 수도 있다.

오늘날 보험이 있는 사회에서는 사고가 나면 당사자는 가장 먼저 보험회사에 연락을 한다. 그리고 보험회사는 사고 처리의 전문성을 가지고 신속하게 대처해준다. 자동차 사고로 사망자가 발생하면 해당 운전자가 피해자 유족을 상대로 일을 해결하는 것은 너무나 큰 고통일 것이다. 법률적으로도 어떤 대응이 필요한지도 잘 모른다. 많은 경우에 피해 유족의 감정이 격해져서 가해 운전자는 신체적 봉변 등 난처한 상황을 당하기도 한다. 이때 상황 중립적이고 경험이 많은 보험회사가 개입해 사고를 수습하는 것이 훨씬 합리적이다.

보험은 사고로 입은 피해액을 보험금으로 신속하게 지급해주기 때문에 피해 복구도 빠르게 이루어질 수 있다. 그래서 보험은 손실금융으로서 매우 효과적인 수단이다. 많은 경우에 보험금은 피해 복구 서비스를 제공하는 업체로 직접 지급된다. 예를 들면 부서진 자동차를 수리하는 공업사, 홍수나 화재로 무너진 건물을 재건하는 건설회사나 인테리어 회사, 다친 환자를 치료하는 병원 등으로 보험금이 직접 지급되어 복구나 치료 작업이 매우 신속히 이루어진다. 4차 산업혁명 시대에는 보험회사들이 GPSglobal positioning system: 위성항법장치, 모바일, 인터넷 등을 이용해 매우 빠른 속도로 보험 가입자들의 요구에 대응해주고 있다. 또한 보험회사는 전문적인 지식과 경험적 노하우를 갖추고 있어서 더욱 효율적이고 효과적인 사고 대응 서비스를 제공한다.

이러한 보험 처리 과정에서 관련 사업체들에 지속적으로 일감이 제공된다. 그러나 보험이 없으면 어떻게 될까? 어딘가에 살짝 부딪혀서 긁히거나 찌그러진 차를 웬만하면 그냥 타고 다니는 사람도 많을 테고, 화재가 난 집이나 공장이 폐허 상태로 방치된 채 버려질 수도 있다. 미관상 이웃에게 피해를 주기도 하고 인근 지역이 슬럼화될 수도 있다. 그러나 보험금 지급으로 돈이 돌고 수리나 치료 관련 업체들에는 지속적인 일감을 만들어줌으로써 지역 경제를 활성화하기도 한다.

　보험개발원 통계에 의하면 우리나라의 2017년도 GDP는 1,730조 4,000억 원이었는데 같은 해 보험회사가 보험금으로 지급한 금액은 생명보험이 79조 5,000억 원, 손해보험이 51조 5,000억 원으로 합계 131조 원이다. 이는 GDP의 약 7.5%에 해당한다.[3] 생명보험회사가 지급하는 사망보험금, 연금 등은 가계 소비를 위한 현금 소득의 성격을 가지며, 손해보험사가 지급하는 보험금은 자동차 수리, 건물 및 공장 복구비, 병원 치료비 등 관련 업체의 매출로 바로 연계된다.

보험은 리스크의 경감자

　보험이 있으면 위험관리의 속성에 맞추어 사고를 예방하는 노력이 높아지고 관련 리스크도 줄어든다. 그래서 보험은 '리스크의 경감자'다. 보험회사들은 리스크 관리 전문가를 고용해 자체 리스크 관리는 물론 보험 소비자들에 대한 건강관리나 안전관리 등에 대한 교육도 제공한다.

　예를 들면 생명보험사들은 흡연이 건강에 미치는 악영향을 홍보해주고 보험 가입자가 금연하면 보험료를 할인해준다. 미국의 경우 성인의 흡연율이 2005년 20.9%에서 2016년에는 15.5%까지 하락했다.[4] 우리나라에서는 공공 및 상업용 건물 등 다중이 모이는 건물에 대해서는 화재보험 가입이

---

3) 보험개발원, 2017 보험통계연감, 2018년 10월.
4) The Centers for Disease Control and prevention(CDC), Current Cigarette Smoking Among Adults in the United States, Smoking and Tabacco Use, 2016.

의무적이다. 이러한 경우 보험사들은 화재 예방을 위한 교육과 화재 발생 시 피해를 최소화하는 방안을 적극적으로 제도화함으로써 리스크를 경감해준다. 또한 원자력발전소, 항공기 등에서 사고가 나면 대형 피해가 발생하기 때문에 보험사들이 해당 보험 계약 기업의 안전관리와 그 이행 여부를 더욱 철저히 감시한다. 자동차를 운전하면서 교통법규 위반이 많으면 보험료가 올라가기 때문에 합리적인 보험 가입자는 법규 위반을 줄이려고 노력하며 그 결과 사고 발생 확률도 줄어든다. 에어백air bag을 차내에 장치하면 보험료가 저렴해진다. 그래서 운전자들은 에어백을 가급적 설치하려고 한다. 그 결과 사고가 났을 때 피해 규모를 줄일 수 있다. 이처럼 보험은 소비자들이 안전에 대해 관심을 가지도록 유도하는 기능을 한다.

보험회사가 사전에 안전교육이나 사고 예방의 노력을 철저히 하는 이유는 무엇일까? 사고가 발생하면 거액의 보험금이 지급되기 때문이다. 건물이나 공장의 화재 및 폭발 사고 예방, 항공기나 원자력발전소 등에 대한 안전관리 준수 여부는 전문성이 없으면 감시하기 어렵다. 보험이 없으면 이러한 감시 기능을 전문지식을 가지고 제대로 할 주체가 없다. 보험은 전문가를 고용해 안전관리 이행 여부를 점검함으로써 비용 발생을 줄이고 리스크를 줄이는 노력을 한다. 그리고 안전관리를 철저히 잘하는 보험 가입자들에게는 보험료를 할인해준다. 반대로 안전관리를 소홀히 하는 가입자들은 사고 확률이 높기 때문에 보험료가 인상된다. 결과적으로 보험은 상벌 제도를 활용해 우리 사회에서 리스크의 경감자 역할을 한다. 반대로 보험이 없으면 전문적인 안전관리 감시자도 없고 국민은 더 많은 사고 발생과 재산 손실의 불안감 속에 살게 될 것이다.

보험은 마음의 평화를 주는 제도

우선 생명보험 가입자들에게는 기본적으로 조기 사망, 질병, 장해 그리고 은퇴 등으로 인한 소득 상실 리스크에 대해 재무적 보장을 제공하며 아울러 가족 구성원들의 불안감을 해소하고 마음에 평화를 준다.

실증적인 사례로 베른하임B. Douglas Bernheim 등의 공동연구에 따르면 미국에서 가장의 조기 사망 때문에 재정 파탄에 빠지는 가계의 비율이 생명보험을 가입하지 않은 가계의 경우에는 33%로 매우 높지만 생명보험을 가입한 가계의 경우에는 6%로 낮다.[5] 이는 생명보험이 가계의 재정 파탄을 막아주는 데 큰 역할을 하고 있음을 보여주는 실증 연구다.

5) Bernheim Douglas, Lorenzo Forni, Jagadeesh Gokhale, and Laurence Kotlikoff, "The Mismatch between Life Insurance Holdings and Financial Vulnerabilities: Evidence from the Health and Retirement Study", American Economic Review, Vol. 93, No.1 (2003), pp.354~365.

3. 금융시장의 안정화에 공헌

보험은 자본의 수호자

　보험은 자본의 보호자이며 우리 경제 및 금융시장에 안정성을 제공한다.[6] 특히 2008년 미국발 금융 위기로 전 세계의 경제가 위기를 겪을 때도 자본시장을 안정화시키는 데 보험과 연금은 매우 중요한 역할을 했다. 금융 위기로 시장이 경색되고 불안해지면 대부분 투자자들은 보유하고 있던 증권을 투매한다. 이러한 투매는 금융시장을 더욱더 공포로 몰아가고 특히 주가를 폭락시킨다. 그 결과 자본시장의 시가총액은 며칠 사이에 수백조 원이 날아가기도 한다.[7]

6) European Central Bank (ECB), "The Importance of Insurance Companies for Financial Stability
" ECB Financial Stability Review December 2009, pp.160~168.
7) 중앙일보 2020월 03월 22일 자 보도 참조. 전 세계 증시의 시가총액이 코로나바이러스 여파로 지난 한 달
간 3경 2,000조 원 가까이 줄어든 것으로 나타났다. 한국 주식시장에서는 174조 원이 날아갔는데 이 중 삼
성전자의 시가총액이 116조 원 줄어들었다고 한다.

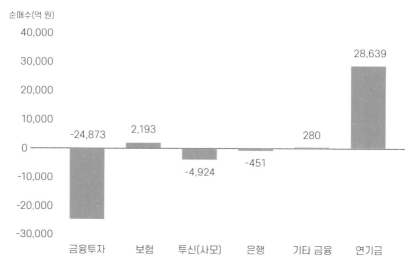

【그림 18】 2020년 3월 코로나바이러스 위기 시 기관별 주식 순매수(매도) 실적

순매수(억 원)

* 자료: 네이버 금융(http://finance.naver.com). 2020. 03. 30 오전 열람

2020년 코로나바이러스 여파로 국내 주식시장에서 주가가 크게 하락한 기간(2월 29일~3월 30일)에 투자 기관별 순매수 또는 순매도 실적을 보면 보험과 연기금은 순매수를 보였지만 금융투자(증권사), 투자신탁, 은행 등은 모두 순매도를 보였다. 보험이나 연기금은 장기자금으로 투자하기 때문에 주가 폭락 시 공포감으로 보유 주식을 투매하는 일이 거의 없다. 그래서 보험과 연기금은 증권시장의 안정화에 크게 기여한다.

미국의 사례를 보면 장기 투자자가 왜 중요한가를 분명히 느낄 수 있다. 2008년 세계적 금융 위기 전에 주식시장이 과열되면서 2007년 10월 9일에는 다우지수가 1만 4,164까지 올라가 역대 최고점을 찍었다. 그러자 당시 미국에서는 주식 투자를 안 하는 사람은 바보라는 소리까지 나왔다. 그러나

2008년 미국 주택시장의 비우량 주택 담보 대출의 불량화로 시작된 세계적 금융 위기로 주가는 폭락하기 시작해 2009년 3월 9일에는 다우지수가 6,547까지 하락했다. 그 결과 미국 주식시장에서 1년 6개월 사이에 시가총액이 54.1%나 증발하고 말았다.

이 위기 상황에서도 자본시장의 주요 기관투자자인 보험 및 연금회사들은 보유하고 있던 유가증권을 투매하지 않고 대부분 그대로 보유했다.[8] 보험상품의 만기에 맞추어 장기로 투자했기 때문이다. 연금이나 종신생명보험의 만기는 특히 길기 때문에 이러한 상품의 기금을 운용할 때 시장의 가격 변동에 일희일비하면서 과민 반응을 보일 필요가 없다. 만약에 그 당시 보험이나 연금회사마저 가지고 있던 증권을 투매했더라면 미국의 자본시장은 회복하기 어려운 공황에 빠졌을지도 모른다.

금융 위기가 시작되면 심리적 공포감으로 보유 주식이나 채권의 가격 폭락을 우려해 많은 투자자들이 보유한 유가증권을 서둘러 처분한다. 투매로 매도 물량이 크게 늘어나면 가격 하락이 증폭되어 시장은 더 큰 혼란에 빠지고 경제 위기가 오기도 한다. 그러나 이러한 위기 상황에서도 보험사들은 상품의 만기에 맞추어 장기 투자를 견지하기 때문에 보유한 증권을 거의 매도하지 않는다. 그 결과 자본시장의 가격 폭락과 혼란을 막아주는 방파제 역할을 한다. 특히 생명보험회사는 장기 투자로 자본시장의 수요를 확충해 시장가격을 유지하거나 올려주는 역할을 할 뿐만 아니라, 아울러 금융 위기 시에도 투매를 제한하기 때문에 금융시장 안정에 크게 기여한다.

워런 버핏은 장기 투자의 중요성을 강조한다. 특히 보험의 준비금은 채권

8) Cummins et als, 전게서(2018), pp.18~19.

기여도
(GDP성장율%)

■ 손해보험사의GDP성장 기여도   ■ 은행의GDP성장 기여도

* 자료: 미국 상무부(2018)

이나 주식과 같은 위험자산에 장기 투자하기에 적합한 자금이라고 한다. 주식에 투자해 단기에 수익을 올리는 것은 그저 요행이며 단기 투자로 주가가 오를지 떨어질지는 오로지 신만이 알 수 있다는 것이다. 그러나 장기적으로는 기업이 성장하고 경제가 발전하면 그 성과가 주가에 반영되기 때문에 가격은 장기적으로 올라가게 마련이다. 가치주라고 하더라도 주가는 단기적으로는 매우 변동성이 클 수 있지만, 장기적으로 상승 추세를 가지기 때문에 좋은 주식을 찾아 장기 투자하는 것이 최고의 전략이라는 것이 버핏의 조언이다.

2008년 금융 위기 사례를 보면 위기는 지나가고 미국의 자본시장은 진정되었다. 10년이 지난 2019년 6월 19일 현재 미국 다우지수는 2만 6,465다. 이는 금융 위기 시 최저점이었던 2009년 3월 9일 주가지수에 비해 4배나 상승한 결과다. 장기 투자가 보여주는 실적이자 교훈이다.

　최근 미국 상무부의 조사에 의하면 2007~2016년에 은행은 7년이나 미국 경제 성장에 부정적인 영향을 주었다.[9] 그러나 같은 기간에 보험회사는 2008년에 단 한 해 경제 성장에 부정적 영향을 주었을 뿐, 나머지 해에는 모두 긍정적인 영향을 주었다.

　또 다른 연구에서는 2005~2016년에 미국에서는 보험회사 중 89개가 재정적 파탄에 빠진 반면 은행의 경우에는 무려 525개가 지급 불능 상태에 빠져 연방예금보험공사가 대지급을 해주고 해당 은행을 인수했다.[10]

　최근 미국에서 실증 분석한 다른 연구 결과에 의하면 GDP 대비 생명보험의 보험료 수입이 1% 증가하면 그다음 GDP 성장이 0.15% 증가한다고 한다.[11] 이는 보험회사들이 금융시장의 중요한 기관투자자로서 가계로부터 모은 돈(보험료)을 더 생산적인 기업에 투자하는 통로 역할을 하기 때문이라고 한다. 아울러 경제 성장률의 향상은 고용을 창출하는 효과도 수반한다.

보험은 사회정책의 동반자

　보험은 국가가 사회적으로 필요한 정책을 추진하는 데 동반자 역할을 한다. 특히 생명보험은 사회보험과 정부의 복지 프로그램을 보완해 국민이 극빈층으로 전락하는 것을 막아주고 복지를 위한 정부의 재정지출 압박을 줄

---

9) U.S. Commerce Department, Bureau of Economic Analysis, Contributions to percent Change in Real Gross Domestic Product by Industry, April 19, 2018
10) Insurance Information Institute(2018), 전게서, p.8
11) Cummins (2016) et als., 전게서, p.4.

여준다.[12] 예를 들면 자동차 운전자는 도로에서 제3자에게 사고의 피해를 줄 수 있다. 이때 운전자의 경제적 보상 능력이 없으면 사고를 내고도 제3자에게 배상해줄 수 없다. 그러면 제3자는 큰 낭패를 보게 된다. 그래서 운전자들은 사고로 제3자에게 배상책임이 발생할 것에 대비해 충분한 재정 능력이 있음을 입증할 책임을 진다. 보통 재력가가 아닌 이상 재정 능력이 충분함을 입증하기는 어렵다. 자동차보험이 있으면 입증이 쉬워진다. 그래서 대부분 국가에서는 자동차 배상책임보험을 의무적으로 가입해 운전자의 제3자에 대한 배상책임 증명을 갈음하도록 하고 있다. 즉, 재정 능력을 입증하는 대안으로 운전자들은 의무적으로 자동차 배상책임보험에 가입해야 한다. 우리나라에서도 자동차 배상책임보험 가입은 의무사항이다.

다른 예로는 기업에서 종업원이 일하는 도중 다치거나 질병에 걸리는 경우 고용주가 이를 고쳐주어야 할 책임을 가진다. 종업원이 다치거나 병들어서 일할 수 없게 되면 소득도 상실된다. 종업원의 상해 및 질병과 함께 소득을 보호할 수 있도록 고용주는 재정 능력을 갖추어야 한다. 그러나 중소기업의 경우 고용주의 재정 능력으로는 종업원을 치료해주고 상실된 소득을 보상해주는 것이 어려운 경우가 많다. 그러면 고용주는 종업원을 보호할 수 있다는 재정 능력을 어떻게 보여줄 수 있을까?

대체로 각국 정부는 산업재해보험산재보험을 도입해 종업원의 상해 위험을 효율적으로 보상할 수 있도록 가입을 의무화했다. 보험으로 해야 신뢰할 수 있다는 것이다. 산재보험은 사고 후 피해 보상을 보장하기도 하지만 사고 예방을 위해 작업장의 안전수칙 준수 여부를 감시한다. 기업이 적절한 안전

---

12) David Cummins, Michael Craigg, Bin Zhou and Jehan deFonseka, The Social and Economic Contributions of the Life Insurance Industry, The Brattle Group, September 2018.

조치나 장치를 마련하지 않으면 징계를 받거나 보험료가 올라간다.

우리나라에서는 1964년 산재보험을 도입해 상시 근로자 500인 이상의 기업에 대해 의무가입을 법제화했다. 그 후 가입 대상 기업의 범위를 확대해 2000년 7월부터는 종업원이 한 명인 영세기업도 산재보험에 의무적으로 가입해야 한다.[13] 2018년부터는 근무 중 재해는 물론 출퇴근 과정에서 발생하는 재해도 보장해주고 있다.

산재보험에서는 업종에 따라 보험료가 기본적으로 결정되며, 아울러 기업이 재해 방지를 위해 노력하는 정도를 반영해 업종 요율의 20% 범위 내에서 요율을 상향(할증) 또는 하향(할인) 조정하는 개별실적요율을 병행한다. 따라서 보험료 비용을 줄이려면 기업 스스로 재해 방지 노력에 최선을 다해야 하며 이는 사고 예방을 위한 제도적 장치가 된다. 그런데 산재보험이 없으면 어떻게 될까? 많은 개별 기업들은 종업원 고용에 따른 재해 비용을 예측하기 어렵기 때문에 근로자를 가급적 적게 채용하거나 감원을 시도할 가능성이 높고 이는 고용 창출에 역효과를 가져온다. 보험은 나라마다 사회정책의 중요한 역할을 하고 있다.

보험은 상거래의 촉진자

보험은 우리 경제의 발전에 꼭 필요한 상거래망과 공급사슬이 잘 유지되도록 도와준다. 오늘날 다양한 형태의 상거래는 생산과 소비를 촉진하고 그

---

13) 보험경영연구회, 리스크와 보험, 문영사, 2019, p.443.

결과 경제 성장과 효율성을 증대시키고 있다. 이 과정에서 생산자는 제품과 서비스를 판매하는 도매상이나 상점들에 의존하고, 반대로 상점들은 제품을 공급받기 위해 생산자에게 의존한다.

또 공급사슬은 전산화와 통신화 등 첨단기술을 적용해 매우 빠르게 발전하고 있다. 그러나 이러한 공급사슬을 발전시키는 기술의 발달은 거래를 더욱 복잡하게 만들고 새로운 리스크를 창출한다. 상거래의 전산 시스템이나 통신망이 고장 나면 거래 자체가 중단되고 거액의 피해를 입힐 수 있다. 게다가 기업을 상대로 하는 고객들은 조그마한 실수도 참으려고 하지 않는다. 정신적·물질적 피해 보상 요구액이 엄청나게 늘어나고 있다.

예를 들면, 금융기관의 전산 시스템 결함 또는 해킹 등으로 셧다운 shutdown되면 금융상품 거래, 송금, 지급결제 등 모든 것이 중단된다. 제품 배달이 잘못되거나 지연되면 소비자들의 불만과 불신이 빠르게 확산되고 기업의 명예는 크게 추락한다. 상호 의존 경제에서 공급사슬의 문제로 발생하는 연간 비용이 2015년 한 해에 560억 달러에 이르렀다고 한다.[14]

전산 시스템이나 통신망, 그리고 운송 체계의 문제 발생으로 거래가 지연되거나 중단되면 커다란 영업 손실로 이어진다. 이러한 영업 중단 또는 거래 지연 리스크를 대상으로 보험상품을 개발해 공급함으로써 보험은 상거래를 촉진하면서 기업들의 손실 충격을 완화해주고 있다.

---

14) Peter Zweifel and Roland Eisen, Insurance Economics, Springer Texts in Business and Economics, 2016, p.6.

보험은 비상자본의 효율적 대안

우리나라나 미국 대부분 주는 자동차 사고 운전자의 배상책임 문제를 고려해 자동차 배상책임보험 가입을 의무화하고 있다. 그러나 예외적으로 뉴햄프셔주에 거주하는 운전자들은 이러한 책임보험을 의무적으로 가입하지 않아도 된다. 대신 은행 예금 잔고증명 등을 통해 사고 시 재정부담 능력이 있음을 보여주면 된다. 그러나 뉴햄프셔 거주 운전자 중 90% 이상이 스스로 자동차책임보험에 가입한다고 한다. [15] 의무가입이 아닌데도 왜 자동차 배상책임보험에 스스로 가입할까?

그 이유는 간단하다. 자동차 사고에 대비해 거액의 비상금(예를 들면 미국에서 자동차 사고 한 건당 평균 상해 배상금 1만 7,000달러, 즉 2,000만 원 정도)을 은행에 예치해놓는 것보다는 저렴한 보험료(예를 들면 연 500달러, 즉 55만 원 정도)를 내고 자동차 책임보험으로 대체하는 것이 더욱 비용 효율적이기 때문이다. 게다가 자동차 사고로 사망자가 발생하면 은행 예금 2,000만 원은 턱없이 부족한 돈일 수 있다.

또한 연금보험의 장점을 생각해보자. 우리는 연금보험에 가입하는 대신 저축을 통해 목돈을 만들어 은행에 맡겨놓고 은퇴 후 이 돈으로 생활해도 된다. 그러나 인구의 장수화 추세로 인해 정해진 목돈으로 죽을 때까지 생활하기 어려울 수도 있다. 우리가 언제까지 살지 모르기 때문이다. 그래서 은행에 목돈이 있어도 불안하다. 반면에 연금보험은 죽을 때까지 정해진 생활비를 받을 수 있어 은퇴자들에게 마음의 평화와 재정적 안정을 가져다준

---

15) Insurance Information Institute, Facts and Statistics :Uninsured Motorist, 2017.

다. 은퇴자가 오래 살면 살수록 그 혜택은 커진다. 게다가 노후생활을 가급적 연금보험으로 보장해놓으면 우리 사회가 대책 없는 노후 빈곤자들 때문에 감당해야 하는 재정 부담도 크게 줄일 수 있다. 그래서 의무적 자동차 책임보험이든 선택적 연금보험이든 모두 우리 생활에 필요한 비상자본의 효율적인 대안이다.

4. 지역 및 국가 경제 발전에 기여

보험은 지역 발전을 촉진

보험은 장기계약 상품이기 때문에 보험료로 들어오는 자금을 지역 사회 발전을 위해 장기적으로 공급해줄 수 있다. 보험사들은 지방 또는 중앙 정부가 발행하는 장기 채권을 매입하는 가장 중요한 수요자다. 지방 또는 중앙 정부들은 지역 경제 발전을 위해 지하철, 도로 등 경제 기반 시설을 건설하고자 한다. 그런데 여기에 필요한 거액의 자금을 장기로 조달해야 하는데 보험회사 이외에 장기 투자를 해줄 경제 주체가 별로 없다.

2017년 우리나라 보험회사들의 운용자산은 1,110조 원이었고 그중 58.4%가 자본시장의 유가증권에 투자되었다. 종신생명보험, 연금보험 등 초장기 상품을 판매하는 생명보험회사는 전체 운용자산 중 43.3%를 국공채에 투자했다. 손해보험사들은 운용자산 중 27.1%를 국공채에 투자했다.[16] 국공

16) 보험개발원, 2017년 보험통계연감, 2018년 10월.

채는 지하철이나 도로 등을 건설하는 데 필요한 자금을 조달하는 대표적인 수단이다.

미국 보험사들의 채권 투자 비중은 우리나라보다 더 높다. 2017년 말 기준 미국 보험사의 총운용자산은 5조 8,000억 달러였는데 이 중 4조 1,000억 달러를 채권에 투자해 보유하고 있다. 미국 금융산업 전체가 보유하고 있는 지방채 2조 달러 중 28%를 보험회사가 가지고 있다.[17)]

보험은 벤처 사업의 후원자

대형 사회 기반 프로젝트 추진 및 건설에는 많은 모험과 위험 부담이 따른다. 해저터널 공사, 우주개발 산업, 원자력 산업, 백신 개발 사업이 대표적인 예다. 이러한 사업들은 부가가치가 높고 국가 발전을 위해 중요한 프로젝트이지만 위험 역시 크다.

올림픽이나 월드컵 축구와 같은 대형 운동 경기, 세계무역박람회 등의 유치 및 개최도 커다란 모험이 따른다. 2020년 올림픽을 유치한 일본은 코로나19의 창궐로 개최 여부가 불투명해졌다. 사람이 많이 모이는 행사에는 바이러스 전염이나 대형 테러의 위험도 있다. 그러나 모험적 대형 프로젝트를 성공적으로 잘 치르면 그 나라는 경제 도약의 기회를 얻는다. 그래서 이러한 대형 프로젝트에 들어 있는 다양한 위험 및 사고 피해를 담보해줄 대책이 필요하다. 그것이 보험이다. 대형 프로젝트의 위험 분담은 일반적으로 국내 보험사들과 해외 대형 보험사들의 연합체로 이루어진다.

17) Insurance Information Institute, 전게서, 2018, p.12.

보험이 없다면 추진될 수 없었던 사업의 대표적인 예로 미국 보스턴의 빅딕Big Dig 프로젝트가 있다.[18] 보스턴 시내를 관통하는 고속도로 및 터널 공사인 프로젝트는 2006년에 완공되었는데 공사비가 무려 140억 달러(16조 원)에 달했다. 미국 역사상 가장 큰 공사로, 파나마운하 건설공사보다도 규모가 컸을 뿐만 아니라 영국과 프랑스를 연결하는 해저터널 공사보다도 비용이 더 들었다. 이때 프로젝트를 위해 가입한 일반책임보험과 산재보험을 포함해 전체 보험 가입 비용만 5억 2,100만 달러(약 6,000억 원)였다.

최근에 보험업계에서 새롭게 주목받는 대형 프로젝트는 우주개발 산업이다. 미국 위성산업협회에 따르면 세계 전체의 우주개발 산업의 시장은 2016년 2,605억 달러(약 279조 원)에 달해 지난 4년간 24% 증가했으며 앞으로도 계속 성장할 것으로 예상된다.[19] 그런데 우주선 발사에 사고가 나면 대형 손실이 발생할 가능성이 높다.

우리나라도 2018년 10월 25일 순수 국내기술로 개발된 한국형 발사체 누리호의 시험발사에 성공하면서, 발사체보험에 대한 관심이 높아졌다. 국내에서는 2013년 발사에 성공한 국내·최초 우주발사체인 나로호가 2,000억원 규모의 배상책임보험에 가입했었다.

우주손해배상법상 우주개발진흥법에 따라 발사체는 발사 전 반드시 손해배상책임보험에 가입해야 한다. 공해상에 떨어지도록 설계된 발사체가 잘못 떨어져 운항 중인 선박이나 육지에 추락해 인명 또는 재산상의 손해를 입히는 사태에 대비하기 위해서다.[20] 누리호의 시험 발사에서는 보험료가 8,000

---

18) Raja Mishra, "Insurance Could Ease Big Dig Costs", The Boston Globe, August 1, 2006.
19) 연합뉴스, 2018년 1월 11일.
20) Bizwatch, 2018년 10월 1일

만 원 수준이었지만, 2021년 계획된 정식 발사에는 훨씬 더 큰 보험료가 책정될 것이다.

보험은 기술 혁신의 촉진자

오늘날 새로운 기술이 눈부시게 발전하고 있다. 4차 산업혁명을 주도하는 ICT는 물론 나노기술nanotechnology, 수압파괴기술hydrofracturing technology, 사이버 기술cybertechnology, 유전공학genetic engineering 등 신기술 분야는 다양하게 발전하면서 또한 서로 융합하고 있다.

나노기술의 경우 2016년 시장 규모가 392억 달러였던 것이 2021년에는 905억 달러까지 성장할 것으로 전망된다.[21] 그러나 주로 인체에 적용될 나노기술의 발전은 건강을 해치는 리스크 요인들이 어마어마하게 도사리고 있고, 몸속에 잠재했다가 10년 또는 20년 후에 발현되어 재앙으로 나타날 수도 있다. 과거 석면의 해악을 모른 채 건축 자재 등으로 널리 사용하다가 이것이 폐암을 유발하는 발암물질로 밝혀지면서 거액의 배상책임 문제가 발생했던 것처럼 말이다. 우리나라에서도 한때는 전통가옥의 지붕이나 실내 천장에 석면을 많이 사용했고 심지어 석면판에다 삼겹살을 구워 먹기도 했다.

신기술의 발전은 삶의 질을 혁신적으로 개선해주기도 하지만 우리가 모르는 리스크로 어마어마한 거액의 배상책임 문제가 발생할 수 있기 때문에,

21) Business Communications Company(BCC), The Maturing Nanotechnology Market: Products and Applications, November 2016.

기업들은 신기술 개발을 주저하거나 망설일 수 있다. 그래서 보험회사들은 신기술에 숨어 있을 수 있는 리스크에 대한 보장을 제공함으로써 기업들이 창의적인 기술 개발에 도전할 수 있도록 도와준다. 즉, 보험은 기업가정신을 유도하는 데 중요한 역할을 담당하고 있다. 보험회사들은 기업의 신기술 개발과 관련된 다양한 리스크를 인수해 집단화함으로써 포트폴리오 위험 분산 효과를 창출할 수 있기 때문이다.

보험을 통해 창의적인 기업이 불안에서 벗어나 신기술 개발에 도전함으로써 부가가치가 큰 혁신적 기술 개발과 창조적 경제 발전을 유도하고 그 결과 새로운 고용도 창출할 수 있다. 그래서 보험을 '금융적 안전망'이라고도 부른다.[22)]

보험은 경제적 약자에게 신용을 창출

경제적 약자나 새로운 사업을 시작하는 사람들은 신용이 낮기 때문에 사업에 필요한 자금을 은행에서 빌리기도 어렵고 외상으로 생산에 필요한 부품을 구매하기도 어렵다. 또한 신용이 약한 건설회사들은 좋은 기술이 있어도 공사를 수주하기 어렵다. 왜냐하면 계약 상대방이 신용이 낮은 기업을 신뢰하지 않기 때문이다. 이러한 경우 보험은 경제적 약자들에게 신용을 보강해 이들도 경제 활동에 참여할 수 있도록 해준다.

대출보증, 신용보증, 이행보증 등을 제공하는 보증보험이 특히 신용 창출

22) Insurance Information Institute, 전게서(2016), p.16.

에 중요한 역할을 한다. 보험을 통해 신용을 보강한 약소 기업들이 좋은 아이디어를 사업화해 성공하면 경제 발전은 물론 새로운 고용 창출에도 크게 기여할 수 있다. 또한 기업이 성공하면 이윤을 창출하고 법인소득세 등을 많이 납부하게 되어 정부 재정에도 큰 도움을 주고 우리 사회는 더욱더 훌륭한 경제 활동 기반을 갖추게 된다.

한편 생명보험도 신용 창출 효과를 가지고 있다. 종신생명보험 등 장기 생명보험 상품은 가입 후 기간이 경과하면서 점점 더 큰 현금가치를 창출한다. 특히 고령의 노인들이 보유하고 있는 생명보험 계약의 가치는 사망 시 수령하는 보험금액에 거의 근접하는 시장가치가 형성된다. 그래서 미국과 같은 나라에서는 현금가치가 높게 형성된 생명보험 계약을 시장가격으로 제3자에게 판매할 수는 시장도 형성되어 있다. 이를 생명보험의 전매life settlement 제도라고 한다. 전매 제도를 통해 타인의 생명보험을 구매한 사람은 당초 계약서상의 피보험자가 사망하면 보험금을 수령하게 된다. 우리나라에서도 생명보험 전매 제도의 도입을 국회에서 논의한 적이 있지만 아직은 시기상조라는 생각에 실현되지 못하고 있다.

생명보험 전매 제도가 없는 나라에서는 장기 생명보험 계약의 적립 준비금 범위 내에서 신용과 무관하게 약관대출을 받을 수 있다. 물론 이 경우 이자는 다른 대출에 비해 저렴하고 대출에 필요한 신용 평가를 받을 필요가 없다. 이처럼 생명보험도 피보험자 가족에 대해 경제적 생활 보장을 제공하는 수단이면서 아울러 신용을 창출하는 기능도 가지고 있다.

최근에는 아프리카나 동남아시아의 저소득 국가 국민이나 소규모 기업을 대상으로 선진국 보험사들이 소액보험micro-insurance을 공급해줌으로써 빈곤을 경감시켜주고 아울러 극빈자의 복지 향상에도 기여하고 있다. 소액보험은 1990년대 국제노동기구International Labour Organization, ILO가 후진국 저소득자들을 위해 대단히 저렴한 가격으로 보험상품을 개발해 실험적으로 시작하면서 글로벌 대형 보험사들이 자선사업의 형태로 동참하게 되었다. 2011년 기준으로 전 세계 50개 대형 보험사들이 소액보험을 판매하고 있다.[23]

소액보험의 가장 큰 특징은 빈곤국의 국민 수준에 맞추어 보장금액을 낮추고 보험료도 그만큼 저렴하다는 점이다. 보험 가입이 간편하다는 특징도 있다. 주로 핸드폰을 이용해 낙후 지역 주민들이 소액보험을 쉽게 가입한다. 현재 아프리카 사람들 대부분은 은행 계좌가 없다고 한다. 그러나 핸드폰은 인구의 3분의 2 정도가 보유하고 있는 것으로 추산된다. 또 사회보험처럼, 소액보험 가입자의 보험료는 그 사람의 리스크 수준에 의존하지 않고 대부분 동일한 가격이 부과된다.[24] 이러한 소액보험을 2017년 기준으로 전 세계 많은 빈곤자들(약 1억 3,500만 명 정도)이 가입하고 있는 것으로 추산된다. 또한 저소득 국가 국민 대다수가 교육을 제대로 받지 못했고 심지어 문맹도 많기 때문에 소액보험은 가입자가 그 내용을 쉽게 이해할 수 있도록 아주 간단한 문장으로 약관이 작성된다.[25]

구체적인 사례로 1995년에 미국의 대형 보험사 AIG의 후원으로 상업용 소액보험이 개발되어 아프리카 우간다에서 최초로 판매되었다. 생명보험의 1년 보험료가 1달러(약 1,100원)이고 피보험자가 사망하면 1,000달러(약 110만 원)의 보험금을 받게 된다. 우간다에서는 2007년 기준으로 약 200만 명의

23) NAIC, Microinsurance, April 18, 2019.
24) Abou Malima and Theo Louw, Microinsurance in Africa, The South African Insurance Industry Survey, 2017, p.68.
25) NAIC, Microinsurance, April 18, 2019.

주민이 생명보험에 가입했다고 한다. 그 이유는 무엇일까?

우간다의 국민은 대부분 가난하고 재산도 없기 때문에 대출을 받기 위해 담보로 제공할 재산도 없다. 가장의 노동력이 유일한 재산이다. 그래서 우간다에서는 작은 구멍가게를 열거나 농사를 지을 자금을 빌리는 것조차 무척 어려웠고 가난은 대를 이어 되풀이되었다. 하지만 이들 중에는 돈만 빌릴 수 있으면 무엇인가를 해서 돈을 벌 수 있는 사람도 많았다. 그들은 가장의 노동력을 담보로 돈을 빌리고 싶어 하지만 가장이 사망하면 빌려준 돈을 받을 수 없기 때문에 대부자를 찾기가 어려웠다. 그래서 생각해낸 것이 신용생명보험credit life insurance이다. 가장이 생명보험을 가입해 이를 담보로 제공해 돈을 빌릴 수 있다. 빌린 돈으로 장사를 해서 갚으면 되고, 게다가 건강하게 살아 있으면 현금가치가 누적된 생명보험을 저축 형태로 가지고 있는 셈이다. 이것이 그들에게는 자본을 형성하는 방법이었다. 가장이 다치거나 중도에 사망하면 보험금으로 빚을 갚으면 되기 때문에 대부자에게 피해가 발생하지 않는다.[26] 그래서 신용생명보험은 가난한 자들이 돈을 빌려 가계 경제를 살리고 가난에서 벗어나는 데 매우 중요한 역할을 한다. 이것이 빈곤한 사람들을 위한 신용 창출이자 그들이 빈곤에서 벗어날 수 있도록 도와주는 수단이다.

---

26) Lael Brainard, What is the role of insurance in economic development?, Zurich Financial Services, January 14, 2008.

5. 정부와 납세자의 재정 부담 경감

보험의 사회보장적 성격

보험은 국가의 사회보장 제도를 보완해준다. 자동차 사고나 화재 그리고 상해나 질병이 발생하면 피해자에게 보험금이 지급되어 해당 재난으로부터 빠른 복구와 회복의 기회를 제공한다. 자동차보험이 없다면, 사고를 당한 피해자가 큰 장해를 입어 더 이상 일할 수 없고 당장 생계유지가 어려워질 때 국가가 그 경제적 부담을 떠안을 수밖에 없다. 그래서 자동차보험에서 제3자에 대한 배상책임보험은 의무적으로 가입하도록 법이 정하고 있다.

생명보험의 사회보장적 성격은 더욱 강하다. 가계의 생계를 책임지는 가장의 조기 사망이나 장해, 사고로 소득이 중단되는 경우 유족이 생계를 이어갈 수 있도록 재정적 보장을 해주는 금융 수단이기 때문이다. 이러한 생명보험은 상부상조의 계 형식으로 아주 오래전에 출발했으며[27] 보험 강국 미국에서는 1759년 교회 목사들이 모여 목회자 중 누군가가 불의의 사고로

사망하는 경우에 그 부인과 아이를 돕기 위해 처음 만들어졌다고 한다.[28]

생명보험과 함께 장수 리스크를 기반으로 만들어진 연금도 은퇴 후 죽을 때까지 인간답게 살아갈 수 있도록 보장해주는 재정적 보장 수단이다. 인간은 노동력이 고갈되어 경제활동을 마무리하고 은퇴했음에도 불구하고 그 후 너무 오래 살면 재정적으로 큰 위험에 빠질 수 있기 때문이다. 보험의 사회보장적 특성 때문에 국민 각자 필요한 보험을 잘 가입하고 있으면 정부나 일반 납세자의 재정 부담을 완화해주는 데 이바지한다.[29] 이는 세대 간 형평성 제고 차원에서도 매우 중요하다.

특히 민영 보험은 효율성을 기반으로 운영되기 때문에 사고 예방을 위한 노력을 유도할 수 있고 도덕적 해이를 줄일 수 있으므로 국민의 책임 의식을 높여줄 수 있다. 보험료를 낮추기 위해 분별력 있게 행동하고 안전 수칙을 지키는 경우가 늘어나는 것이다. 반면에 국가가 운영하는 사회보장 제도는 효율성보다는 각자의 소득이나 부를 기반으로 보험료가 정해지고 형평성을 강조하므로 도덕적 해이가 높아질 가능성이 크다.

어쨌든 보험이 존재하지 않으면 국민의 생활 보장 최후의 보루이자 책임자인 정부가 더 많은 세금을 거두어 재난에 대비하고 은퇴 노인, 생활 보장 대상자 등 저소득층을 재정적으로 더 많이 도와주어야 한다.

[표 15]에서 보는 바와 같이 우리나라에서 매년 보험금으로 지급되는 금

---

27) 생명보험의 시작은 기원전 600년경부터 그리스에서는 Greek Thiasoi & Eranoi 등이 있었고 로마에서는 Roman Collegia 또는 길드가 있었다고 한다. Albert N. Shiryaev, Essentials of Stochastic Finance: Facts, Models, Theory, World Scientific, 1999, p.74.

28) National Association of Insurance Commissioners and the Center for Insurance Policy and Research, State of the Life Insurance Industry: Implications of Industry Trends, August 2013, p.6.

29) Cummins David, Michael Cragg, Bin Zhou and Jehan deFonseka, The Social and Economic Contributions of the Life Insurance Industry, The Brattle Group, October 2016.

【표 15】 연도별 민영 보험의 보험금 지급 규모와 국가 예산 및 국세 대비 비중

연도		2016	2017	2018
민영 보험[1]	생명보험금(조 원)	71.5	79.4	86.1
	손해보험금(조 원)	68.9	72.0	75.6
	보험금 합계(조 원)	140.4	151.4	161.7
국가 예산(조 원)[2]		295.7	303.1	330.8
국세 수입(조 원)[3]		243.1	266.2	294.6
예산 대비 지급보험금 비중		47.5%	50.0%	48.9%
국세 대비 지급보험금 비중		57.8%	56.9%	54.9%

* 출처: 1) 보험개발원, 2018년도 보험통계연감.
2) & 3) 기획재정부 및 e-나라지표(www.index.go.kr)

액은 수백조 원에 이른다. 예를 들면 2018년에 민영 보험사가 보험금으로 지급한 금액은 161조 7,000억 원인데 이는 같은 해 국가 예산의 48.9%에 해당되며 국세로 거두어들인 조세 수입의 54.9%나 되는 어마어마한 금액이다. 2020년 코로나19의 위기에서 보듯이 보험이 없으면 그 비용을 정부가 고스란히 떠안을 수밖에 없다.

2020년 코로나19로 인한 사회경제적 타격이 너무 심하고 경제활동이 마비되자 정부는 국회의 동의로 11조 7,000억 원의 추경 예산을 마련했다.[30] 이는 보험으로 사전에 대비하지 못한 전염병 재앙 및 피해에 대해 정부가 재정 부담을 할 수밖에 없음을 보여주는 사례다. 코로나 추경 예산 중 2조

30) 기획재정부 보도자료 (2020년도 제1회 추가경정예산안의 국회 증액에 대한 동의 및 예산 공고안 국무회의 의결), 2020. 03. 18.

1,000억 원은 감염병 방역체계 고도화 사업에 배정되었다. 이 돈은 의료기관 손실보상(1조 4,000억 원), 격리치료자 생활 지원 및 의료기관 융자(5,000억 원), 그리고 감염병 대응 역량 강화(2,000억 원) 비용 등으로 사용된다.

미국 캘리포니아에서는 코로나바이러스에 감염된 10대 소년이 증세가 심각해 병원을 찾았지만 보험이 없다는 이유로 응급의료 서비스를 받지 못하고 결국 사망한 사건이 발생했다.[31] 보험이 없으면 심각한 질병 앞에 치료를 받을 수 없는 야박한 나라가 미국이다. 그러나 이러한 판단에 앞서 미국이 어떻게 세계 제일의 경제 대국이 되었나를 생각해봐야 한다.

미국인은 "세상에 공짜 점심 free lunch 은 없다"는 말을 흔히 한다. 아버지가 아무리 부자라도 자녀에게 너무 많은 용돈을 주거나 등록금을 공짜로 대주는 경우는 많지 않다. 쉽게 얻어먹고 살려는 근성을 어려서부터 차단해주어야 그 자녀가 경쟁력을 가지기 때문이다. 일반적인 경제 활동에서 '공짜 점심'이 많아지면 시장 참여자의 도덕적 해이가 늘어나고 자유 시장 원리와 경제의 효율성 제고에 위배된다.

미국에서는 예외적으로 빈곤층에게는 의료비를 무상 지원하는 사회보장 프로그램 메디케이드를 제공하지만 빈곤선 poverty line 이상의 소득자들은 자기 책임하에 스스로 건강보험을 준비해야 한다. 보험 없이 병원에 가면 병원비가 너무 비싸 감당하기가 어렵다. 하지만 미국의 민영 의료보험 체계에서는 보험료 역시 비싸기 때문에 중·저소득 계층에 속한 사람 중 다수가 보험 없이 살고 있다. 오바마 전 대통령이 이 문제를 해결하기 위해 건강보험을 개혁하는 오바마 케어법을 만들었지만 현재 많은 주에서 제대로 작동하고

31) Tariq Tahir, "Turned Away, First US child to die of coronavirus was denied urgent care because he did not have insurance", The US Sun, March 27, 2020.

있지 않다.

코로나19의 진단 비용도 한국에서는 대부분 무료다. 미국을 비롯한 세계 곳곳에서 바이러스가 창궐하고 학교들이 문을 닫자 많은 유학생들이 귀국했다. 공항에서 이들 모두에 대해 무상으로 코로나19 검사를 해준다. 미국 등 다른 나라도 진단 비용은 대체로 국가가 부담하지만, 그 대상자는 아주 좁혀져 있다. 한국에서는 확진자로 판명될 경우 감염병예방법에 따라 정부가 격리 및 치료 비용 등도 국민건강보험공단, 국가 그리고 지방자치단체 등이 공동으로 전액 부담해준다. 심지어 외국인 확진 환자도 정부가 비용을 부담한다.[32] 모두 공짜라 일단은 좋아 보이지만 이러한 비용은 결국 국민의 세금 부담 증대로 귀결된다.

직접세든 간접세든 세 부담이 늘어나면 경제활동을 위축시키고 국가 경제의 효율적인 작동이 어려워진다는 것은 자명한 사실이다. 국민에게 야박하지 않으려면 결국 세금을 많이 걷을 수밖에 없다.

2017년 기준으로 우리나라 전체 근로자 중 소득세를 전혀 안 내는 비중은 하위 39%라고 한다. 반면에 상위 10%가 전체 소득세의 79%를 부담하는데, 이는 미국 70.6%, 영국 59.8%, 캐나다 53.8% 등에 비해 높은 편이다.[33] 자본주의 국가에서 열심히 일해 돈을 많이 벌고 국가에 세금을 많이 내는 것은 분명 자랑스러운 일이다. 그러나 세금을 많이 낸 사람이나 기업들이 보람을 느끼고 자부심을 가질 수 있도록 세금이 필요한 곳에 잘 쓰여야 한다. 기부금도 마찬가지다. 정직하게 필요한 곳에 잘 집행되면 내는 사람도 더욱 기쁘게 낼 것이다.

32) 헬스경향 2020. 03. 18(http://www.k-health.com).
33) 한경닷컴, 2020년 1월 12일 기사 참조.

찾아보기

보험, 금융을 디자인하다

초판 1쇄 발행 2020년 7월 30일

지은이 류근옥
발행인 박영규
총괄 한상훈
편집장 박미영
기획편집 김혜영 정혜림 조화연 **디자인** 이선미 **마케팅** 신대섭

발행처 주식회사 교보문고
등록 제406-2008-000090호(2008년 12월 5일)
주소 경기도 파주시 문발로 249
전화 대표전화 1544-1900 **주문** 02)3156-3681 **팩스** 0502)987-5725

ISBN 979-11-5909-991-5 (03320)
책값은 표지에 있습니다.